제2판

신정부의 철학과 비전 및 전략을 제시한 최신작

공공파이 만들기

MAKING A PUBLIC PIE

굿 거버넌스를 찾아 세계를 누비다

김정렬

박영사

머리말

　공공파이만들기의 출간동기는 2014년 초판의 머리말에 제시한 것처럼 홍콩, 싱가포르, 랑카위, 쿠알라룸푸르, 푸트라자야로 이어진 동남아시아 세계도시기행에서 경험한 강렬한 자극에 기인한다. 이후 필자는 지금까지 계속 '여행으로 배우는 신나는 사회탐구'를 표방하면서 여행이 주는 자극을 전공인 발전전략이나 정부혁신과 접맥시키려는 시도를 계속해 왔다.

　자칭 여행작가 또는 여행컨설턴트를 인생 2모작을 준비하는 새로운 비전으로 설정한 필자는 지난 10년간 틈나는 대로 국내외 여행을 계획하고 실행에 옮겨 왔다. 특히 국제학술대회 발표나 지방공기업 경영평가를 활용해 '가성비'를 중시하는 자신만의 여행스타일을 고수하고 있다.

　발전전략과 행정개혁을 포괄하는 차세대 정부의 미래상을 담아내기 위해 굿 거버넌스(Good Governance)를 찾아 세계를 누비면서 작성한 글들은 언론기고나 대학강의에도 적극 활용하였다. 우선 지난 3년 동안 여행기 스타일로 작성한 칼럼을 경향신문에 20여회 정도 기고하였다. 그리고 게재완료한 칼럼들은 이번에 출간하는 개정증보판의 주요한 기반으로 재활용하였다.

또한 '세계화와 국가경쟁력', '국민국가와 제국 그리고 민주주의', '도시와 행정' 등 필자가 개발한 교양과목들은 대형강좌라는 한계에도 불구하고 여행을 통해 확보한 사진과 동영상, 시사적인 칼럼 읽기와 토론을 병행하는 방식으로 학생들의 호응을 유도하였다. 이러한 노력의 결과 필자는 2016년 대구대학교가 선정한 베스트 티칭 프로페서에 선정되는 영광을 누리기도 했다.

여행을 활용한 글쓰기는 저자가 전공한 사회과학보다 인문학이나 예술학에서 활성화되어 있다. 그리스 철학기행, 중국 한시기행, 북인도 종교기행, 동유럽 음악기행 등이 대표적 사례이다. 또한 여행하며 체험 소설을 출간한 무라카미 하루키나 어니스트 헤밍웨이 및 '객주'를 집필한 김주영도 유사한 경우이다. 하지만 자신이 정립한 굿거버넌스를 전파하기 위해 천하를 주유한 공자는 사회과학자의 전형이다.

대다수가 좋아하는 여행은 때와 장소를 불문하고 사람들을 몰입시키는 묘한 매력이 있다. 여행은 단조로운 일상에서 탈피해 새로운 만남과 자극을 선사하기 때문이다. 하지만 여행이 제공하는 창의적 발상의 강도는 여행자의 역량이나 준비에 따라 달라진다. 예술가나 공학자들이 여행을 통해 독특한 작품이나 제품을 창출하듯이 사회과학자도 국가의 미래에 대한 유용한 통찰을 제시할 수 있다.

　사회과학의 일 분과로서 행정학은 특유의 학제적 성격으로 인해 통합적 사회탐구에 유리하다. 사회학과 심리학, 정치학과 경영학, 철학과 법학 등의 이론과 방법을 망라해 체계적으로 재구성한 행정학은 '사회과학의 종합 선물세트'로 지칭되고 있기 때문이다. 그리고 만약 여행으로 배우는 신나는 공부가 가능하다면 이는 '놀이'라는 의미가 내재된 교육학(pedagogy)의 본질에 부응하는 학습방법이다.

　이 책은 대중적인 교양서를 표방하면서 중고생이나 일반인들이 쉽게 접할 수 있도록 기획하였다. 특히 여행기와 칼럼의 형식을 채택하고 있기 때문에 흥미의 유발은 물론 최신 정보의 습득에 유리하다.

　대학입시를 준비하는 학생들의 경우 한국사는 물론 광의의 사회탐구를 구성하는 사회문화, 한국지리, 세계지리, 윤리, 정치경제, 법, 세계사 등 다양한 과목들을 부분적으로 선택해 학습하는 한계를 노정해 왔다. 이에 본서는 과목별로 세분화된 사회탐구의 통합적 이해를 추구하는 방식으로 실체적 이해를 도모하였다. 더불어 대학생들의 경우에는 현장지향의 실용교육을 위한 교양교재나 보조교재로 활용이 가능할 것이다.

　또한 여행을 통해 포착한 세계 각국의 굿 거버넌스 사례들은 우리나라의 국정운영 개혁을 위한 유용한 학습자료로 활용될 수 있을 것이다. 따라서 정책을 다루는 공무원이나 실무관계자들이 일독하기를 권유하고자 한다.

2017년 6월
김정렬

머리말

지난 겨울 노모와 수험생이 긴장을 조성한 복잡한 가정사에서 벗어나 머리나 식히고 오라는 아내의 격려 속에 홀로 동남아 세계도시 일주를 감행했다. 이번 여행은 초등학교 6학년생 막내딸이 인정하였듯이 작년 여름과 가을, 나름 치열한 아홉수를 보내고 무사히 오십대에 안착한 일에 대한 보상과 위로의 성격을 지니고 있었다.

홍콩과 싱가포르를 경유해 말레이시아로 이어진 보름간의 여행은 많은 것을 보고 느낀 것에 부가해 상아탑에 안주해 온 내 인생의 새로운 목표를 탐색하는 계기가 되었다. 서울에서 출발해 경유지 홍콩과 다음 경유지 싱가포르까지의 비행은 모두 3시간 30분으로 동일했다. 국적기가 아니었던 관계로 기내에서는 뉴욕에서도 좀처럼 접하지 않았던 뉴욕타임스 칼럼을 열독하는 계기가 되었다.

동남아 여행을 통해 직접 눈으로 확인한 세계도시의 탁월한 경쟁력, 안정적인 사회서비스 전달체계, 계층과 지역 간의 빈부격차, 다문화의 용광로, 수려한 생태환경 등과 같은 인상적인 볼거리가 세계화의 태동, 범죄와의 전쟁, 고도성장의 그늘 등 뉴욕타임스 칼럼을 통해 각인시킨 키워드들과 결합하면서 시사적 글쓰기라는 새로운 도전을 시작하는 계기가 되었다.

홍콩의 역동적인 경관과 마찬가지로 싱가포르 항구를 둘러싼 복합 리조트와 업무용 빌딩은 여행자들을 환상의 나라로 이끌 정도로 매력적이다. 하지만 힌두교와 불교 및 이슬람 사원이 동시에 인접한 다문화의 메카 싱가포르 도심의 숙소는 소박한 이번 여행에서 가장 큰 예산을 지불하였음에도 불구하고 창문 없는 고시원에 불과했다.

다음 여정인 말레이시아 랑카위의 한적한 숙소에서는 며칠간 두문불출하며 홍콩과 싱가포르에서 구상한 칼럼의 집필에 몰두하였다. 3개의 칼럼을 완성한 성취감에 도취되어 도착한 마지막 여정 쿠알라룸푸르에서는 지인들을 만나 다양한 여흥을 즐기는 호사도 누렸다. 숙소가 위치한 쿠알라룸푸르 외곽의 행정신도시 푸트라자야는 우리나라의 세종시와 마찬가지로 아직 도처에 공사의 흔적이 남아 있었다.

또 이슬람 사원을 연상시키는 독특한 정부청사들의 야경 역시 인상적이었다. 하지만 말레이시아가 마하티르 총리의 주도하에 야심차게 추진한 근대화 프로젝트에도 불구하고 지방의 낙후된 현실은 수도권의 화려한 모습과는 거리가 있었다.

귀국 후에는 여세를 몰아 남은 방학 동안 다양한 주제의 칼럼 집필활동에 몰두하였다. 그동안 딱딱한 논문과 교과서 저술에 길들여져 있었지만 기대 이상으로 대중적인 글쓰기가 잘 풀려나간 일이 나의 몰입을 독려하였다. 새로운 주제들을 계속 발굴하면서 그간의 성과를 시험하는 동시에 작게나마 현실개선에 기여한다는 명분하에 일간지 기고활동을 시작하였다.

물론 이전에도 몇 차례 신문에 글을 기고한 경험이 있었지만 권유성 이벤트의 성격이 강했다. 하지만 이번에는 나의 확고한 의지와 선택에 의해 시리즈 형태로 작성한 글들을 출고하는 입장이라 다소 긴장하지 않을 수 없었다. 공공서비스의 민영화에 관한 칼럼을 경향신문에 발표하면서 이후 기고활동은 양적, 질적으로 탄력을 받기 시작했다. 이에 시리즈로 기획한 칼럼들을 교양서 출간으로 전환한다는 새로운 목표를 설정하였다.

물론 칼럼이나 논설 형태로 작성된 글들이 순수학문의 발전에 얼마나 기여할 것인가에 대해서는 논란의 소지가 있다. 하지만 현실참여적인 사회과학의 경우 학술논문의 아이디어를 대중적인 글쓰기를 통해 일반인들과 공유하는 것도 충분히 의미있는 작업이라는 것이 저자의 확고한 소신이기도 하다.

이러한 취지하에 시작한 출간작업은 외국의 발전전략과 공공개혁에 관한 성공과 실패사례를 원용하는 방식으로 '한국적 발전의 새로운 경로'를 모색하였다. 세월호 침몰이나 세 모녀 자살은 우리의 국가경쟁력이 위험수위에 도달했음을 알려주는 신호이기 때문이다.

책의 제목을 통해 알 수 있듯이 본서는 파이에 대한 기존의 경제학적 논의를 초월해 행정학(정치경제학)적 견지에서 공공성에 초점을 부여하였다. 시장의 확산이 초래한 공공성의 위기 시대를 맞이하여 나누기, 다듬기, 키우기로 구분되는 파이만들기의 전 과정은 '공공성'을 통해 재정의가 가능하다. 따라서 파이만들기의 주도자인 공공부문 종사자들이 공공마인드(public mind)를 함양하는 일은 미래

한국의 경쟁력을 좌우하는 첩경이다.

분석의 시각은 거시적인 구조와 미시적인 행위를 매개하는 중범위 지향적인 제도에 초점을 부여하였다. 특히 행정학은 상대적으로 미시적인 경영·경제학이나 그 반대에 해당하는 정치·사회학과 달리 중용과 실용을 요체로 한다. 더불어 특유의 학제적 성격으로 인해 효율성을 중시하는 관리적 접근, 공공성을 중시하는 정치적 접근, 그리고 합법성을 중시하는 법적 접근을 모두 포괄하고 있다. 나아가 행정학의 통합적 관점은 정치경제학의 지향점과도 그 맥락을 공유한다는 점에 주목하였다.

이 책은 공공의 의미와 중요성을 일반인이나 대학생들이 제대로 이해할 수 있도록 안내하는 교양서로 시작하였다. 하지만 공공부문 종사자들을 위한 힐링과 역량을 다루고 있다는 점에서 실용서의 성격도 강한 편이다. 우리 시대의 공직자들은 정치인, 경영자, 노동자, 시민운동가 등 다양한 이해관계 집단의 요구에 치열하게 대응해야 할 뿐만 아니라 관료제의 속박과 보호에 안주하는 과정에서 능력발전의 기회를 좀처럼 포착하지 못하고 있기 때문이다. 나아가 공공마인드를 발휘해 발전전략과 공공개혁의 다양한 쟁점들을 입체적으로 검토하는 일은 현재의 시점에서 과거를 이해하고 미래를 예측하는 첩경이다.

한편 본서는 교양서와 실용서를 동시에 표방하면서 2장 3편의 틀을 채택하였다. 프롤로그와 에필로그로 구성된 2개의 장은 본문에 해당하는 3개의 편에서 칼럼형식으로 작성한 60여개의 단문 논설을 분산 배치하였기 때문에 전체적인 방향성과 지향성을 확보하는 일에 주력하였다. 따라서 2개의 장은 이론적이고 방법론적인 전문서의 성격이 강하다. 더불어 부록에는 본문에서 소화하기 부담스러운 이론적 논의들을 별도로 배치하였다. 이러한 이유로 시간이 부족한 독자들은 2개의 장과 부록을 생략하고 바로 3개의 편으로 구성된 본문을 읽는 활용전략을 택하는 것도 유용한 방법이다.

이 책을 출간하는 과정에서 많은 분들의 직간접적인 도움을 받았다. 먼저 다양한 저서와 논문의 공저자로서 본서의 원자재를 제공하고 아이디어를 자극한 한국교통대 이도형 교수님, 조선대 한인섭 교수님, 고려대학교 대학원 곽명신 군에게 감사드린다. 또한 대구대학교 산업행정대학원 공기업학과 학생이자 현직 지방공기업 직원인 김기열, 박윤수, 서지동, 강지영, 이상왕 등은 수업을 통해 저자의 초고를 열심히 검토해 주었다. 특히 이 책의 저술과정 전반에서 주제를 상의하고 방향성을 제시한 오랜 친구 장성희의 노고를 기억하지 않을 수 없다.

2014년 6월
김정렬

공공파이
만들기

차 례

PART 01
세계 각국의 굿 거버넌스 구현사례

Chapter 03
동아시아 국가의 굿 거버넌스 구현사례

Chapter 04
중남미 국가의 굿 거버넌스 구현사례

Chapter 05
기타 국가의 굿 거버넌스 구현사례

PART 02
한국적 발전의 새로운 경로

Chapter 06
우리스타일 파이나누기

Chapter 07
우리스타일 파이다듬기

에필로그
외국의 경험을 학습한 한국식 파이만들기

부록
파이레시피 보관창고

■■
■■

굿 거버넌스의 구현과
공공파이만들기 비법

굿 거버넌스를
만들어야 한다

신정부 출범을 계기로 우리는 국가운영의 패러다임을 전면적으로 혁신하는 작업에 착수할 것이다. 특히 엘리트관료와 지배정당이 주도하는 폐쇄적 정책결정패턴에 대한 불신, 장기침체와 각자도생을 반영하는 공동체의 균열, 세대와 지역 간 대립구도의 격화 등과 같은 정치·경제·사회·문화 전반의 병리현상을 치유하는 대안의 굿 거버넌스(Good Governance)를 창출해야 한다.

일반적으로 협의의 이상론으로서 거버넌스는 대내외 환경변화에 부응하는 정부 – 시장 – 시민사회의 협력적 통치(협치)를 의미한다. 하지만 광의의 현실론으로서 거버넌스란 특정한 분야의 문제해결을 촉진하거나 저해하는 제도나 관행을 총칭한다. 따라서 좋은 혹은 나쁜 거버넌스는 국가별 발전성과의 차이와 직결된 문제이다. 이때 총체적 국가경쟁력을 구성하는 3대 요소인 국부, 국질, 국격의 거버넌스 방식은 각기 역동적과 정태적, 포용적과 배제적, 이타적과 이기적 등으로 대비가 가능하다.

굿 거버넌스에 대한 시민들의 열망은 오래되고 보편적인 현상이다. 우리는 역사 속에서 세계를 호령한 대제국의 흥망은 물론 지금 우리가 직면한 국정의 난맥상에서 굿 거버넌스를 동경해 왔다. 정병석(2016)이 출간한 제도로 보는 조선왕조 흥망의 역사에 따르면 세종과 같이 현명한 군주가 통치하던 조선 전기는 르네상스의 시기로 평가되지만 조선 후기에는 착취적 신분제도, 폐쇄적 관료제도, 변질된 조세제도 등으로 인해 몰락의 길을 걷게 되었다.

신정부는 확실한 안보와 안전을 전제한 상태에서 경제성장과 사회복지라는 두 마리 토끼를 잡기 위해 계속 도전하고 변화해야 한다. 하지만 거대하고 복잡한 관료제는 안정적 · 반복적 업무수행을 위해 세밀하고 공식적인 절차에 의해 관리된다. 따라서 공공부문의 관료제 조직은 민간의 역동적 조직에 비해 상대적으로 느리고, 경직적이며, 답답하고, 소모적이라 변화하기 어려운 존재로 간주된다.

반면에 시민들이 원하는 정부는 UN이 굿 거버넌스의 요건으로 제시한 것처럼 통합적이고, 합의적이며, 책임지고, 투명하고, 반응적이고, 효과적이며 효율적이고, 공평하면서 포괄적이며, 법의 지배를 따라야 한다. 더불어 부패는 최소화되고, 소수의 의견을 존중하며, 사회적으로 가장 취약한 사람들의 목소리를 정책결정에 반영해야 한다. 나아가 사회와 경제의 복잡한 요구에 적극적으로 대응해야 한다.

　새로운 제도나 관행은 한번 형성되기는 어렵지만 일단 안정화되면 오랜 기간 동안 지속하면서 행위자를 통제하거나 기득권에 안주하는 경로의존 현상을 유발한다. 따라서 조직이나 개인이 미래를 선도하는 주역으로 부상하거나 비교우위를 확보하기 위해서는 기존에 유지된 경로를 창조적으로 파괴해야 한다.[1]

　1900년 월스트리트저널은 미국 12개의 초우량 기업을 선정해 발표했다. 이 중에 지금까지 살아남은 기업은 제너럴 일렉트릭(GE)이 유일하다. '발명왕' 토머스 에디슨이 창업해 140년의 역사를 이어온 GE는 간소한 절차와 지속적 소통을 추구한 패스트웍스(FastWorks)를 앞세워 디지털 시대의 생존환경에 생존하였다.[2] 또한 한물갔다고 평가받던 서커스를 음악·연기·미술이 어우러진 종합예술로 승화시킨 혁신 사례로는 캐나다 퀘벡의 서커스단인 '태양의 서커스'를 들 수 있다. '태양의 서커스'는 지금까지 세계 48개국에서 1억 600만 관객을 동원했고 매년 10억 달러가 넘는 매출을 올리고 있다(조선일보, 2015.05.22자).

　개인적 측면의 경로파괴 사례로는 1968년 제19회 멕시코 올림픽

---

1) 거시적 관점을 반영하는 구조와 미시적 관점을 추구하는 행위와 달리 제도는 구조와 행위를 매개하는 중범위 관점을 요체로 한다. 이때 제도의 세부 유형은 상대적으로 구조와 가까운 신제도주의와 행위에 가까운 구제도주의로 구분이 가능하다. 또한 비가시적 제도인 규범, 관행, 문화 등은 신제도주의 계열로 분류되지만 가시적 제도인 조직, 법률, 규칙 등은 구제도주의 인식을 반영한다.

2) 패스트웍스는 GE의 전사 혁신 프로그램으로 신생 벤처기업처럼 의사결정 절차를 최소화해 신제품 개발 속도를 획기적으로 향상시키는 업무 방식을 말한다. 패스트웍스엔 답을 미리 정해놓는 '가정'(hypothesis)이란 게 없다. 시작할 때부터 "정답은 없다"고 외치며 사업을 추진한다. 패스트웍스는 초기 단계부터 소비자들을 참여시키는 등 협업을 중시한다. GE는 패스트웍스를 혁신의 도구(tool)이자, 원칙이며, 새로운 고객 중심 행동이라고 생각한다(머니투데이, 2015.03.31자).

에 출전한 높이뛰기 선수인 포스베리(Dick Fosbury)를 들 수 있다. 그는 세계 높이뛰기 역사상 처음으로 앞으로 넘지 않고 뒤로 넘는 '배면뛰기(Flop)'를 시도해 세계신기록을 수립하였다. 이후 많은 선수들이 기존 방식을 포기하고 배면뛰기를 추종하였다. 이는 통찰적 사고에 입각해 혁신을 도모한 사례라는 점에 의미를 부여할 수 있다.

기업이나 개인과 마찬가지로 외부의 환경변화에 취약한 작은 나라들도 혁신적 변화를 중시한다. 일례로 이스라엘, 아일랜드, 싱가포르 등은 신생벤처(start-up)의 생존방식을 벤치마킹해 국가경쟁력을 제고시켰다. 하지만 이러한 강소국 사례는 효율지상주의를 표방하는 국부의 증진사례라는 점에서 편향적이다. 따라서 균형발전의 견지에서 복지국가를 선도한 북유럽이나 국제적 연대를 중시한 중남미 국가들의 굿 거버넌스 사례에도 유의해야 한다.

이때 국가별 비교분석의 초점은 총체적 국가경쟁력의 구성요소(국부, 국질, 국격)와 굿 거버넌스를 주도하는 행위자(정부, 기업, 시민단체)들에 초점을 부여하고자 한다. 나아가 우리는 당대의 현실은 물론 오래된 역사를 통해서도 국가발전의 교훈을 찾을 수 있다는 점에 유의하고자 한다.

차세대 정부가 추구해야 할
5가지 혁신

문재인 정부가 출범하면서 우리가 맞이할 차세대 정부의 조건에 대한 관심이 커지고 있다. 이에 필자는 '튼튼한 정부, 편안한 국민'이라는 비전에 부응하는 겸손한, 청렴한, 적정한, 똑똑한, 신중한 정부라는 다섯 가지 혁신전략을 각기 2개의 혁신수단을 중심으로 제시하고자 한다.

첫째, 겸손한 정부를 구현하기 위해서는 공공마인드 배양과 전방위 협치가 요구된다. 우선 제왕스타일에 안주해 온 오만한 정부와의 단절은 가시적 제도의 개선보다 성숙한 통치문화의 정립과 직결된 문제이다. 국민들을 최대한 배려하고 존중하는 공공마인드 속에는 산업화와 민주화 이후 우리가 추구할 참발전의 노하우가 담겨 있기 때문이다.

전방위 협치는 복잡한 정책 문제를 다루는 전가의 보도이다. 다양한 이해관계자들이 협력적 방식으로 국정을 운영하는 거버넌스의 구현사례는 글로벌과 로컬은 물론 정부의 양대 정책인 경제와 사회로 구분된다. 사드배치 문제 해법과 지방분권이 글로벌과 로컬거버넌스에 부합하는 최우선 과제라면 재벌개혁과 복지혼합은 경제와 사회거버넌스를 주도할 이슈이다.

둘째, 청렴한 정부를 이룩하기 위해서는 부패통제를 강화하고 소명의식을 독려해야 한다. 지위고하를 막론하고 부패행위는 반드시 처벌받는다는 인식의 전환을 유도하기 위해 고위공직자 비리수사처 신설이나 경찰 수사권 독립과 같은 부패통제체제를 도입해야 한다. 또한 내부고발을 배제한 상태에서 좀처럼 적발이 어려운 정부의 투명성 제고를 위해 공직자들의 전문직업주의를 일깨워야 한다.

셋째, 적정한 정부를 구현하기 위해서는 점진적 조직재설계와 지속적 절차간소화가 요구된다. 정부조직의 개편은 정권출범을 전후해 간판바꾸기 이벤트에 몰입하는 '떴다방' 스타일을 탈피해야 한다. 또한 민영화를 앞세운 작은 정부나 보편적 복지를 앞세운 큰 정부가 아니라 적정한 균형을 찾아야 한다. 나아가 급진적 구조개혁 방식을 탈피해 독임제와 합의제, 계층제와 팀제라는 문제의 본질도 성찰해야 한다.

규제개혁과 전자정부를 활용한 신속한 절차는 유능한 인재와 실용적 문화에 부가해 정부의 경쟁력을 좌우할 핵심적 요건이다. 하지만 친자본적 탈규제에 몰입하는 편향적 규제개혁은 국가자율성과 정부신뢰를 저하시키는 주범이다. 또한 4차 산업혁명에 투영된 기대에도 불구하고 비용편익분석을 도외시한 신기술 만능주의 신화도 경계해야 한다.

넷째, 똑똑한 정부를 이룩하기 위해서는 정책창안을 촉진하고 지식정부를 유도해야 한다. 행정환경의 변화에 역동적으로 대응하기 위해 공직자들의 창의적 정책아이디어를 자극해야 한다.

하지만 고시와 공무원 시험에 대한 국민적 애착이 여전한 상황에서 잠재역량을 중시하는 공무원 채용방식이 정착되기를 기대하기는 어렵다. 따라서 기존 인력의 정예화를 위해 교육훈련 투자를 늘려야 한다.

다섯째, 신중한 정부를 구현하기 위해서는 정책재검토와 공정인사가 필요하다. 시대를 앞서가는 혁신적 정책형성은 예상치 못한 부작용을 포함하는 경우가 많다. 반면에 현실에 안주하는 일상적 정책집행도 정부혁신을 제약하기는 마찬가지다.

따라서 정책변화의 조절 기제로서 정책재검토가 요구된다. 물론 공식적 정책재검토와 괴리된 소위 실세들의 뒤집기는 정책일관성을 훼손하는 주범이다.

국민에 대한 정부의 대표성을 제고하기 위해서는 공직의 임용과 승진 및 처우에서 성별, 지역, 학벌 등을 차별하지 말아야 한다. 나아가 우리 시대의 소수자인 여성, 호남, 지방대, 비정규직, 장애인, 탈북자 등에 대한 우대조치가 필요하다. 이는 결과적으로 국민을 편안하게 하는 포용적 선진사회로의 진입을 촉진할 것이다.

표 1   차세대 정부혁신의 비전과 목표

'튼튼한 정부, 편안한 국민'				
겸손한 정부	청렴한 정부	적정한 정부	똑똑한 정부	신중한 정부
- 공공마인드	- 부패통제	- 조직재설계	- 정책창안	- 정책재검토
- 전방위 협치	- 소명의식	- 절차간소화	- 지식정부	- 공정인사

발전전략의 다양성과
국가경쟁력의 강화

발전전략이란 총체적 국가경쟁력의 강화를 위한 국가 차원의 전략(정책)과 내부적인 역량강화를 위한 준비활동(행정)을 포괄하는 개념이다. 이러한 국가발전의 의미와 관련하여 새뮤얼 헌팅턴은 "효율적이고 합법적인 정부가 안정적으로 유지되는 상태"로 규정하였다. 특히 국가발전은 지지의 범위와 제도화의 수준이 모두 높을 때 성취도가 향상되며, 문화나 문명이 이를 좌우하는 결정적 변수이다. 여기에 더해 프랜시스 후쿠야마는 국가발전을 가늠하는 세 가지 제도적 조건으로 효과성, 법치주의, 책임성 등을 지목하였다. 일례로 중국은 효과성을 요체로 하는 근대국가를 비교적 빨리 구축하였지만 책임정부는 아직 미완성 상태이다. 반면에 인도는 법치주의가 상당 수준 진전된 상태이지만 국가의 효과성은 아직 미흡한 상태이다. 이러한 차이는 문화와 사상에 기인하지만 기본적으로 사회세력들 사이의 역학관계나 동맹관계에 기인하는 경우가 많다.

　한편 발전전략의 기반이론은 자본주의적 근대화가 본격화된 지난 500년간 다양한 형태로 발전되어 왔다. 16~17세기를 풍미한 절대국가의 중상주의(개입)와 18~19세기를 선도한 입법국가의 자유주의(방임)는 발전의 메타이론이자 원조모델로 규정할 수 있다. 나아가 20세기의 개막과 더불어 강화된 행정국가의 전통은 각기 성장과 복지에 초점이 부여된 신중상주의(동아시아 발전국가)와 사회민주주의(케인지안 복지국가)를 탄생시켰다. 하지만 1970년대 석유위기(oil shock)를 계기로 살아난 자유시장의 기풍은 신자유주의를 강화시켰다.

　제2차 세계대전 이후 신생독립국가로 출범한 한국은 분단과 전쟁이라는 시련에도 불구하고 미국의 관심과 후원을 유도하는 방식으로 국가발전이라는 막중한 사명에 부응한 것으로 평가되고 있다. 특히 국부의 측면에서 지난 반세기 동안 한국이 이룩한 경제성과는 향후 국질과 국격의 동반 상승을 견인하는 방식으로 강중국이라는 궁극적 발전목표에 다가설 수 있을 것이다.

　미국과 중국이라는 강대국이 국제질서의 패권을 확고하게 양분한 상황에서 한국의 선택가능한 목표는 강중국 선두그룹을 형성하고 있는 일본, 독일, 영국 프랑스 등에 근접하는 국가경쟁력을 배양하는 일이다. 이는 네덜란드, 노르웨이, 아일랜드, 싱가포르 등 서유럽이나 동아시아의 강소국들을 추격대상으로 상정해 온 한국의 기존 발전목표를 상향조정한 것이다.

지구상에 존재하는 수백 개의 국가들은 인구, 영토, 제도라는 원인변수와 국부, 국질, 국격이라는 결과변수를 종합하는 방식으로 그룹별 유형화와 유형 내 순위부여가 가능하다. 일례로 미국과 중국이 안착한 강대국의 다음 후보로는 부침이 심한 러시아를 비롯해 대륙규모 국가로 분류되는 브라질, 인도 등이 포함된다. 참고로 중국이 단시일 내에 미국에 필적하는 국력을 확보해 세계를 양분하는 초강대국의 지위를 확고히 할 것이라는 주장에 대해서는 찬반양론이 대립하고 있다. 우선 미국의 군산학 복합체(military－industrial－academic complex)가 냉전시기에 소련에 그랬던 것처럼 잠재적 또는 실제적 위협국가로서 중국을 과대평가하고 있을 뿐만 아니라 중국 내 민족주의자들도 이러한 주장에 적극 동참하고 있다. 반면에 대다수 현실론자들은 중국의 복잡한 국내사정이나 국가능력 측면의 한계를 들어 중국위협론과 중국굴기론이 과장되었다고 평가절하한다.

또한 밀집된 지역국가군 내에서 소맹주의 역할을 담당할 강중국의 유력 후보는 한국을 비롯해 태국, 터키, 스페인, 폴란드, 남아공, 베네수엘라 등이다. 나아가 강소국의 예비 후보에는 그리스, 크로아티아, UAE, 코스타리카 등을 포함시킬 수 있다.

한국이 인구 5,000만명과 대륙과 단절된 영토 및 미국편향적 제도라는 제약조건을 극복하고 강중국으로 도약하기 위해서는 통일대

표 2 국가유형의 분류기준과 국가경쟁력의 구성요소

국가유형
(원인변수)
	- 강대국 요건(1억 3천만명 이상과 대륙규모 면적 및 이념적 제도)
	  : 미국과 중국
	- 강중국 요건(8천만명 내외와 중간규모 면적 및 역사적 제도)
	  : 독일과 일본
	- 강소국 요건(2천만명 이하와 작은규모 면적 및 융합적 제도)
	  : 노르웨이와 싱가포르

국가경쟁력 (결과변수)	- 국부 구현사례: 미국(세계의 시장), 중국(세계의 공장) - 국질 구현사례: 싱가포르(공공서비스), 일본(고용안전) - 국격 구현사례: 독일(과거사 반성), 노르웨이(공적개발원조)

박의 꿈을 실현할 수 있어야 한다. 통일 한국의 이상이 실현되는 그 날 한국은 인구와 영토 및 제도 모두에서 세계인의 이목을 집중시키는 관심국가로 부상하게 될 것이다.

우리가 통일과업과 병행하여 추진할 선결과제로는 총체적 국가경쟁력(국력)의 삼각형을 구성하는 국부, 국질, 국격 간의 균형을 확보하는 일이다.3) 독일의 경험에 비추어 통일이라는 변수는 단기적으로 국부에 긍정적으로 작용하겠지만 다양한 갈등을 촉발하는 방식으로 국질과 국격에 대한 위협으로 작용할 개연성이 있다. 이 점은 고도성장기 한국의 왜발전 경험을 통해서도 확인된 바 있다.

이에 여기에서는 국부의 증진에 부가해 통일시대를 차분히 준

---

3) 국력을 결정하는 변수와 관련하여 클라인은 인구와 영토, 경제력, 군사력, 국가전략과 국민의지 등에 주목하였다. 또한 오간스키는 인구크기, 정부구조의 효율성, 경제발전의 정도에 주목하였다. 그리고 코틀러는 정부지도력, 국가의 문화, 사고방식 및 가치관, 국가의 사회적 결속 등에 주목하였다. 나아가 국력은 시대의 상황이나 요구에 따라 변수별로 가중치를 달리하게 된다(한국행정학회, 행정학 전자사전).

비하는 한국의 국질과 국격 강화전략을 집중적으로 검토하고자 한
다. 사례연구의 방식을 취하고 있는 본서의 집중적인 벤치마킹 대상
국가는 미래 한국의 목표상태와 유사할 뿐만 아니라 각기 강중국과
강소국을 대표하는 독일과 일본, 노르웨이와 싱가포르 등에 주목하
고자 한다. 일례로 이들 국가는 각기 서유럽과 동아시아를 대표하는
강중국과 강소국이자 국질과 국격의 구현사례들을 다수 산출하였다
는 점에서 대표성과 시의성을 확보하고 있다.

　더불어 우리는 국가경쟁력의 위기를 표출한 한국의 거버넌스가
정태적에서 역동적으로, 배제적에서 포용적으로, 이기적에서 이타적
으로 재구성될 필요가 있다는 점에 유의해야 한다. 먼저 국부의 측면
에서 지난 반세기 동안 한국의 고도성장을 지탱해 온 제조업이 역동
성을 상실하고 있다. 따라서 제조업의 재발견 노력과 병행하여 서비
스 산업이나 인공지능 분야에 기반해 신성장동력을 창출해야 한다.
복합리조트와 첨단산업단지를 활용해 재도약에 성공한 싱가포르나
제4차 산업혁명을 선도한 미국의 길도 유용한 학습사례이다.4) 미·일
의 분발과 중국의 추격에 샌드위치 신세로 전락한 우리에게 남은 시
간이 길지 않기 때문이다.

　다음으로 국질의 측면에서 양극화 추세를 반영하는 서민들의
생활수준은 계속 악화되고 있다. 참고로 한국의 지니계수나 국민행
복지수가 악화되고 있다는 국내외 전문기관들의 보도가 대표적인 사

---

4) 1986년 이후 싱가포르는 전통적 산업보다 혁신주도의 지식경제를 강조하면서 경제구조
　조정을 추구하였다. 일례로 바이오메디컬 산업의 경우 '혁신'이 다단계로 복잡하게 이
　루어지기 때문에 "일(Work)-주거(Live)-여가(Play)-학습(Learn)"의 연계가 필요하다.
　이에 싱가포르는 2001년 이래 '원노스(One-North)'로 지칭되는 복합형 첨단산업단지를
　구축해 왔다.

례이다. 따라서 과도한 경쟁을 조장하는 줄세우기 평가나 부자 열풍의 함정을 탈피해 여가나 공동체의 가치를 재인식하도록 유도해야 한다.

한편 세월호 침몰과 대통령 탄핵으로 한국의 국격도 위험수위에 도달하였다. 따라서 국제협력과 계층통합을 촉진하는 방식으로 국격을 제고하기 위해 다른 사람의 '고통(passion)'을 자신도 '함께(com)' 느끼는 컴패션(compassion)을 실천해야 한다(배명복, "위대한 나라의 조건", 중앙일보, 2015.03.03자). 참고로 우리나라의 공적개발원조 비중은 2011년 기준 경제규모 대비 공적개발원조 수준을 나타내는 ODA/GNI 비율에서 0.12% 수준이다. 참고로 UN이 제시한 ODA/GNI 비율 목표치인 0.7%를 넘어선 국가는 덴마크, 룩셈부르크, 네덜란드, 노르웨이, 스웨덴이다(KNS뉴스통신, 2012.04.05자).

공공마인드 강화가
국가발전의 지름길

최근 총체적 위기에 빠진 한국호를 재건하기 위해 '국가혁신'이라는 모토 아래 다양한 과제들이 추진되고 있다. 단적인 사례로 세월호 침몰은 한국의 국가경쟁력이 위험수위에 도달했음을 알려주는 적신호이다. 여기에 더해 우리의 자랑인 국가대표 재벌들이 '원거리 사냥'보다는 '안마당 가축'에 눈독을 들이고 있는 상황에서 그다지 어렵지 않게 체제변화의 당위성을 발견할 수 있다.

하지만 박근혜 정부가 국가혁신을 위해 준비한 다양한 처방전과 복용법은 최근 목격한 단기적 기대와 부분적 효과에도 불구하고 중장기적으로 바람직한 결과를 창출할 것으로 기대하기는 어렵다. 당초 집권 세력이 제안한 '국가개조'라는 개념에는 일본의 군국주의나 과거 개발연대를 연상시키는 정부주도의 하향식 중앙기획 논리가 내재되어 있다. 이에 진보 진영은 일본의 혁신지자체나 노무현 정부가 표방했던 상향식 '생활정치'나 '정부혁신' 방식에 주목할 것을 제안하여 '혁신'이라는 명칭의 변경이 이루어졌다.

개조와 혁신은 혁명과 진화가 그러하듯이 강약의 차이에도 불구하고 모두 변화를 지향한다는 점에서 보수와 진보를 떠나 기본적 공감대를 형성하고 있다. 더불어 체제변화에 대한 최근의 관심은 정부 주도와 민간 주도, 급진적 변화와 점진적 변화 등과 같은 방법론의 차이에도 불구하고 총체적 국가경쟁력의 강화를 지향한다는 점에서 긍정적이다.

그렇다면 우리가 지향해야 할 총체적 국가경쟁력이란 무엇인가? 시민들이 장을 보면서 크고 알차고 매끈한 양파를 골라잡듯이 우리가 살고 싶어하는 나라는 노르웨이나 싱가포르와 같이 국부, 국질, 국격이 균형을 이루는 나라이다. 여기서 양파 고르기를 보다 보편적인 파이만들기에 비유하자면 키우기, 나누기, 다듬기라는 삼박자가 하모니를 형성하는 것이 바람직하다.

시장의 확산이 초래한 공공성의 위기 시대를 맞이하여 키우기, 나누기, 다듬기로 구분되는 파이만들기의 전 과정은 '공공성'을 통해 재정의가 가능하다.

따라서 공공파이만들기의 주도자인 정부와 기업 및 시민단체가 공공마인드를 함양하는 일은 미래 한국의 경쟁력을 좌우하는 첩경이다.

다수가 참여하고 모두가 상생하는 공공파이(public pie)란 시장이 주도해 온 기존의 경제학적 또는 국부편향적 파이 개념을 초월해 공공성에 기반을 두고 다양한 이해관계자들이 참여하는 협력적 거버넌스 방식으로 국부, 국질, 국격 간의 균형을 추구한다.5)

우리스타일의 파이만들기 순서와 관련하여 기존에는 파이키우기에 우선순위를 부여해 왔다. 하지만 압축성장을 통해 국부가 증진된 상황에서 국민행복, 국가안전, 사회통합, 국가품격 등이 시급한 과제로 부상하였음을 계속 외면하기는 어렵다. 더불어 파이키우기역시 고도성장이나 창조경제와 차별화된 지속가능발전과 상생경제를 추구해야 한다.

결국 이러한 국가발전 목표에 부응하기 위해서는 무너진 국정의 활력을 충전하는 국가혁신의 논리와 방향을 제대로 잡아야 한다.

특히 대내외 환경변화의 추이를 보다 신속하고 정확하게 포착해 국민이 공감하고 만족하는 정책을 창안하기 위해서는 주관 부처는 물론 조정과 지휘 기능을 수행하는 청와대나 총리실의 기획과 소통 역량을 보강하는 일에 주력해야 한다.

---

5) 공공파이만들기의 기본 골격인 국부, 국질, 국격 간의 균형발전을 강조하는 논리는 필자와 비교발전행정론을 공저한 이도형 교수의 아이디어를 토대로 발전시킨 것이다.

표 3 파이만들기의 의미와 특성

개념	의미	구축사례와 측정방법
파이 나누기	국질 : 국민 삶의 질 증진	- 주요 지수사례: UN 행복지수, 부탄 국민총행복(GNH) 지수, 지니계수, 엥겔지수 등 - 주요 측정변수: 소득불균형 수준, 평균수명, 연간 근로시간, 정치적 안정의 수준, 예산대비 복지비 비중, 범죄율, 가계소득 대비 사교육비와 식료품비 비율 등
파이 다듬기	국격 : 국가의 품격과 이미지	- 주요 지수사례: 세계은행 거버넌스 지수, 프리덤하우스 언론자유지수, 국제연합개발계획(UNDP) 인간개발지수 등 - 주요 측정변수: 정부신뢰도, 언론자유도, 인권보장, 온실가스 방출량, 국가호감도, GDP대비 공적개발원조와 국방비 비율, 문자해독률, 부정부패 수준 등
파이 키우기	국부 : 국가 경제력의 확대	- 주요 지수사례: IMD 국가경쟁력 지수, WEF 국가경쟁력 지수, 해리티지재단과 월스트리트저널 경제자유도, 중국 사회과학원 종합국력 등 - 주요 측정변수: 경제성장률, 1인당 GDP, 수출액, 세계화 수준, 정보화 수준, 예산대비 경제개발비와 연구개발비 비중, 정부규제 강도, 기업부가가치와 노동생산성 증가율 등

공직의 의미와 가치를
재정립하자

공직이란 일반적으로 국가기관이나 공공단체의 일을 맡아보는 직책이나 직무를 지칭한다. 하지만 공직이 포괄하는 범위와 수반되는 책임은 개별 국가의 고유한 특성에 따라 달라진다. 이는 공공부문의 범위를 규정한 각국의 입법사례나 공직자에 대한 시민들의 기대수준을 통해 잘 나타나고 있다.

우리가 살고 있는 나라는 크게 공공부문과 민간부문으로 구분된다. 다시 공공부문은 정부와 공공기관으로, 민간부문은 비영리단체와 기업으로 세분화를 시도할 수 있다. 이때 양 극단에 위치한 정부와 기업은 각기 공공성과 효율성을 구현하는 최후의 보루이며, 공공기관(공기업과 산하단체)과 비영리단체(재단법인과 사단법인)는 상반된 가치가 혼재된 중간지대이다.

따라서 기업의 본질인 경영마인드의 강세가 이어질 경우 효율성은 비영리단체와 공공기관을 경유해 정부에도 도달하게 된다. 반대로 정부의 본질인 공공마인드가 확산될 경우 공공기관과 비영리단체를 경유해 기업에도 영향을 끼치기 마련이다. 따라서 상반된 두 가치는 시대와 적소에 부응하는 적절한 균형을 추구하는 것이 바람직하다.

얼마 전 핵심 이슈로 부상했던 '김영란법'의 적용범위는 공직의 의미와 가치에 대한 우리 사회의 요구수준을 가늠하는 척도이다. 공직의 범위를 공무원으로 좁게 해석하려는 일각의 시도에 반발해 공공기관은 물론 언론과 사학 및 병원까지 포함시켜야 한다는 주장이

제기되었다. 사실 공공부문의 범위를 넓게 해석할 경우 비영리단체까지 포함할 수 있다는 점에서 이러한 주장이 무리한 일은 결코 아니다. 나아가 '김영란법'의 적용범위 확대는 향후 공정거래법 등을 자극하는 방식으로 기업의 투명성과 책임성에 대한 강화 요구로 이어질 것이다.

이러한 문제인식을 토대로 우리는 최근 정부에 팽배한 효율성의 신화와 더불어 기업에 만연한 공공성의 빈곤에 주목해야 한다. 더불어 비록 정도의 차이는 있지만 중간지대에 존재하는 공공기관이나 비영리단체도 예외가 아니다. 또한 돈으로 모든 것을 재단하려는 우리 사회 전반의 왜곡된 풍조도 우려스럽다.

한편 유교적 권위주의 전통과 정부주도의 고도성장의 신화를 경험한 우리나라는 공직에 대한 열망과 기대가 높게 형성된 편이다. 국가형성 초기에 안정적 체제유지에 급급하던 공직자들은 경제성장을 주도하면서 국가발전의 선도자로 자리매김하였다. 하지만 건국과 발전 이후를 준비하는 우리 공직사회의 비전과 헌신은 좀처럼 부각되지 못하고 있다.

패러다임 전환기를 맞이하여 공직의 본질에 제대로 부응하지 못하는 아노미적 행태가 도처에서 목격되고 있기 때문이다. 고위공직자들은 변화된 환경에 부합하는 새로운 미션과 비전을 제대로 설정하지 못한 상태에서 물결 속의 부초처럼 흔들리고 있다. 또한 희생과 헌신의 청지기상을 정립해야 하는 일선공무원들은 수당이나 출장비를 부당하게 수령하는 이른바 '생활인의 유혹'을 극복하지 못하고 있다.

결국 막다른 골목으로 내몰린 공직자들의 조용한 귀환을 유도하기 위해서는 치열한 '자기혁신'과 더불어 정치권이 주도하는 '구조개혁'이 요구된다. 공직자들의 활동공간을 제약하고 있는 감세와 증세, 공무원연금 개혁, 복지정책 기조 등에 대한 여야의 '통큰 합의'가 요구된다. 유럽과 같은 사회협약을 기대하기 어려운 상태에서 우리에게는 정치의 역할이 절실하기 때문이다. 정치권이 결단하고 관료들이 움직이면 한국 특유의 빠른 문제해결도 기대할 수 있을 것이다.

정부의 미래와
국민의 결단

현대 정부의 패러다임은 '행정'에서 '관리'로 그리고 최근에는 '서비스'를 중시하는 방향으로 변화하고 있다. 먼저 관료제 행정으로 지칭되는 공공행정 패러다임의 정립은 절대국가의 유산인 정실주의 (patronage)의 폐단을 제거하기 위해 법치주의, 즉 '원칙'을 중시하는 집행가적 정부의 구현을 표방하였다. 이 점은 관료제를 앞세워 국가형성과 발전을 추구한 19세기 독일이나 프랑스의 사례를 통해 잘 나타나고 있다.

다음으로 기업가적 정부로 지칭되는 공공관리 패러다임의 기풍은 입법국가, 즉 정치의 과잉으로 대표되는 엽관주의(spoils)의 부작용을 실적주의(merit)를 통해 해소하기 위해 등장하였다. 이 점은 20세기 초 미국 행정이 '성과'를 표방하면서 선거과열로 '부패한 정치 (Machine Politics)'와의 단절을 표방한 사실을 통해 잘 나타나고 있다.

또한 1960년대 민권운동의 열풍 속에서 팽창한 복지비 지출을 축소하기 위해 작은 정부를 표방한 레이건의 신공공관리도 공공관리 패러다임의 연장선상에 위치한다.

한편 헌신적인 청지기를 연상시키는 서비스 행정에 대한 요구는 전문직업관료(career)들의 차가운 행정에 대한 분발을 촉구한다. 충실한 집행가는 물론 이기적 대리인의 이미지를 탈피하지 못한 상태에서 주인의식이 고양된 국민들의 눈높이를 맞추기 어렵기 때문이다. 20세기 중반 유러피언 드림에서 발원한 서비스 행정의 재발견은 거버넌스 기반에서 '소통'을 추구하는 정치가적 정부의 부활을 의미한다.

다양한 행정의 패러다임을 반영하는 상이한 정부상은 역사의 산물이자 미래의 과제이다. 지금 우리 지방자치는 집행가, 기업가, 정치가를 동시에 요구할 정도로 총체적 난국에 직면해 있기 때문이다. 따라서 지방선거를 목전에 둔 지금 유권자들은 어느 스타일의 공약을 어떻게 혼합할 것인지를 신중하게 결정해야 한다.

참고로 압축성장이 초래한 한국의 복잡한 행정전통도 선진국의 점진적 진화와 달리 다양한 정부상을 경합시키는 백화제방(百花齊放)의 구도를 조장하고 있다. 원칙(principle)을 무시하고, 성과(performance)를

표 4 정부운영의 패러다임 변화

정부운영의 패러다임	기반이론	주요한 지향점	리더십 유형
공공행정	관료제	원칙	집행가
공공관리	시장	성과	기업가
공공서비스	거버넌스	소통	정치가

간과하며, 소통(communication)을 빙자하는 행정의 부작용이 도처에서 목격되고 있을 뿐만 아니라 누구의 책임이 무거운지 가리기 어려운 지경이기 때문이다.

하지만 열심히 찾다보면 종종 미담의 출처를 발견하기도 한다. 우리 지방자치도 연륜을 더하면서 간간히 성공의 스토리를 배출해 왔기 때문이다. 일례로 비정규직 보호를 위해 정규직 전환이나 생활임금제를 채택한 서울시 일부 구청들의 시도는 서비스 행정에 대한 열정이 묻어난다. 참고로 우리와 사정이 비슷한 일본도 과거 혁신지사가 주도한 창의행정이 여타 자치단체로의 확산은 물론 중앙까지 변화시키는 청량제의 역할을 수행해 왔다. 이 점에서 중앙정치의 무대를 떠나 지방을 선택한 후보들의 작은 도전이 성공하기를 기대해 본다.

따라서 유권자들은 인물과 정당에 부가해 후보자들이 내세우는 공약이 지역의 현실에 얼마나 부합하는가의 여부에 최고 우선순위를 부여해야 한다. 일례로 "사소한 비리도 엄단한다, 매뉴얼을 확립하고 숙지한다, 성과에 따라 차등한다, 창의적 아이디어를 수용한다, 공공성의 강화를 추구한다, 생활정치의 구현을 지향한다" 등과 같이 차별화된 공약들을 선별할 수 있어야 한다.

해당 지역에 필요한 공약의 우선순위를 가리는 유권자들의 현명한 선택은 자치단체의 미래를 좌우할 뿐만 아니라 국가의 운명까지 좌우할 것이다. 주민들의 결단이 미래 한국호를 책임질 선장들을 바르게 성장시킬 것이기 때문이다. 다시 말해 유권자들의 잘못된 선택은 지역은 물론 머지않아 중앙도 오염시키는 비극을 초래할 것이다.

우리는 역대 선거를 통해 후보자의 화려한 경력이나 지역에 안

주하는 정당에 현혹되어 역사적 불행을 자초한 경험이 있다. 따라서
이제는 후보자의 내면을 살피고 공수표를 감별하는 지혜를 발휘할
때이다.

누가 공공성을
주도해야 하는가

공공성이란 특정한 개인이나 집단의 논리를 초월해 다수의 보
편적 요구에 부응하는 해결방안이나 해결방식을 총칭하는 의미이다.
따라서 공공성은 문제의 해결방안이라는 '결과'의 측면과 문제의 해
결방식이라는 '과정'의 측면을 포괄한다. 이는 공공성에 대한 논의가
내용적 합리성은 물론 절차의 정당성까지 확보해야 함을 시사한다.

인류의 역사를 통해 공공성은 다양한 모습으로 존재해 왔다. 공
공성이 역사의 전면에 등장한 최초의 사례로는 고대 그리스·로마의
공화정을 들 수 있다. 도시국가 공동체 형태를 지닌 고대 공화정에
서는 사유재산과 같이 시민 각자에게 맡겨진 문제와 구별되는 지도
자 선출, 전쟁 등과 같은 중요한 정책결정을 시민 모두가 참여하는
공공부문에서 담당하였다. 하지만 중세의 봉건국가와 근대의 절대국
가에서는 공동체에 의한 다수의 결정이 왕의 독점적인 결정방식으로
전환되었다.[6)]

---

6) 서양의 경우 공화정에 부가해 중세의 자유도시, 르네상스를 선도한 북부 이탈리아의
   도시공동체, 사회계약설을 구현한 근대 야경국가, 복지국가의 위기를 극복한 유럽식 거

공공의 주도자는 크게 국가, 시장, 시민사회로 구분된다. 이때 공공성을 구현하는 가장 이상적인 방법은 국가-시장-시민사회 간의 기능분담과 상호협력을 요체로 하는 거버넌스(협치) 방식의 제도화이다. 하지만 세계 각국이 처한 공공성의 현실은 균형을 중시하는 거버넌스의 이상과는 다소 괴리가 있다. 일례로 한국에서는 국가주도의 공공성이 지배적인 패턴으로 자리해 왔음에 반하여 미국에서는 시장주도의 공공성을 중시해 왔다. 더불어 유럽에서는 시민사회 주도의 공동체 의식이 상대적으로 강한 편이다. 나아가 바누아트나 부탄과 같은 도서와 산촌국가에서는 사회의 자율적인 공동체의 전통이 국가나 시장의 영향력을 압도해 왔다.

따라서 공공성을 촉진하기 위해서는 특정 주체의 주도권을 허용하는 기존의 지배적 관점들에 대한 비판적 평가작업이 선행되어야 한다. 부연하면, 먼저 공공과 정부를 동일시하는 오류를 회피해야 한다. 아직도 많은 나라에서 정치적, 관료적 및 경제적 지배엘리트들이 독점적 권력을 행사하고 있기 때문이다. 다음으로 공공은 시장과도 동일시하기 어렵다. 왜냐하면 이기심에 기반한 시장행위자의 집합적 선택만으로 공공성이 구현되는 것은 무리이다.[7] 또한 인종, 계급, 민

버넌스, 기업의 사회적 책임성 등이 공공성의 대표적 구현사례이다. 또한 동양의 공공성 구현사례로는 맹자의 정전법, 고려의 빈민구제기구인 대비원과 제위보, 조선의 향약과 두레, 최근 활성화된 협동조합이나 공유경제 등을 들 수 있다(소영진, 2003; 하승우, 2014).

7) 현대 행정학에서 공공성 개념을 규정하려는 시도는 크게 두 가지로 구별되는데, 하나는 정통행정이론의 관점이고 다른 하나는 공공선택이론 관점이다. 먼저 정통행정이론은 통상 공공(public)이라는 개념을 민간(private)이라는 개념과 상반된 것으로 이해한다. 하지만 이러한 방식의 개념화는 그 본질이나 역할 및 이데올로기와 상관없이 공공을 정부나 정치와 동일시하는 오류를 범하기 쉽다. 다음으로 공공선택이론은 공공을 민간과 마찬가지로 효용극대화를 추구하는 이기적 개인들의 합리적 선택으로 규정한

족성, 성(gender) 등에서 다양성과 이질성이 존재하지 않는 사회는 없기 때문에 공공과 시민사회를 동일시하기도 어렵다.

결국 공공성에 대한 국가중심적, 시장중심적, 사회중심적 해석들은 주로 공공성의 구조적인 측면들을 강조하기 때문에 공공에 대한 올바른 이해를 위해서는 상호작용과 비판적 인식의 차원에 주목할 필요가 있다. 이 점에서 한나 아렌트와 하버마스가 제시한 공론장(public arena)의 기제로서 참여와 토론 및 소통에 주목할 필요가 있다. 더불어 공공성에 내재된 규범적 가치인 민주, 연대, 정의, 개방, 책임 등에도 유의해야 한다.

참고로 최근 전세계적 현상으로 부각된 공공성의 위기는 시장의 경쟁논리가 급속히 확장되는 국면에서 국가와 시민사회가 제대로 대처하지 못한 일과 무관하지 않다. 작은 정부를 표방한 민영화와 탈규제의 확산, 제3부문과 공유경제의 축소, 재산권과 저작권의 강화, 노동조합이나 광장문화의 약화, 사회자본과 지방자치의 정체 등이 공공성의 약화를 입증하는 대표적 사례이다.

하지만 2008년 미국발 경제위기를 계기로 자유시장의 위험성을 인식한 세계 각국은 공공성의 주도자로서 국가나 시민사회의 역할을 재인식하기 시작했다. 또한 국내적으로 '세월호 침몰'과 '세모녀 자살'은 정부는 물론 일반 국민들까지 공공마인드의 중요성을 학습하는 주요 계기로 작용하였다. 특히 세월호 침몰은 이윤추구에 급급한 시장은 물론 부정부패의 늪에 빠진 국가의 전면적 개조를 요구하고 있다는 점에서 시민사회의 영향력 확대를 전제로 잃어버린 균형을 복원하

다. 하지만 이러한 방식의 개념화는 어떤 공통된 유대감을 가지고 의식적으로 상호작용하고 협력하는 존재를 암시하는 공공의 개념과 부합하기 어렵다는 한계를 지닌다.

는 진정한 협치의 구현가능성을 조심스럽게 타진해 볼 수 있다.

시민사회 주도의 공공성을 중시하는 입장에서는 일제 식민통치를 경험하면서 관이 확대되고 개발연대의 고도성장을 통해 시장의 위세가 고조된 일에 주목한다. 따라서 공유의 주도자인 시민들의 소외현상을 치유하기 위해서는 협동조합이나 사회자본을 강화할 것을 주문한다.

반면에 정부주도의 공공성 강화를 주문하는 진영에서는 시장의 급격한 확산에 따른 적정한 규제자로서 정부역할의 중요성을 강조한다. 특히 이기적 개인이나 산만한 시민이 주도하는 방식으로 국가 간의 무한경쟁 구도에 효과적으로 대응하기 어렵다는 점과 더불어 정부가 주도해 온 한국적 발전의 잔재를 의미하는 경로의존 현상에 착안해 적어도 당분간 국가주도 발전의 불가피성을 용인할 것을 제안한다.

한편 보다 거시적인 관점에서 세계화 시대의 공공성은 단순히 국가의 경계안으로 제한되는 문제가 아니다. 이와 관련하여 더글라스 러미스 교수는 무분별한 개발에 반대하는 세계 각지 토착민들의 시위가 국제적인 연대로 진화하는 모습에 주목하고 있다. 따라서 우리도 국격의 제고 차원에서 재개발, 원자력발전소 등에 대해 충분히 숙고하는 신중한 접근을 추구해야 한다.

세계 각국의
굿 거버넌스 구현사례

Chapter 01

영미 국가의
굿 거버넌스 구현사례

한국인이 느끼는
하와이의 매력

저가항공의 호노룰루 취항을 계기로 미국 하와이 주를 찾는 한국인 방문자들이 늘어나고 있다. 허니문의 천국 하와이가 가족관광의 메카로 탈바꿈하고 있는 것이다. 하와이 여행에 수반되는 고단한 여정과 상당한 경비에도 불구하고 새로운 추세는 일본의 경험에 비추어 상당기간 지속될 것이다. 아마도 쾌적한 기후와 쇼핑의 매력이 관광의 비용을 압도하는 편익으로 작용하고 있는 것으로 보인다.

태평양 판의 중앙이자 북회귀선에 걸친 하와이의 기후는 이미 우리에게도 친숙한 동남아 휴양지처럼 적정한 온도에 부가해 깨끗한 공기와 낮은 습도까지 덤으로 제공한다. 따라서 하와이 방문이나 생활에서 경험하는 평온과 안락은 대다수 인류의 숙명인 기후스트레스를 한방에 날려버리는 결정적 매력이다. 평온한 기후가 순박한 사람들의 섬 알로아(Aloha) 하와이의 원동력인 것이다.

도심의 알라모아나(Ala Moana)와 아울렛 와이켈레(Waikele)로 대표되는 하와이 쇼핑의 강점은 집적과 가격에 부가해 주변의 유명 관광지들을 연계하는 원활한 교통망이다.1) 제주보다 작은 오하우 섬에 집중된 100만의 현지인과 관광객의 교통수요를 감당하기 위해 하와이 당국은 방사형 고속도로, 흐름중시 일방통행로, 도심근접 공항, 강력한 교통단속 등을 전략적으로 연계하였다.

하와이는 1천년 전 용맹한 폴리네시아 전사들의 도전적 항해로 정착의 역사가 시작된 이래 다양한 부류의 사람들이 찾아왔다. 1778년 쿡 선장의 기착을 계기로 이루어진 서양인들의 이주는 포경과 설탕이라는 경제적 목적을 추구하였다. 1898년을 전후해 미국의 해외진출이 본격화된 국면에서는 개신교 포교활동, 농장주 권익보호, 아시아계 농업이민 등이 현안으로 부상하자 자의반 타의반 미국에 합병되었다.

---

1) 오하우섬 쇼핑은 명품 브랜드 쇼핑에서 알뜰 쇼핑까지 취향에 따라 다양하게 경험할 수 있다. 명품 브랜드 쇼핑은 와이키키 비치 주변 명품 브랜드샵과 알라모하나 쇼핑센터를 이용할 수 있으나, 보다 싼 쇼핑을 원한다면 외곽에 위치한 와이켈레 아울렛을 추천한다. 브랜드가 다양하진 않지만 가격이 시내 명품샵보다는 훨씬 저렴하다. 특히 폴로, 타미힐피거, 코치 등의 브랜드 제품을 싸게 구입할 수 있다. 코치 매장의 경우 소품부터 가방까지 물건이 다양하고 한국인 직원이 상주하고 있어 편하게 쇼핑을 즐길 수 있다. 나아가 시간이 허락되는 알뜰 쇼핑족이라면 티제이맥스나 로스를 방문해 보는 것도 좋다. 창고형태의 아울렛 매장이어서 진열이 어수선하고 시간을 할애해서 꼼꼼히 골라야 한다는 단점이 있으나 다양한 제품들이 있으며 잘만 고른다면 정말 저렴한 가격에 브랜드 제품을 구입하는 즐거움을 맛볼 수 있다. 마지막으로 쇼핑몰이나 아울렛을 찾아갈 여유가 없다면 와이키키 곳곳에서 가장 많이 보이는 ABC스토어에 들어가 보자. 우리나라 편의점 같은 곳인데 기념품에서부터 간단한 먹거리까지 다양하다.

하와이의 지정학적 중요성은 1959년 알라스카와 같이 미국의 마지막 주로 편입된 사실에서도 재확인되고 있다. 특히 경유지로서 하와이의 가치는 항해시대는 물론 항공시대에도 그 본질이 계속 유지되고 있다. 더불어 1941년 12월 7일 일본의 진주만 공습으로 군사적 중요성이 부각되자 농장지대가 군사기지로 전환되었다. 나아가 2016년 12월 아베와 오바마가 진주만에서 연출한 화해의 만남을 통해 알 수 있듯이 탈냉전 이후 군사기지에서 관광단지로의 패러다임 변화를 추구하고 있다.

세계적 관광단지로서 하와이의 매력은 8개의 섬들이 간직한 자연유산이나 문화유산을 통해 잘 나타난다. 우선 현대 하와이의 중심지이자 주청사가 위치한 오하우는 모래해변의 대명사인 와이키키, 서핑의 명소인 노스쇼어(North Shore), 스노클링의 적지인 하나우마베이, 휴화산의 전형인 다이아몬드헤드 등 다수의 자연유산은 물론 폴리네시아 문화센터, 돌 플랜테이션, 진주만 사적지 등을 품고 있다.

또한 고대 하와이 왕국의 수도였던 마우이는 크기나 풍광에서 제주도와 흡사하다는 점에서 친근감이 느껴진다. 하지만 전원도시 하나에서 접하는 아열대 밀림의 신비스러운 경관이나 할레이칼라 정상 분화구의 초지구적 모습은 마우이의 독특한 자산이다. 지금도 활발한 화산활동을 통해 면적을 늘리고 있는 빅섬은 생생한 지리 학습장이다. 더불어 대륙을 동경할 정도로 광활한 빅섬의 농경지는 특산물인 코나 커피나 마카다미아 땅콩의 재배에 활용되고 있다.

한편 하와이 주와 지방정부는 연방정부의 협력을 유도하는 방식으로 창의적인 우수정책사례를 창출하였다. 우선 서비스산업 활성화와 직결된 방문객 유치전략은 자연유산에 의존하던 소극적 방식을 탈피해 대규모 학술대회나 인센티브 관광을 활용하고 있다는 점에서 '니가 가라 하와이'라는 동수의 대사처럼 비자발적 방문자들을 흡수하기에 유용하다. 또한 규제와 안전을 결합하는 방식으로 도심지 공항을 계속 유지하거나 산비탈을 친환경 명품 주거지로 조성한 일은 대구공항의 외곽 이전이나 도시재생의 실효성 논란을 반복하고 있는 우리의 부러움을 사고 있다.

2017년 1월 감행한 하와이 방문은 국제학술대회 참여가 계기가 되었다. 당시 여행은 여러모로 유익했지만 다소 비싸고 무례한 숙소가 옥의 티였다. 우리 일행은 와이키키 해변에 밀집한 리조트 호텔을 저렴한 비딩 방식으로 예약하면서 호텔피와 세금까지 지급하였지만 체크아웃 때 예상치 못한 리조트피, 어메니티피, 주차료 등을 추가로 요구받았다. 반면에 해변에서 한두 블럭 떨어진 운하주변의 콘도형 호텔은 가격이 저렴하고 음식물 조리도 가능하다는 장점이 있었다. 더불어 오하우에 비해 한적한 여타 섬들은 인(Inn)이나 민박 형태의 숙소들이 해변과 수영장을 포함해 기대이상의 서비스를 제공하고 있기도 하다.

미서부 일주의 시발점
시애틀과 세도나

산, 바다, 사막, 캐년 등 미서부가 간직한 광활하고 웅장한 광경은 보는 이를 압도하기에 충분하다. 2010년 겨울에 처음 경험한 미서부 일주는 연구년 주거지인 플로리다에서 출발하는 국내선 비행기 표가 싸다는 이유로 시애틀을 최초의 기착지로 결정하였다. 겨울의 시애틀은 두꺼운 구름에 한동안 내비가 잡히지 않을 정도로 음침한 편이다.

고위도 지역에 위치한 시애틀은 맥시코 만류의 영향으로 겨울 에도 비가 자주 내릴 정도로 온화하다. 하지만 날씨가 따뜻하다고 해서 해까지 길은 것은 아니다. 늦게 뜨고 일찍 지는 해는 특유의 구름낀 하늘과 어우러져 우리의 관광일정을 방해하였다. 겨울인지라 눈덮인 설산을 등정하기도 어려웠던 관계로 시애틀의 주력 산업체인 보잉사를 방문해 꿈의 항공기 B-787 조립공정을 시찰한 일은 유용했다. 우리의 자동차 제조사들이 수직적 하청관계에 입각해 인근 중소기업에서 부품을 조달하는 것과 달리 보잉사는 다국적 협력네트워크를 활용해 조립과 판매 간의 시너지를 창출하고 있었다.

시애틀을 떠나며 비용은 싸지만 지연이 문제인 저가항공 알라스카에어라인을 이용해 센프란시스코 인근 도심공항에 착륙하였다. 이후 공교롭게 6년 만에 후배 교수와 동행한 서부 일주도 센프란시스코에서 시작해 라스베가스 인근의 사막과 캐년을 둘러보고 세도나에서 마무리하였다. 다시 서부일주를 시작하며 후배의 권유에 따라 버클리 종탑에 올라 사방이 모두 아름다운 베이에리어를 조망한 일은 만족스러웠지만 어렵게 찾아간 요세미티가 눈사태로 폐쇄된 일은 안타까웠다.

눈으로 인해 시야가 흐린 상태에서 그랜드캐년 관람을 마치고 세도나로 향하는 길은 쉽지 않았다. 가는 날이 장날이라고 사막지대인 네바다와 아리조나 일원에 폭우주의보가 내리는 이상기후를 직면하게 된 것이다. 대낮에 사막에 내리는 귀한 비는 반가웠지만 해지고 2천미터 산길에서 만난 눈발은 위협적이었다. 불행 중 다행으로 초저녁 노면에 내린 눈이 대부분 녹았기에 망정이지 심야에 결빙된 눈과 직면했다면 조난까지 감수할 아찔한 상황이었다.

조심조심 초긴장 상태에서 세도나 고개 정상을 넘어 내리막길로 들어서자 눈이 비로 바뀌는 환희의 순간을 경험할 수 있었다. 어렵게 도착한 세도나의 호텔은 고품격 휴양지답게 시설과 서비스 모두 수준급이었다. 다음날 아침 창가에서 사방에 도열한 캐년스타일 봉우리들을 바라보는 경관은 아름답고 평온하였다. 아마도 이런 느낌이 강력한 기가 작용한 것은 아닐까 하는 생각이 들었다.

고지대 주거지를 둘러싼 붉은 사암의 매혹적 자태는 사람들에게 안식과 영감을 주기에 충분하다. 미국 전역에서 사시사철 관광객들이 찾아오고 있을 뿐만 아니라 명상 수련자들은 장기 체류를 마다하지 않고 있다. 일설에 따르면 세도나에는 한때 세계 100대 화가의 절반이 거주할 정도로 예술가의 천국으로 알려져 있기도 하다.

세도나를 마지막으로 짧은 서부일정을 마감하고 귀국하는 후배를 위해 우리는 항공교통이 편리한 아리조나의 주도 피닉스로 이동하였다. 세도나에서 피닉스로의 여정은 하산길처럼 내리막의 연속이었다. 우리에게는 피닉스가 평온한 휴식을 제공한 세도나의 아쉬움을 달래는 여행의 종착지였지만 동부나 남부 및 유럽에서 오는 많은 여행자들에게는 여행의 시작을 알리는 출발지로 활용되고 있기도 하다.

라스베가스의 재도약을
선도한 복합리조트

　미국의 서부 개척은 인디언 토벌과 식민지 매입을 병행하는 방식으로 이루어졌다. 19세기 중반 이후 본격화된 서부 개척은 단순히 국가의 경계선을 확정했다는 소극적 의미를 초월해 미국의 정치경제적 위상을 제고시키는 계기로 작용했다. 대내적으로 근대화를 완성하고 대외적으로 패권국가로 공인받았기 때문이다.

　캘리포니아를 대표하는 거대 도시들의 부상과 함께 서부개척의 정점에 해당하는 사건이 라스베가스의 건설이다. 사막과 협곡으로 둘러싸인 섬 같은 네바다 주의 황무지에 도시를 건설한다는 구상은 영화 벅시를 통해 알 수 있듯이 개척정신으로 충만한 선구자들이 주도하였다. 이후 라스베가스는 그랜드캐년과 데쓰벨리로 대표되는 풍부한 관광자원과 후버댐과 도심공항이라는 안정적 기반시설을 활용해 고도성장세를 구가하였다. 특히 대공황 직후인 1931년 경제활성화를 위해 후버댐 건설과 병행하여 카지노 합법화를 선포하면서 엔터테인먼트 도시로 진화했다.

　라스베가스가 위치한 네바다 주는 19세기 후반 금·은과 같은 광산개발(Gold Rush)로 도시가 형성되었지만 대공황을 계기로 각지에 카지노 도시를 육성했다. 네바다 남부를 대표하는 라스베가스는 물론 캘리포니아 주와 인접한 네바다 북부에는 리노, 버지니아시티, 카슨시티 등이 자리를 잡고 있다. 나아가 21세기가 시작된 지금 네바다 북부도시들은 법인세가 없다는 강점을 앞세워 테슬라의 전기자동차나 대기업의 물류센터를 유치하는 일에 성공하였다.

하지만 라스베가스는 1950년대 초반 도시화에 성공하였지만 도박과 매춘의 도시로 각인되기 시작하였다. 이에 라스베가스는 1980년대 이후 재도약 추구와 이미지 개선이라는 두 마리 토끼를 잡기 위해 대규모 복합리조트 투자를 유도하기 시작하였다. 그렇다면 라스베가스의 재도약을 선도한 복합리조트가 우리에게 주는 의미와 교훈은 무엇인가?

최근 우리나라도 제조업의 한계를 극복하기 위해 경제성장과 고용창출에 유리한 복합리조트 건설을 서비스산업 활성화의 선도과제로 설정하였다. 이러한 인식의 전환에는 우리의 경쟁자였던 싱가포르와 마카오가 라스베가스를 벤치마킹해 MICE 산업 육성이라는 복합리조트 유치효과를 선점하였기 때문이다. 여기서 복합리조트란 호텔과 같은 숙박 기능은 물론 도박과 회의 및 컨벤션을 동시에 제공함으로써 관광, 쇼핑 등과 시너지를 창출하기에 유리한 고부가가치 업종이다.

특히 싱가포르는 우리나라와 마찬가지로 초기 고도성장 과정에서 도박을 사회적 오염으로 간주해 철저히 차단하였다. 하지만 아버지 리콴유를 대신해 싱가포르의 재도약을 선도한 리셴룽은 도박의 도시에서 복합리조트의 메카로 재탄생한 라스베가스 사례에 주목할 것을 역설하면서 마리나베이와 센토사에 복합리조트를 유치하였다. 더불어 미국계 복합리조트 투자유치의 전제조건이자 양날의 칼인 내국인 카지노 출입을 허용한 일에도 주목할 필요가 있다.

뉴올리언스가 미남부 여행의 거점으로 부상한 이유

미국 여행의 양대 산맥인 동부와 서부에 부가해 상대적으로 오 랜 역사와 문화를 간직한 남부여행이 주는 매력에 주목하는 사람들 이 늘어나고 있다. 통상 한국인들이 선호하는 남부여행의 경로는 국 적기가 취항하는 텍사스나 조지아에서 시작해 플로리다 일주나 카리 브해 크루즈로 마무리하는 경우가 많다.

미국 남부여행은 아직 국내나 현지의 한인 패키지가 활성화되 지 않은 상태이기 때문에 자유여행에 수반되는 상당한 비용을 감수 해야 한다. 최근 미국 내수경기의 활성화로 인상된 숙박과 음식 요 금은 물론 거의 고정비용에 가까운 자동차 렌트나 크루즈 여행을 선 택할 경우 추가적 부담을 감수해야 한다. 물론 국내선 환승과 공항 셔틀을 적절히 연계할 경우 비용절감에 유리하지만 이미 잘 알려진 것처럼 미국의 대중교통은 도시규모를 불문하고 절대적으로 빈약한 실정이다.

필자의 경우 2010년 가을학기에 플로리다 주도인 탈라하시에서 연구년을 보낸 경험이 있기 때문에 올랜도, 탐파, 마이애미, 키웨스 트 등과 같은 명소가 익숙한 편이다. 따라서 2016년 감행한 두 번째 미국 방문은 하와이와 서부에 부가해 뉴올리언스에 주력하기로 결정 하였다. 미시시피강의 광활한 풍광과 어울어진 남부 흑인문화의 정 수를 느끼고 싶었기 때문이다.

세도나에서 서부여행을 마무리하고 서너 시간의 환승 끝에 도 착한 뉴올리언스 여행은 일단 미시시피강을 경계삼아 동서로 포진한

다운타운과 주거지역을 둘러보아야 한다. 물론 낮에는 주거지역, 밤에는 다운타운이 제격이다. 그리고 다음 날에는 뉴올리언스 주변에 산재한 호수와 습지를 가로질러 다음 여정인 플로리다 북부 해변을 대표하는 데스틴까지 이동하기로 결정하였다.

도착 당일 오후 다운타운 선착장에서 배를 이용해 쉽게 접근이 가능한 동편 주거지역 알제(Algiers)의 초입에는 지역의 대표 산업인 수리조선소들과 재즈 음악의 거장 루이 암스트롱의 동상이 이정표 역할을 담당하고 있었다. 미시시피강 하류의 뉴올리언스는 강폭과 수량에 비해 제방이 높지 않은 관계로 홍수에 취약하다. 2005년 허리케인 카트리나가 몰고온 홍수로 도시의 대부분이 물에 잠긴 참사의 기억은 세계인의 이목을 집중시킨 바 있다.

이에 미국은 지방자치단체의 경계를 넘어서는 대규모 강을 통합관리하기 위해 별도의 특별지방자치단체인 홍수관리청(Flood Protection Authority)을 설치해 운영하고 있다. 우리나라에서 광역행정을 구현하기 위해 수도권교통카드조합이나 경제자유구역청을 운영하는 것과 유사한 방식이다. 또한 영국의 경우 지금은 민영화되었지만 수계별 물관리를 위해 권역별로 광역물관리공사를 운영하기도 했다.

1719년 건설된 오래된 마을 알제는 플랜테이션에서 일하던 흑인 노예들의 거주지로 개발되었다. 지금도 다수의 흑인들이 거주하고 있는 알제는 루이 암스트롱과 같은 재즈 음악가들을 다수 배출하기도 했다.2) 20세기 중반 군항이 폐쇄되면서 도시경제가 쇠락하자

---

2) 흑인 노예들의 고향 아프리카에서는 타악기를 주로 사용하였지만 아메리카의 백인 농장주들은 타악기의 리듬과 소리가 흑인들의 저항의식을 유발한다는 우려 때문에 엄격하게 금지하였다. 하지만 흑인들도 1861-65년 남북전쟁 기간에 군악대에서 다양한 악

암스트롱을 비롯해 저명한 음악가들이 뉴욕이나 시카고로 떠나갔지만 이들의 흔적은 아직도 도심 곳곳에서 쉽게 찾아볼 수 있다.

물의 도시 뉴올리언스는 안개가 자욱한 낮보다 밤에 활기를 찾는다. 다운타운 지역인 프렌치쿼터 골목마다 네온사인과 재즈음악이 넘쳐나고 있기 때문이다. 국내외에서 몰려든 방문자들이 자신의 취향에 맞는 카페를 물색하느라 골목이 붐비기 때문이다. 더불어 어둠은 지저분하고 냄새나는 도심의 치부를 감추는 가름막의 역할을 수행하기도 한다.

밤의 환락이 지나간 도심의 아침은 조용하다. 아직도 범람의 흔적이 곳곳에 남아있는 공영주차장의 음습한 기운과 찌들은 냄새를 멀리하고 시작한 외곽으로의 드라이브는 운치가 있었다. 광활한 호수와 습지의 부산물인 안개로 인해 시야가 넓지는 않았지만 바다와 어울어진 특이한 풍광들이 인상적이었다. 나아가 데스틴을 향한 서너 시간의 드라이브는 하얀 모래 해변과 정리된 수변공간을 만나게 해준다는 점에서 환락가에서 휴양지로의 공간이동을 체감하기에 제격이다.

기들을 접하게 되면서 음악적 소양을 배양하였다. 더불어 흑인의 노동요인 블루스에 아프리카 특유의 운율이 섞인 영가스타일 연주곡인 재즈는 1930년대 이후 루이암스트롱으로 대표되는 프랑스와 흑인 혼혈 인재들이 주도하는 방식으로 발전하였다.

플로리다의 활력을
충전하는 도시들

남북전쟁을 전후해 정립되기 시작한 미국의 산업지도는 남부의 농업과 동부의 공업에 부가해 후발주자 서부의 서비스업을 요체로 한다. 상당히 오랫동안 지속된 지역 간 분할구도는 플로리다를 비롯해 조지아, 텍사스 등 남부지역이 그동안의 부진을 털고 움직이기 시작하면서 변화의 조짐을 보이고 있다.

이는 다시 말해 동부와 서부에 집중된 고부가가치 산업기반이 남부로 이동하고 있음을 시사한다. 동부의 자동차 산업기반이 남부로 이동하고 있을 뿐만 아니라 서부의 전유물이었던 서비스업도 남부에서 급속히 재생하고 있다.

한편 남부의 산업기반이 확충되면서 여타 지역에서 남부로 이주하는 주민들이 늘고 있을 뿐만 아니라 중남미 이주민들도 급속히 증가하고 있다. 나아가 경제의 활력과 인구의 집중은 남부의 정치력 강화로 나타나고 있다. 부시와 고어의 대선기간에 부각된 플로리다 재검표 사태는 이후 신흥 스윙주(swing state)가 추가되었음을 시사한다.

연방제를 채택하고 있는 미국이나 독일의 경우 전통적으로 주정부나 지방정부 간의 기능분담이 잘 이루어져 왔다. 일례로 독일은 학문과 문화적 기능은 뮌헨이 담당하고, 공업도시의 역할은 라이프찌히나 슈트르가르트가 담당한다. 또한 국제교류의 중심지는 베를린과 프랑크푸르트가 수행하며, 항구도시는 함부르크와 브레멘이 수행하는 등 지역적 특성과 기능의 분산을 통해 국토의 균형과 조화를 추구하고 있다.

이는 플로리다 곳곳에 산재한 주요 도시들도 예외가 아니다. 관광과 무역의 거점인 최남단 마이애미와 키웨스트를 비롯해 반도의 중간에 위치한 대도시 올랜도와 템파는 사계절 관광객이 넘쳐나는 국제적 위락도시로서의 명성을 확보하고 있다. 더불어 사라고사, 파나마시티, 잭슨빌, 데이토나비치 등 해안의 중소도시들은 연금생활자나 장기체류형 관광객들을 위한 천국으로 확고하게 자리를 잡은 상태이다. 더불어 상대적으로 소외된 북단의 내륙도시에 해당하는 탈라하시나 게인스빌에는 행정이나 교육기능을 집중적으로 배치한 상태이다.

결국 지역이나 도시에게 각자의 환경적 특성에 부합하는 고유한 기능을 분산배치하는 일은 국토나 지역의 균형발전은 물론 내부 경쟁을 통해 발전의 새로운 동력을 제공한다는 점에서 긍정적이다. 하지만 우리나라는 전통적으로 미약한 지방분권 의식이나 특화발전 전략까지 갈수록 약화되는 추세를 보이고 있다는 점에서 문제의 심각성을 발견한다. 수도권 기능의 분산 차원에서 기획된 이점에서 외국의 성공사례를 보다 진지하게 학습하고 실천하려는 노력이 부각되기를 기대해 본다.

아메리카의
고립주의과 팽창주의

콜럼버스가 주도한 지리상의 발견 이후 지난 500년 신대륙의 역사 속에서 대다수 아메리카 국가들은 고립주의를 표방해 왔다. 식민모국인 유럽과의 단절을 표방하는 것이 독립과 발전에 유리하다고 판단하였기 때문이다. 19세기 말 산업화와 민주화의 병행이라는 근대화 비전을 조기에 구현한 미국과 캐나다를 제외하고 대다수 중남미 국가들의 고립주의는 현재진행형이다.

중남미의 고립주의 노선은 제3세계 지향과 수입대체산업화 전략이라는 정치경제 노선을 통해 잘 나타나고 있다. 먼저 미국주도의 제1세계(자유진영)와 소련주도의 제2세계(공산진영), 모두와 단절하는 제3세계(비동맹 노선) 지향은 아직도 유효한 중남미의 지배적 정치지형이다. 다음으로 개방경제를 추구하는 수출지향산업화와 달리 자급경제를 중시하는 수입대체산업화 전략은 세계화와 자유무역이 보편화된 전후 국제경제질서하에서도 중남미의 전유물로 간주되어 왔다.

중남미에서 고립주의가 유효한 주요 논거로는 우선 식민지 수탈구조의 전형적 사례로 자리해 왔다는 점을 들 수 있다. 향신료와 면화가 동인도 항로를 대표하는 무역상품이라면 귀금속과 설탕이 서인도 항로를 대표하는 무역상품으로 부상하는 과정에서 중남미 스타일 종속국가의 원형이 형성되었다. 당시 흑인 노예를 활용해 대규모 설탕 농장에서 창출된 부는 식민모국인 스페인으로 유출되거나 세습형 토착자본의 수중에 집중되었다. 또한 19세기 중반 중남미 국가들의 독립을 전후해서는 유럽을 대신해 미국이 중남미 약탈의 새로운 주역으로 등장했다는 점이다. 일례로 쿠바는 1898년 미·서전쟁에 패한 스페인을 대신해 미국의 진출이 본격화되면서 매판자본과 친미정부가 결탁해 민중의 안정적인 삶을 위협하였다.

1776년 영국으로부터 독립한 미국은 동부 연안의 13개 식민지

연방에서 시작해 서부와 남부로 진출하는 과정에서 중남미와 마찬가
지로 고립주의를 표방하였지만 국경선이 확정되고 산업화가 촉진되
자 대외진출을 본격화하였다. 미국의 대외진출은 일차적으로 남북전
쟁을 전후해 내륙에 부설한 철도망과 미시시피강의 기선망을 보완하
는 항로개척과 직결된 카리브해, 파나마운하 등에 주력하였다. 여기
에 부가해 20세기 이후에는 대서양을 대신하는 블루오션 전략으로
하와이, 괌, 필리핀 등에 순차적으로 진출한 일에도 주목할 필요가
있다. 나아가 양차대전 이후에는 냉전의 동맹국이나 중동의 산유국
에 주목해 왔다.

　얼마 전 출범한 트럼프 정부는 19세기 초반 고립주의를 표방했
던 먼로, 애덤스, 잭슨 정부와 유사하게 내수와 고용에 최고의 우선
순위를 부여하고 있다. 하지만 국제문제에 대한 미국의 개입을 줄이
겠다는 트럼프의 천명에도 불구하고 최고의 패권국가로 자리해 온
미국의 팽창유전자를 단시일 내에 변형시키기는 어려울 것으로 보인
다. 특히 팽창주의는 미국의 정신을 대표하는 개척주의나 실용주의
와도 긴밀하게 연계되어 있다는 점에서 높은 수준의 경로의존 현상
을 표출할 것으로 보인다.

　미국은 건국 이래 계속된 대내외의 팽창과정에서 처절한 피의
교훈을 학습하기도 했다. 일단 국내적 팽창과정에서는 흑인을 노예
로 삼고 인디언을 학살한 전과라는 원죄를 사면받기 위해 종교적 헌
신이나 위대한 사회에 몰입하기도 했다. 그리고 양차대전 이후 냉전
의 산물인 한국전쟁과 베트남 전쟁, 석유 이권과 결부된 걸프전쟁,
문명의 충돌로 야기된 아프카니스탄 침공 등에서 별다른 성과없이
과도한 희생만 초래한 일에 대해 사과와 유감을 표명하기도 했다.

결국 미국이 고립주의와 팽창주의라는 극단의 함정을 탈피해 지구촌의 분쟁을 치유하는 조정자이자 동맹국의 안보를 보장하는 지킴이 역할을 제대로 수행하기 위해서는 과거에 자행한 실패에 대한 철저한 자기반성을 통해 국제사회의 신뢰를 회복해야 한다.

캐나다 방문시 경험하는
선택의 애로

미국과 더불어 북미를 양분한 캐나다 방문시에 우리들이 경험하는 최초의 선택은 캐나다만 방문할 것인가 아니면 미국도 함께 방문할 것인가의 문제이다. 일단 국내 여행사들의 북미 패키지 여행상품은 양국을 교차하는 방식으로 일정을 설계하는 경우가 많다. 하지만 자유일정이나 자녀유학을 병행할 경우에는 지금은 사정이 나아졌지만 미국비자 발급이 족쇄로 작용하기도 한다.

영국으로부터 독립한 미국과 달리 아직도 영연방의 일원으로 남아있는 캐나다는 모자이크 문화를 표방하면서 다문화에 대한 폭넓은 이해를 추구해 왔다. 캐나다에는 아직도 몬트리올이나 퀘벡 같은 불어권 도시들이 존재하고 있으며 사회주의 쿠바를 비롯한 카리브 국가들과의 교류도 활발한 편이다. 또한 용광로 문화를 표방한 미국에 비해 이민이나 유학의 문호도 넓은 편이다.3)

---

3) 용광로를 연상시키는 현대 미국의 문화는 캐나다와 달리 다양한 이민자들을 새로운 하나의 색깔로 결집시켜 왔다. 차에서 커피, 럭비에서 미식축구, 야구 · 농구와 같은 독창

캐나다는 러시아와 마찬가지로 북부의 영구동토를 포함해 광활한 영토를 소유하고 있다. 또한 캐나다는 중부의 곡창지대를 경계삼아 동부와 서부라는 발전의 중심축을 구현하였다. 따라서 미국을 빼고 캐나다만 방문할 경우 서부의 벤쿠버와 캐나디안 로키인가 아니면 동부의 나이아가라와 토론토 - 오타와 - 몬트리올 - 퀘벡으로 이어지는 연담도시를 방문할 것인가의 고민에 빠지게 된다.

필자의 캐나다 방문은 10월 초에 이루어졌기 때문에 여름이 전성기인 서부가 아니라 단풍의 절정인 동부로 결정하였다. 2007년 최초의 대륙간 장거리여행을 감행한 필자에게 당시 인천을 떠난 에어캐나다 항공기가 토론토에 안착하던 순간 후미의 승무원들이 박수치고 환호하던 장면이 인상적이었다. 아마도 라틴계열 캐나다인들의 호탕한 성격이 투명된 장면이 아닌가 생각된다.

토론토의 숙소는 지인의 아파트에서 해결하였다. 5대호를 끼고 있는 토론토의 시원한 풍광과 널찍한 공원이 인상적이었다. 과거 동부 캐나다의 중심지는 1976년 올림픽을 개최한 몬트리올이지만 불어권 지역의 한계로 점차 쇠퇴한 반면에 영어권 지역의 중심지 토론토의 성장속도는 눈부신 편이다. 이처럼 미묘한 지역간 경쟁구도를 해소하기 위해 캐나다는 수도를 토론토와 몬트리올의 중간지점인 오타와로 결정하였다.

토론토를 여행하는 사람들은 인근의 나이아가라 폭포를 들르기 마련이다. 미국과 캐나다 국경에 위치한 나이아가라 폭포는 캐나다 지역에서 바라보는 것이 보다 매력적이다. 이는 2010년 여름 미국 동

적 스포츠, 컨트리 · 재즈 · 블루스 · 로큰롤과 같은 특유의 대중음악은 미국이 창조한 새로운 결과물이다.

부를 여행한 필자가 미국편에서 다시 폭포를 볼 기회를 통해 확인한 사실이기도 하다. 물론 나이아가라 폭포는 단순히 폭포 관람에 부가해 주변에 단풍철도, 헬리콥터, 유람선, 오락장 등 다양한 형태의 체험여행이 자리하고 있다는 점에서 성급한 판단을 자제해야 한다.

미국이 창조한
시장주도 발전

미국은 전통적으로 기업 활동을 시장의 자율에 맡겨야 한다는 규제개혁의 전통을 정립해 왔다. 따라서 정부가 미시적인 기업 활동에 개입하여 특정 산업이나 기업을 지원하는 산업정책을 터부시해 왔다. 그럼에도 불구하고 미국 정부도 여전히 산업이나 기업의 활동을 지원하기 위해 여러 방법으로 임시적 조치들을 취해왔음을 다양한 정책사례들을 통해 확인할 수 있다.

미국의 경제운용방식은 크게 거시경제정책과 자유무역주의라는 두 가지 축으로 요약된다. 먼저 미국 내 경제정책의 기조를 이루고 있는 거시경제정책은 1929년 대공황의 치유책으로 제시된 케인스 경제학이 근간이 되었으며, 1980년 레이건의 공급중심의 경제정책으로 전환되기 이전까지 이러한 원칙은 고수되었다. 다음으로 국제무역에 관한 미국의 입장은 자유무역과 공정무역 원칙이 근간을 이루고 있다. 미국이 이러한 원칙을 고수한 배경은 1945년 제2차 세계대전 종결 후 정치적 및 경제적 측면에서 헤게모니를 행사할 수 있는 위치에 있었기 때문이다.

그러나 미국은 1970년대 이후 저성장, 고실업, 만성적인 인플레, 경기침체, 외국의 보호주의 추세의 강화라는 상황에 직면하면서 더 이상 기존의 원칙들을 고수하기 어렵다는 사실을 인식하게 되었다. 일본과 한국의 시장잠식에 의해 피해를 본 기업들이 증가하였고 이들의 목소리에 편승한 의회의 압력이 증가함에 따라 자유주의 원칙을 고수하기 어렵게 되었던 것이다.

하지만 미국에서 정부의 시장개입방식은 계획적, 합리적, 장기적이라기보다 비계획적이고, 정치적이며 단기적인 특징을 내포한다고 볼 수 있다. 장기적인 계획과 비전하에 합리적으로 목표를 세우고 일관성 있게 정책을 추진할 수 있는 정책메커니즘을 구비하고 있지 못하기 때문이다.

또한 미국의 산업정책은 적극적인 시장육성(market promotion)에 목적을 두고 추진된다기보다 정부가 지원할 경우 회복이 가능하다고 판단되는 사양산업의 보호(market protection)에 초점을 두고 이루어진다. 일례로 도산 직전에 있던 크라이슬러 자동차회사나 록히드 회사에 대한 의회의 지원요청을 정부가 수용하는 방식으로 보조금을 지급하여 회생시킨 일은 미국 산업정책의 대표적 사례이다.

그렇다면 구체적으로 왜 미국에서는 적극적 의미의 산업정책이 받아들여질 수 없는 것일까? 여기에 대한 답변은 크게 세 가지로 요약된다. 첫째, 이익집단의 정치적 영향력 행사이다. 정부는 각기 다른 이해관계를 가진 이익집단을 모두 만족시킬 수 있는 최적의 정책결정을 하기 어렵기 때문에 분명한 승자선택이 수반하는 위험을 회피하게 된다. 둘째, 연방정부의 행정역량 부족이다. 미국 연방정부의 상층부에는 일본이나 프랑스와 달리 핵심 정책을 주도하고 조정하는 엘리트 관료가 자리잡고 있지 않기 때문이다. 셋째, 관료들을 불신하는 앵글로색슨 계통의 사회문화적 특징이다. 미국에서는 전통적으로 관료의 권한이나 행정부의 활동이 강화되는 것을 꺼려 왔기 때문이다.

한편 미국에서는 유럽과는 달리 노동조합 활동도 부진한 편이다. 20세기를 전후해 미국에서 포드를 비롯해 백색 사회주의를 추구한 기업가들의 보수인상과 뉴딜시대에 피크를 이룬 정부의 복지제도 확충으로 사회주의가 인기 없는 이데올로기로 전락하고 말았기 때문이다. 이 점은 지난 반세기 동안 미국의 노조원 수가 노동자의 10%대에 머물고 있다는 사실을 통해 잘 나타나고 있다.

영국의 부활을 선도한
신성장동력

영국은 19세기에 세계 제일의 국가경제력을 보유한 나라였으나 20세기에 들어와 소위 영국병으로 인해 지속적인 생산성 하락과 수출시장 축소를 경험하였다. 이에 1979년 집권한 보수당의 대처 정부는 규제개혁의 강화와 공공부문의 축소에 초점을 부여하였다.

특히 금융산업에 대한 규제개혁이 성공하면서 영국 경제는 1993년부터 15년간 호황을 누렸다. 하지만 금융산업 중심의 고금리·고환율 정책으로 인해 영국의 제조업 기반은 더욱 빠르게 무너졌다. 참고로 제조업 비중은 1990년대 후반 GDP의 20.3%에서 2007년

12.4%로 줄었다.

영국이 2008년 미국발 금융위기로 상대적으로 큰 타격을 받은 것은 이러한 산업구조에 기인한 바 크다. 더불어 부실화된 금융기관을 살리려고 정부가 구제금융을 투입하면서 재정적자가 급증했다. 2007년에 GDP의 2.7%이던 영국의 재정적자는 2008년에 5.3%, 2009년에 12.6%로 급속히 악화됐다.

보수당이 13년 만에 재집권한 2009년의 선거전은 1979년과 마찬가지로 재정적자와 세금 문제에 초점이 부여되었다. 노동당이 실업 해소를 위해 급격한 재정긴축에 소극적인 데 반하여 보수당은 매우 적극적이다. 또한 보수당은 노동당이 제안한 국민보험료와 부가가치세 인상에도 반대하고 있다. 나아가 이러한 선거구도는 브렉시트 결정 이후 실시되는 2017년 6월 총선에서도 재연될 것으로 보인다.

한편 영국에서 정부의 전략적 시장개입을 요체로 하는 산업정책의 활용은 전통적으로 노동당 정부가 선호해 왔지만 1990년대 이후에는 초당파적 견지에서 중앙정부는 물론 지방정부까지 '경쟁력(competitiveness)'이라는 용어에 주목하고 있다. 이때 경쟁력 향상의 궁극적인 목표는 오랜 경기침체의 극복과 국민의 삶의 질을 향상시키는 것이다.

영국 정부는 1990년대에 경쟁력 강화를 위해 네 차례에 걸쳐 백서(White Paper)를 발표하였다. 주요 내용은 성장이 정체된 선진국에서 흔히 발생하는 경제침체를 극복하기 위한 대안들을 다루고 있으며, 특히 1994년과 1998년도의 백서는 주요한 정책변화의 내용을 담고 있다.

먼저 1994년 백서에서는 지속적인 경쟁력 향상을 위해 장기적

차원의 생산성을 강조하였을 뿐만 아니라 가격 및 산출에 대한 통제
도 강조하였다. 그리고 경쟁력에 영향을 미치는 10가지 요소들을 제
시하였다. 이는 정부가 교육훈련, 연구개발 등 다양한 서비스 제공자
이자 규제권한을 갖고 있을 뿐만 아니라, 기업의 생산성을 평가하는
주체로서 거시적인 경제적 환경을 형성하는 데 중요한 영향을 미칠
수 있음을 의미한다.

　　다음으로 1998년 백서는 신성장동력으로 부상한 지식경제
(knowledge economy)의 중요성을 강조하였다. 이에 대한 주요한 이
유로는 인터넷 등장에 따른 소통방식의 급격한 변화, R&D와 같이
장기적 차원의 과학적 지식에 대한 투자의 증가, 국제시장에서 자본
유동성 증가(외국자본의 투자뿐만 아니라 지식의 이동), 소득상승에 따
라 지식기반재화에 대한 수요의 증가 등을 들 수 있다. 그리고 동 백
서는 지식경제에 부응하기 위해 기업은 다른 경쟁기업이 모방할 수
없을 정도의 핵심 역량을 갖추어야 하며, 정부의 능력은 토지 혹은
값싼 노동력과 같이 물질적인 자원에 있는 것이 아니라 지식, 정보,
기술에 있어야 한다는 점을 강조하였다.

　　이처럼 산업정책의 논리를 전제하는 1998년 백서는 생산성 향
상을 위한 영국 정부의 정책 전반에 상당한 영향을 미쳤다. 참고로
영국 산업정책의 주요한 수단들은 크게 과학기술(미래예측, 산학협
동…), 중소기업(기업펀드, 벤처지원…), 지역정책(지역펀드, 혁신네트워
크…) 등으로 유형화를 시도할 수 있다.

부패와의 전쟁이
영국을 살리다

영국 행정의 기원은 중세의 왕조국가로 거슬러 올라간다. 당시 영국의 공무원은 대부분 성직자로 충원되었는데, 여기에는 다음과 같은 이유가 있다. 먼저 중세 영국은 문맹률이 높았기 때문에 유능한 공직자를 충원하기 어려웠다는 점이다. 다음으로 왕의 녹봉을 받는 성직자들은 최소한의 추가비용으로 종교직에 부가해 행정직을 수행할 수 있었기 때문이다.

하지만 성직자의 행정활동에 대한 왕의 낙관적 기대는 종교를 우선시하는 성직자들의 낮은 행정몰입도와 종교적 타락으로 인해 위기를 맞이하게 된다. 이 점에서 근대적 관료제의 등장은 종교개혁이나 르네상스와 밀접한 관련성을 지니고 있다. 수많은 성직자들을 해체하기 위해서는 완전히 새로운 관료와 행정가 계층이 요구되었기 때문이다.

한편 입헌군주제의 출현 계기로 작용한 스튜어트 왕조의 부패상은 현대 영국의 공공개혁과 관련해 시사하는 바가 크다. 17세기 초 스튜어트 왕조하의 영국은 전형적인 독점국가였다. 물론 국왕들은 준독립적인 토호세력의 견제와 정실주의 임용에 따른 통제력 약화로 인해 모든 결정권을 완전히 독점하지는 못했다.

다른 한편으로 관직의 판매는 신흥세력으로 성장하기 시작한 부르조아 계급에게 사회적 이동의 중요한 통로를 제공하였다. 유럽에서 관직의 판매는 군주와 부르조아 사이의 암묵적인 연합을 이끌어냈다. 이는 프랑스가 부르조아들의 신분상승 경로를 차단함으로써 혁명이라는 비극적 결과를 초래했던 역사적 사실과 대비되는 사례이다.

나아가 당시의 상업적 부는 군주의 보호와 총애에 달려 있었다. 17세기 영국은 법적 체계의 미비로 상인들이 안정적 사업환경을 구축하기가 어려웠다. 이처럼 불확실한 사업환경하에서 상인들은 발생 가능한 강탈이나 몰수를 피하기 위해 공직자들을 자신들의 후원세력으로 확보해야 했다. 따라서 자본가 계급은 족벌과 뇌물을 동원해 군주나 고위공직자에게 줄을 대는 지대추구자로서의 모습을 갖추게 되었다.

결국 명예혁명(1689)을 계기로 국왕이 전권을 행사하는 독점적 지대국가는 종말을 고하게 되지만 이후 영국을 풍미한 자유주의 기풍과 야경국가관은 근대적 관료제의 형성과 발전을 제약하는 또 다른 요인으로 작용하게 된다.

따라서 영국의 관료제는 프랑스나 독일과 같은 대륙국가와 구별되는 독특한 양식으로 진화하게 된다. 특히 영국 행정에서 목격되는 높은 수준의 정치화는 정실주의와 엽관주의 폐해를 심화시키는 주요 계기로 작용한 것으로 평가해 볼 수 있다. 이 점은 실적주의 강화를 통해 관료제의 정상화와 공고화를 의도한 19세기 중반의 공공개혁구상인 Gladstone보고서(1853)와 Northcote-Trevelyan보고서(1854)를 통해 잘 나타나고 있다.

하지만 19세기 중반의 공공개혁은 실적주의 강화라는 공적에도 불구하고 행정의 전문성과 효율성 확보라는 명제에는 부응하지 못한 것으로 평가된다. 또한 경쟁시험은 실적에 의한 임용과 승진을 위한 것이지만, 경쟁시험이 일류대학의 교육적 기준과 중산층 공립학교의 커리큘럼에 고착되어 고위공무원이 갖추어야 할 자격조건으로 인식되면서 엄격한 계급구조하에서 하위공무원으로 출발한 공무원이 승진하는 데에는 보이지 않는 장벽이 존재하게 되었다.

물론 이러한 문제제기는 20세기 중반 영국의 공공개혁을 대표하는 Fulton보고서(1968)를 통해 해결가능성을 맞이하게 된다. 풀톤의 개혁안은 현대적이고 효율적인 행정뿐만 아니라, 평등주의적 채용과 승진기준을 제안하였기 때문이다. 하지만 그의 개혁구상은 정부 내부의 격렬한 반대와 경제위기의 심화로 인해 결국 좌초되었다. 그러나 역설적으로 풀턴의 개혁실패는 보다 급진적인 대처 정부의 공공개혁안을 추동하는 원동력으로 작용한 것으로 평가할 수 있다.

미국 국민은
왜 정부를 믿지 않는가

자유와 평등을 중시하는 미국 민주주의의 제도화 원인은 삼권분립을 표방한 미국의 헌법이나 지리적 장점만으로는 충분히 설명되기 어렵다. 따라서 우리는 토크빌이 '도덕적이고 지적'이라고 묘사한 미국의 통치문화에 주목할 필요가 있다. 미국의 고유한 역사를 반영하는 통치문화는 행정의 구조와 원리를 결정함은 물론 내부의 행동패턴까지도 규정한다.

미국의 통치문화는 미국 국민의 동의에 바탕을 두면서 권력이 국민으로부터 나오는 '공화국 체제'와 국민들의 '민주적 참여' 원리를 근간으로 한다. 또한 이러한 미국 민주주의의 주요 특징으로는 정부

권력에 대한 국민의 동의와 실질적인 지배, 다수결 원칙을 준수하는 선거제도, 개인본위의 정치문화, 개인의 자유와 평등 등을 지적할 수 있다.

이처럼 정치적으로 강력한 미국의 민주주의 전통은 역설적·행정적으로는 정부에 대한 불신과 증오를 가속화시키는 주요 계기로 작용해 왔다. 미국의 여론은 정부서비스를 필요로 하면서도 연방정부와 관료들을 좀처럼 신뢰하지 않으려고 한다. 그러나 관료에 대한 부정적 이미지나 연방정부에 대한 공포는 최근에 나타난 것이 아니다. 이미 19세기 초에 앤드류 잭슨 대통령은 연방정부가 자기의 정치적 의제나 보통사람들의 관심사에는 무관심한 이들로 꽉 채워져 있다고 비판한 바 있다.

이에 잭슨은 엽관제를 앞세워 연방정부의 재창조를 시도하였다. 하지만 엽관제는 오래 지나지 않아 부패의 한 형태라는 여론의 비판에 직면하였다. 엽관제의 정실주의적 속성은 정부서비스의 효율성과 능력을 강화시키는 것이 아니라, 의혹과 사익추구 및 부패를 양산하였다는 것이 주된 비판의 논지였다. 따라서 정부를 보다 효율적이고 덜 정치적으로 만들기 위해 실적제로의 전환을 추구하게 되었다.

한편 미국 행정의 역사를 대표하는 또 다른 쟁점은 정부의 적정규모와 역할에 대한 논쟁이다. 이 점에서 미국 헌법의 제정을 둘러싸고 전개된 연방주의와 분권주의 간의 대립은 논쟁의 기원으로 평가된다. 연방주의자들은 강력한 중앙정부의 필요성을 역설한 반면, 분권주의자들은 강력한 중앙정부는 국민을 억압하는 힘으로 작용할 것이라고 반대하였다. 헌법인준 이후 이러한 논쟁은 양대 정당이 탄생하게 되는 배경논리가 되었다. 해밀턴이 주도한 연방주의자당은 오늘날 공화당의 전신이라고 할 수 있고, 제퍼슨의 민주공화당은 오늘날의 민주당의 전신으로 정부의 역할에 대해 후자의 논리를 대변해 왔다.

이러한 중앙정부의 권력과 역할에 대한 논쟁은 현재도 입장을 바꾸어가며 계속되고 있다. 지금의 민주당은 강력한 중앙정부와 정부의 광범위한 사회복지정책과 규제정책의 필요성을 주장하는 반면, 공화당은 중앙정부의 기능을 축소하여 주 정부에 환원하여야 한다고 역설한다. 이러한 입장 차이의 반전은 1930년대 민주당이 뉴딜정책을 실시하면서 강력한 중앙정부의 필요성이 자연스럽게 대두된 것과 함께 두 정당에 대한 지지계층의 차이에서도 연유한다.

최근 신자유주의에 기초한 신공공관리가 미국 내 공공개혁의 주된 경향으로 부각되면서 정부의 규모와 역할이 축소될 것이라는 주장들이 설득력을 지니게 되었다. 그러나 규제완화를 요구하는 기업가들의 주장은 사회질서 유지와 같은 새로운 규제강화 요구에 의해 상쇄될 수 있을 뿐만 아니라, 형평성 측면에서 소득재분배를 추구하는 민주주의 정치과정의 특성상 높은 세율에 따른 불만이 지속적으로 정부의 확대를 억제할 것으로 기대하기는 어렵다. 더불어 정부감축의 주요 계기를 마련했던 경제위기도 사실상 궁극적으로 시장에 대한 정부개입의 확대를 의미한다는 주장에도 유의해야 한다.

요컨대 미국 행정의 역사제도적 기반에는 연방주의자와 분권주의자의 대립, 그에 따른 정부역할에 대한 입장차이가 지속적으로 존재하고 있어서 통치사상이라는 관점에서는 전통적으로 진보주의와 보수주의의 갈등 내지 순환의 과정으로 이해할 수 있다.

결국 미국 국민이 정부를 믿지 않는 이유는 경제적 어려움과 정치적 불신에 부가해 일반 국민들의 소외감이 크게 작용한 것으로 분석되고 있다. 따라서 레이건과 클린턴의 성공사례를 통해 알 수 있듯이 정부가 국민들의 신뢰를 회복하기 위해서는 국민들의 진정한 요구의 파악, 정책 일관성의 확보, 공직자들의 지나친 약속 자제, 도덕성 강화, 조롱하지 않는 언론의 보도태도 등에 주목할 필요가 있다.

대처와 블레어의
공공개혁 비교하기

영국의 공공개혁은 대처가 주도한 신우파와 블레어가 주도한 신좌파로 구분된다. 신우파(New Right)와 신좌파(New Left)는 모두 극단적인 우파와 좌파에서 중도를 지향하였다는 점에서 공통점을 지니고 있다. 1950~60년대 사회민주주의 전성기에 영국 보수당은 집권전략의 일환으로 좌클릭하였고 1980~90년대 신자유주의 전성기에 영국 노동당도 중산층 공략을 위해 우클릭하였기 때문이다.

전후 사회민주주의를 지탱해 온 경제적 호황이 1960년대 말 이후 서서히 퇴조하면서 신우파는 국가가 너무 많은 일을 하고 있다는 점을 부각시켰다. 특히 신우파 기조하에서 1979년 5월 집권에 성공한 대처의 보수당 정부는 당시 영국의 공직사회가 국가적 위기를 해결할 수 있는 능력을 전혀 갖추고 있지 못하다는 판단하에, 그 해결책을 시장부문의 활력을 회복시키는 데서 찾고자 하였다.

신자유주의에 기초한 대처의 관리혁명은 '국가의 경계를 원상복구(roll-back)', '행정규모의 감축', '공공지출의 감축', '관료구조의 효율화' 등과 같은 목표를 달성하는 일에 초점을 부여하였다. 그리고 이러한 목표는 다음과 같은 세 가지 과정을 통해 이루어졌다. 첫째, 경제성, 능률성 및 효과성의 관점(Economy, Efficiency, Effectiveness: 3Es)에서 예산의 가치를 제고시켰다. 둘째, 재정관리제안을 통해 중앙정부 전반에서 자원의 배분, 관리 및 통제를 개선하려는 것이다. 셋째, 공공서비스의 강화를 위해 Next Steps 프로그램을 도입하였고, 이는 정부의 핵심인력 5%가 정책결정 기능을 전담하는 대신에 서비스 집행을 담당하는 95%는 장관이 직접 관여하지 않는 책임운영기관이나 민간주도로 이루어져야 한다는 구상을 포함하고 있었다. 나아가 보다 급진적인 민영화 옹호론자들은 정부 부처에 대한 재무성의 통제권을 없애는 대신에 서비스 종류에 상관없이 강제경쟁입찰(Compulsory Competitive Tendering: CCT)을 부과해야 한다고 주장하였다.

한편 대처가 추구한 공공개혁의 주요한 성과는 다음과 같다. 첫째, 1979~1995년 사이에 공무원 수를 20%(732,000명에서 524,000명) 감축하였고, 이는 보수와 연금을 포함한 행정비용의 감소로 나타났다. 둘째, 총리의 개혁의지에 동조하는 외부의 피를 수혈해 개혁의 동력을 확보하기 위해 엽관주의 인사관행을 부활시켰다. 셋째, 행정의 전문성을 강화하기 위해 개방형 임용제를 도입하였다. 넷째, 일선 공무원들이 급진적 개혁에 저항하자 공무원은 의회나 국민이 아니라 장관이나 상급자에 책임을 져야 한다는 원칙을 천명하였다. 다섯째, 행정에 대한 통제권을 재무성과 총리실이 공동으로 관장하도록 변경하였다.

이러한 대처 총리의 민영화 구상과 의지는 정부 내외의 다양한 논란에 직면하였고, 1990년 집권한 메이저 정부의 출범 이후 조정과 정을 거치게 된다. 참고로 메이저의 공공개혁은 서비스의 질 제고를 위한 관리혁신과 고객만족에 초점을 부여하였다.

1997년 블레어의 집권을 계기로 본격화된 신좌파의 공공개혁은 사회민주주의와 신자유주의를 절충한 제3의 길 노선으로 집약된다. 제3의 길 노선을 구체화시키는 블레어 정부의 공공개혁은 크게 관리적 측면의 책임성(투명성) 강화와 정책적 측면의 파트너십의 구현(다층 거버넌스)으로 대별해 볼 수 있다.

먼저 행정처리 절차의 투명성 강화조치를 들 수 있다. 전통적으로 행정은 폐쇄적인 것으로 악명이 높았는데, 이것은 비밀주의와 정보를 외부에 유출하는 것을 금기시하는 전통에서 비롯되었다. 더불어 행정의 공적 책임성 강화를 위해 시민헌장을 보완한 '서비스 제일주의(Service First)'를 도입하는 한편 민영화의 부작용을 치유하기 위해 재규제(reregulation)에 주목하였다. 일례로 소비자 보호를 위해 독점 및 합병위원회와 공정거래위원회를 통합해 단일의 경쟁 및 소비자기준처를 출범시킨 일이 여기에 해당된다.

다음으로 신노동당은 약화된 정부 능력의 보완차원에서 국제조직(moving up), 지역공동체(moving down), 시민사회(moving out) 등의 지원과 협력을 유도하는 일에 주력하였다. 파트너십의 구현에 초점이 부여된 새로운 정책정향은 신노동당이 표방한 공동체주의와 사회정의와도 밀접한 관련성을 지니는 것으로 평가해 볼 수 있다.

세계를 평정한 클린턴의
점진적 신공공관리

미국의 전통적인 공공개혁은 정책, 예산, 인사 등에 대한 대통령의 관리능력을 향상시키기 위한 것이었으나, 대부분 기대만큼의 성공을 거두지 못했다. 정부수립 이래 계속된 개혁에도 불구하고 미국의 행정은 아직까지도 비능률, 낭비, 관료주의, 형식주의, 과다한 규제, 할거주의 등 전통적인 관료제의 병리현상을 청산하지 못하고 있기 때문이다. 이에 클린턴과 고어가 주도한 1990년대 중반의 공공개혁은 고객중심, 감축관리, 규제완화, 레드테이프 제거 등을 통한 탈관료화를 주된 개혁방향으로 삼고 있다.

전통적으로 미국의 공공개혁은 예산에 초점이 부여된 대통령실 산하 관리예산실(OMB)이 주도하는 패턴이었다. 하지만 클린턴 정부하에서 NPR을 중심으로 이루어진 미국의 공공개혁 추진체계는 단순히 예산과 직결된 정부축소를 초월해 창의적이고(smarter), 비용이 적게 들며(cheaper), 효과적인 정부를 만드는 일에 초점을 부여하였다. 이를 위해 당시 정부혁신의 추진주체들은 1993년 3월 수백명의 혁신전도사를 채용하여 이들을 팀으로 조직한 다음, 연방정부의 각 기관에 파견하였다.

영연방 국가들과 더불어 경쟁국가의 범주에 포함되는 미국의 행정가치는 집권당의 성격에 따라 다소의 양면성을 지니고 있다. 1980년대 이후 보수적인 공화당이 작은 정부라는 전통적 명제를 충실히 준수한 반면에 상대적으로 혁신적인 클린턴의 젊은 민주당원들(new Democrats)은 인위적 정부감축이나 자본편향적 규제혁파보다는 행태나 문화의 개선에 초점이 부여되는 중립적 관점을 견지하였다.

이러한 행정가치는 미국을 대표하는 양대 정당의 싱크탱크에서 발표한 보고서를 통해 잘 나타나고 있다. 일례로 1973년 보수주의 확산을 천명하면서 출범한 헤리티지 재단이 공화당 출신 대통령 당선자들에게 시장친화적 청사진을 보내고 있는 반면에 진보성향의 부르킹스 연구소는 민주당 정부의 충실한 후원자를 자임해 왔다.

미국식 공공개혁 추진전략은 하향식 일변도의 영국식과는 달리 하향식과 상향식이 혼재된 모습을 보이고 있다. 미국은 중앙집권국가인 영국이나 뉴질랜드와 달리 대부분의 공공서비스를 연방정부가 아니라 주나 지방정부가 행사하기 때문이다.

국가성립 이래 지속된 미국의 전통적인 정부 간 관계는 연방정부와 주정부 간의 독자성과 배타성을 주요 특징으로 한다. 물론 남북전쟁과 뉴딜기를 거치면서 연방정부의 강화 추세가 표출되기도 했지만 행정개혁이 본격화된 1970년대 이후 '연방정부의 보조금은 줄이는 대신에 주나 지방정부의 권한을 늘리는' 신연방주의를 채택하였다.

클린턴 정부의 주요한 개혁프로그램은 영연방 스타일에 비해 포괄적이라는 특징을 가지고 있다. 먼저 기업식 정부를 구현하기 위해 성과평가를 비롯해 계획예산제도(PPBS), 목표관리제(MBO), 영기준예산(ZBB), 총체적 품질관리(TQM) 등을 활용하였다. 더불어 전자정부, 권한이양 등도 유사한 맥락으로 이해할 수 있다.

다음으로 공공개혁의 영향은 크게 효과성(Work Better)과 효율성(Cost Less)의 측면으로 구분이 가능하다. 효과성의 측면에서는 고객만족이나 지식행정에 초점을 부여한 반면에 효율성의 측면에서는 예산절감이나 인력감축에 주목하였다.

영국과 미국의
규제관리체계 비교

현대 정부는 공공서비스의 직접적인 생산자에서 간접적인 규제
자로 전환되고 있다. 특히 영국과 미국을 비롯해 복지국가의 위기를
경험한 선진국들의 경우 이러한 추세가 보다 분명하게 부각되고 있
다. 나아가 이러한 현상은 규제라는 정책도구의 활용방식을 둘러싼
영미 간의 제도적 특성 차이를 통해 보다 실체적인 의미 파악이 가
능하다.

영국에서 규제는 산업혁명의 역효과인 산업안전, 환경오염, 독
과점 등을 통제하기 위한 목적으로 등장하였다. 하지만 18세기 초반
영국의 산업규제는 기술의 복잡성 심화와 행정의 전문성 부재로 인
해 제대로 집행되기를 기대하기는 무리였다. 더불어 이러한 규제관
리상의 약점은 영국 특유의 친기업 정서와 결부되면서 '느슨한 규제'
라는 전통으로 자리잡게 되었다.

현대적 의미에서 영국의 느슨한 규제관리방식은 공동규제나 자
기규제 방식을 통해 계승되었다. 일례로 안전한 작업환경의 조성이
라는 정책목표는 규제자인 정부가 제시한 원칙이나 규정을 통해 달
성되기보다 작업현장 종사자들의 전문성과 책임성을 고양하는 방식
으로 추진하는 것이 효과적이라는 것이다. 하지만 이러한 규제관리
방식은 업계의 규제포획으로 인한 각종 사고발생의 개연성을 증대시
키는 문제점을 지니고 있다.

미국은 전통적으로 영국이나 유럽과 달리 공공시설의 직접적
소유를 의미하는 국유화(공기업화)를 터부시해 왔다. 따라서 정부는

공공서비스의 생산자가 아니라 민간위탁을 감시하는 규제자의 역할에 초점을 부여해 왔다. 20세기를 전후해 확립된 강력한 규제국가의 기풍을 토대로 미국은 특정 분야를 관리하는 규칙을 제정하는 한편 이를 둘러싼 집행과 논란까지 독립규제위원회에 부여하는 규제관리 방식을 채택하였다. 이 기관들은 입법권, 사법권, 행정권의 요소를 동시에 보유한 일에 부가해 정부로부터의 독립성과 합의제 결정방식을 요체로 한다.

헤이그와 해롭 교수에 따르면 초창기 미국의 독립규제위원회는 엽관제의 부작용인 과도한 정치적 고려와 거리를 두기 위해 만들어졌다. 이를 반영하는 대표적 사례로는 주간통상위원회(1887), 연방준비제도(1913), 증권거래위원회(1934), 평등고용위원회(1965) 등을 들 수 있다. 하지만 이러한 방식의 규제관리체계는 민주적 통제의 이상에 부합하기 어려울 뿐만 아니라 빈번한 소송으로 인한 시간과 비용이 과다하게 소요되는 문제점을 유발하였다.

물론 앞서 제시한 영미 양국의 규제관리전통은 갈수록 수렴하는 추세를 보이고 있다. 먼저 영국과 유럽에서는 1980년대 이후 새로운 추세로 부각된 민영화의 부작용을 통제하기 위해 재규제 임무를 부여한 미국식 독립규제위원회에 대한 벤치마킹이 이루어졌다. 더불어 이러한 방식의 활용은 다른 한편으로 초창기 미국의 기관형성 의도와 마찬가지로 정부규제를 정치적 통제와 논란의 속박으로부터 해방시킨다는 의도가 내재되어 있다.

다음으로 미국에서도 시장친화적 규제대안을 발굴하기 위한 노력의 일환으로 영국식의 공동규제나 자기규제가 지니는 중요성에 착안하기 시작하였다. 일례로 미국이나 캐나다의 규제영향분석 매뉴얼은 채찍(제재)보다는 당근(보상)이나 설득(정보와 권유)과 같은 규제개혁 도구를 우선해 고려하도록 권고하고 있다.

한편 경제 활성화와 일자리 창출을 위한 핵심적 정책도구로 규제개혁을 채택한 박근혜 정부도 영미는 물론 유럽 각국의 선진적 규제관리체계를 벤치마킹하는 일에 부심하고 있다. 당시 정부가 행정규제기본법 개정을 통해 추진한 규제비용총량제의 실시나 규제일몰제의 강화는 독일과 네덜란드에서 그 유용성을 입증한 바 있다. 하지만 단순히 제도의 도입보다는 제도의 실질적 정착이 지니는 중요성에 보다 많은 관심을 기울여야 한다.

영미 경쟁국가의 발전전략
: 기술혁신의 중시와 재규제의 활용

영국과 미국은 계층제로 대표되는 대규모 공식조직의 권위보다는 개인의 자유와 인간적 평등을 추구하는 제도의 설계를 지향해 왔다. 특히 자유시장의 활성화와 직결된 개인의 이윤추구 동기를 극대화시키기 위해 재산권과 특허권의 확고한 보장, 유한책임의 주식회사, 엄정한 사법체계 등과 같은 제도적 장치들을 고안하였다.

이 점에서 18세기 초 영국이 유럽대륙의 경쟁자들을 물리치고 산업혁명의 선도국가로 부상한 이면에는 이러한 제도적 유용성이 크게 작용하였다. 또한 1830년대 이후 산업화에 착수한 미국에서는 남북전쟁을 전후해 강화된 시장(철로확장)과 약화된 정부(남북전쟁) 기조가 정착되었을 뿐만 아니라 당시 미국 기업들은 주 정부 간의 치열한 유치경쟁을 활용해 친기업 정책의제를 확산시킬 수 있었다.

산업혁명의 주도국가인 영국의 전통을 충실히 계승한 미국은 20세기의 개막을 전후해 기업의 기술혁신 의지를 조장하는 방식으로 막대한 국부를 축적하였다. 에디슨의 전구(1879)를 모태로 하는 GE, 캐더러스의 나일론(1935)으로 대표되는 듀폰, 쇼클리의 트랜지스터(1947)로 부각된 벨연구소 등은 미국을 대표하는 창조기업의 선구자로 평가되고 있다. 나아가 이러한 혁신의 기풍은 마이크로소프트, 애플, 구글 등과 같은 실리콘벨리의 벤처기업으로 이어지고 있다.

미국이 기술혁신의 천국으로 부상한 이면에는 개인의 창의와 기업의 자율에 부가해 정부의 적절한 규제와 지원도 주효하였다. 먼저 미국 정부는 당초 기술혁신에 기반한 혁신기업들이 점차 시장지배적인 독점기업으로 변질되자 소비자와 경쟁기업 및 기업구성원들을 보호하기 위하여 다양한 규제장치들을 고안하였다. 여기에는 산업분야별로 특화된 독립규제위원회를 비롯해 법무부 차원의 포괄적인 독과점 규제장치를 들 수 있다. 다음으로 미국은 전통적으로 특정 산업분야를 전략적으로 육성하는 선택적 산업정책에는 둔감한 편이지만 기술혁신, 인력양성 등을 대상으로 한 포괄적인 기능적 산업정책은 중시해 왔다. 이러한 기능적 산업정책의 주요한 도구로는 첨단기술산업의 육성에 주로 활용된 정부보조금이나 세제혜택을 지적할 수 있다.

남북전쟁 이후 30년간 서부개발을 중심으로 급속한 경제발전을 이룩한 미국은 19세기 말 영국을 제치고 전세계 생산의 4분의 1을 점유하는 세계의 공장으로 부상하였다. 당시는 자유시장의 기풍하에

서 석유왕 록펠러와 철강왕 카네기와 같은 기업영웅들이 탄생한 시
기이기도 하다. 하지만 이 과정에서 독과점, 산업안전, 빈부격차, 환
경오염 등과 같은 부작용이 속출하였다. 이에 시어도어 루즈벨트는
거대 기업의 리베이트 관행을 저지하는 엘킨스법(1903), 철도회사의
요금인상을 통제하는 헵번법(1906), 식품업계의 비리를 차단하는 육
류검사법과 식품의약규제법(1906) 등을 만들었다.

　나아가 이러한 미국의 경험은 현대 영국도 예외가 아니다. 민영
화에 초점이 부여된 영국의 발전전략은 1979년 대처의 집권과 더불
어 본격화되었다. 대처 정부는 집권 이후 11년 동안 정유, 통신, 석
탄 등 주요 국영기업 40개 이상의 매각을 단행했다. 이처럼 과감하
고 지속적인 민영화 추진은 영국정부의 재정안정과 경제회복에 크게
기여한 것으로 평가되고 있다. 하지만 노동당은 이러한 평가의 이면
에 잠재된 부작용에 주목하면서 재규제(re-regulation) 방안을 제시
하는 일에 주력해 왔다.

　일반적으로 광의의 민영화는 소유권 매각과 운영권 위탁으로
구분된다. 이때 영국에서 표출된 민영화의 부작용 사례는 다음과 같
다. 먼저 공항민영화의 실패사례인 영국 히드로 공항은 1987년 소유
권 절반 이상을 민간에 매각한 이후 시설투자의 부진속에서 공항서
비스 순위가 45위에서 107위로 하락하였다. 다음으로 1989년 잉글
랜드와 웨일즈 지역 상하수도 서비스를 9개로 민간기업에 분할해 매
각한 결과 대외적인 경쟁력은 강화되었지만 요금, 수질, 환경에 대한
시민들의 불만이 표출되기도 하였다.

　이에 영국 정부는 민영화의 부작용을 보완하기 위해 정부의 감
독기능 강화에 초점이 부여된 재규제에 적극 나서고 있다. 일례로 상

하수도 분야에서는 요금인상, 수질안전, 환경오염 등과 같은 부작용
에 대응하기 위해 각기 전문적인 경제규제기구, 수질규제기구, 환경
규제기구를 신설하였다. 또한 농축산물에 대한 안전성 강화를 위한
식품규제 부서의 신설이나 대중교통의 편의제고를 위한 버스규제의
강화 등과 같은 조치가 이루어지기도 했다. 나아가 공공부문에 대한
자율규제 방식을 확산시킨 일도 주요한 성과로 평가될 수 있다.

Chapter 02

유럽 국가의
굿 거버넌스 구현사례

세 번의 유럽 방문에서
배운 노하우

필자의 유럽행은 나이에 비해 결코 이르지 않은 2013년부터 시작되었다. 국내활동에 안주하던 와중에 절친한 후배들의 제안으로 노르웨이 트론하임에서 열리는 안전정책 관련 국제학술대회에 동행하기로 결정하였기 때문이다. 당시 방문은 비교적 짧은 일정에도 불구하고 웅장한 피요르드로 유명한 노르웨이 해안도시들은 물론 화산과 빙하가 공존하는 아이슬란드 내륙을 일주하였다.

유럽 최고 수준의 국민소득을 자랑하는 노르웨이와 아이슬란드는 높은 세금과 살인적 물가로 인해 생각만큼 풍족한 생활을 즐기지는 못하고 있었다. 소박한 외양에 부가해 외식까지 자제한다는 현지

교민의 전언을 통해 이러한 분위기를 충분히 감지할 수 있었다. 하지만 정부 주도의 충분한 복지를 토대로 민주적 시민의 정정당당한 기풍이 분출되는 곳이었다. 특히 바이킹의 후예답게 다소 배타적이지만 연대가 살아 숨 쉬는 산골과 도서 공동체의 기풍을 유지하고 있다는 점이 인상적이었다.

북유럽 방문만으로 유럽에 대한 갈증을 해소하지 못한 필자는 다음해 여름방학을 활용해 서유럽과 동유럽을 넘나드는 나홀로 배낭여행에 도전하였다. 서유럽을 대표하는 주요 도시와 문화유산을 꼼꼼히 살펴보면서 대리석과 적벽돌 문화의 차이점를 발견하고 융프라우 산장에서 칼럼을 작성한 일이 기억에 남는다.

여행의 후반부는 뮌헨 인근의 성곽도시 뇌르틀링겐에서 시작한 동유럽 패키지 여행이었다. 물가가 비싼 서유럽의 대도시에서는 한인민박을 활용해 경비를 절감하였지만 동유럽은 교통수단과 이동거리의 애로를 해소하기 위해 현지에서 패키지 여행팀에 합류하였다. 오스트리아 빈과 체코 비엔나를 대표하는 다양한 유적들을 돌아보면서 동유럽 왕조국가의 부침을 성찰하는 글을 작성할 수 있었다.

마지막 퍼즐을 완성하겠다는 일념으로 시작한 세 번째 방문은 친한 후배와 둘이서 유라시아 기행을 떠나기로 결정하였다. 몽골에서 시작해 기차로 초원을 가로질러 바이칼에 들어 충만한 기를 체험한 후에 러시아의 핵심 모스크바와 상트페테르부르크로 이동하였다. 제정 러시아의 영광을 웅변하는 표트르 대제의 동상과 화려한 궁전은 물론 냉전시절 미국과의 체제경쟁에서 우위를 점하기 위해 건설한 웅장한 스탈린 고딕 방식의 7자매 빌딩을 둘러본 일이 인상적이었다.1) 더불어 남유럽으로 향하는 경유지로 선택한 핀란드 헬싱키의 경우 도심 곳곳을 장식한 실용적 공공디자인과 노면전차라는 친환경적 교통수단이 인상적이었다.

유럽의 저가항공은 이동거리와 무관하게 저렴한 경우가 많다. 이에 우리도 헬싱키에서 마드리드로 별다른 부담 없이 이동할 수 있었다. 스페인의 수도 마드리드는 우리의 명동과 마찬가지로 혼잡한 사람구경의 명소이다. 따라서 인근 고도인 톨레도나 세르비아를 방문하는 것이 스페인 여행의 진정한 의미를 찾기에 유리하다.

눈부신 해변과 가우디 건축물로 유명한 바르셀로나를 경유해 남프랑스로 이어진 여정에서는 파리 인근의 오베르쉬즈우아르와 더불어 고흐 그림의 주요한 무대였던 아를의 카페와 수차, 아비뇽 강가에서 존재감을 과시하고 있는 교황청의 수려한 자태, 마르세유의 항구에서 단지 한국인이라는 이유로 배나온 아저씨들과 사진찍기를 요구하던 한류 소녀 팬들, 얼마 전 트럭 테러가 발생한 니스의 정돈된 해변 등을 둘러보며 지중해 휴양지의 정수를 만끽하였다.

마지막 여정은 프랑스가 자랑하는 고속철도망을 활용해 샤모니 몽블랑에 도전하였다. 아찔한 수직선상의 케이블카를 타고 4,807미터 알프스 최고봉에 근접한 것도 인상적이었지만 산악지대의 직선거

---

1) 냉전시절 스탈린은 뉴욕 엠파이어스테이트빌딩 못지 않은 건물을 지어 전승의 상징이자 소련의 위세를 과시하는 수단으로 삼으려 했다. 그렇게 해서 태어난 것이 모스크바 국립대, 우크라이나호텔, 레닌드라드호텔(지금 힐튼호텔), 러시아 외무부, 붉은문광장 행정부 건물, 코텔니체스카야 강변 아파트, 구드린스카야광장 아파트 등 '스탈린의 7자매'이다. 그리고 모스크바의 도심지 설계는 오늘날 북한 평양이나 몽골 울란바토르의 모습에도 투영되어 있다. 나아가 미국에서 통용되는 7자매란 메이저 석유회사인 로열 더치 · 쉘, 엑손, 브리키시 페트롤리엄(BP), 텍사코, 걸프, 셰브론, 모빌 등을 일컫는 의미로 사용되고 있다.

리를 간과하고 성급하게 예약한 알프스 품속 깊이 위치한 숙소를 찾기 위해 알프스 터널 넘어 이탈리아를 경유해 프랑스 지역의 고원휴양지까지 돌아서 찾아갔던 험난한 여정이 기억에 오래 남는다.

마지막 시행착오의 기억이 너무나 강렬했기 때문인지는 몰라도 2년 전 그때의 용감한 형제들은 올여름 또다시 유럽행을 계획하고 있다. 예상치 못한 장미대선과 징검다리 연휴의 대체공휴일 지정으로 여름방학이 지연되는 위협 속에서도 공휴일 조기보강까지 불사하며 새로운 도전을 준비하고 있다. 4년 만에 다시 참석하는 안전정책 국제학술대회가 리스본에서 개최되기 때문에 인근의 모로코와 그리스를 비롯해 그동안 세 번의 여행에서 미처 들르지 못한 유럽의 명소들을 찾아볼 예정이다.

서유럽 강대국의 발전이념인
대리석과 적벽돌 문화

2014년 여름 나홀로 떠나는 유럽 배낭여행에 도전했다. 파리, 런던, 로마로 이어진 초반부 여정에서 가장 눈에 들어온 풍경은 오래가는 대리석과 적벽돌로 지어진 건축물이었다. 특히 로마를 떠나 이탈리아 남부여행의 요지인 나폴리와 소렌토 인근에 위치한 폼페이 유적의 중앙광장 기둥은 절묘하게도 대리석과 적벽돌이 절반씩 차지하고 있었다는 점에서 필자의 눈길을 끌었다.

공화정 로마의 전성기를 간직한 채 서기 79년 베수비오 화산 폭

발로 인해 사라졌다 부활한 광장 기둥의 모습은 귀족과 평민, 부자
와 빈자, 예술과 실용 등의 조화로운 결합이 진정으로 오래가는 강
건한 나라를 가능케 한다는 사실을 역설하고 있는 것처럼 느껴졌다.

　　우리는 화려한 대리석에 과도하게 몰입한 로마의 왕정과 중세
의 신정은 물론 18세기 최고조에 달한 프랑스 절대왕정이 민심이반
에 직면해 허무하게 무너진 사실을 기억하고 있다. 우선 로마의 폭
군 네로 황제가 자신의 대리석 궁전과 어울리지 않는 평민들의 주거
지를 현대식 도시계획이라는 미명하에 불태운 일은 불도저를 앞세운
뉴타운 건설을 연상시킨다. 또한 중세의 신정을 주도한 교황들이 권
위의 상징 교황청을 보다 화려하게 치장하기 위해 각기 황제와 평민
의 무대였던 프로 로마노와 콜로세움까지 허물어 가며 대리석을 약
탈한 일은 신의 이름으로 용서하기 어려운 대목이다. 나아가 전 유
럽의 황제들이 동경했던 화려한 대리석 궁전 베르사유의 유산에서
결코 자유롭지 못했던 루이 16세는 기요틴의 희생양이 되고 말았다.

　　반면 대리석 궁전에 상응해 대다수 시민들을 위한 적벽돌 건물
에도 관심을 기울인 고대 로마와 근대 영국은 인류의 역사를 대표하
는 양대 제국으로 남아 있다. 아직도 발굴작업이 진행 중인 로마의
유적은 한결같이 적벽돌이 주류를 형성하고 있다. 또한 런던의 도심
에는 산업혁명과 더불어 부상한 실용적인 부르주아의 힘을 상징하는
적벽돌 건물들을 지금도 어렵지 않게 목격할 수 있다.

　　대리석과 적벽돌은 화강암에 비해서는 여리지만 목재에 비해서
는 견고한 소재이다. 이 점에서 대리석과 적벽돌은 적절한 혼합을
전제한 상태에서 건축은 물론 국가발전의 소재로서 중용의 미덕을
구현한다는 의미를 부여할 수 있다. 일례로 우리는 화강암에 치중한

잉카문명이나 목재에 안주한 제3세계 국가들이 서구 열강이 주도한 제국주의 쟁탈전에 손쉽게 무너진 사실을 상기할 필요가 있다.

한편 대리석과 적벽돌의 은유는 민주주의는 물론 자본주의 심화과정에서 표출된 노사관계에도 적용이 가능하다. 19세기를 풍미한 자유시장의 기풍하에서 독점자본은 소년노동까지 불사하며 자신의 탐욕을 채우기에 급급하였다. 이에 노동자의 권익을 보장하기 위한 대안으로 마르크스와 엥겔스가 구상한 사회주의 기풍이 유럽 전반으로 확산되었다. 나아가 기업의 천국 미국에서도 20세기 초반을 전후해 유럽의 경험을 학습하는 방식으로 산업화의 부작용에 대한 규제를 강화하였다.

이러한 역사의 교훈은 오늘의 우리도 결코 예외가 아니다. 한국이 지난 반세기 동안 이룩한 산업화와 민주화의 성과에도 불구하고 우리는 여전히 국민과 불통하는 권력과 파이키우기에 급급한 재벌을 목격하고 있기 때문이다. 현실이 이러함에도 불구하고 대내외 위기 담론을 앞세워 또다시 성장연합을 구축한 권력과 재벌은 규제혁파 담론을 확대재생산하는 일에 부심하고 있다.

결국 적벽돌의 유용성을 간과하고 대리석의 화려함에 도취한 편협한 발전전략으로는 미래 한국의 진로를 개척하기 어렵다. 따라서 적벽돌이 상징하는 국민 전반의 삶의 질을 개선하는 일에 보다 많은 관심과 노력이 요구된다. 이러한 요구는 단순히 국민 개개인의 자기이익을 초월해 국가나 자본의 궁극적인 안위와 직결된 문제라는 점을 인식해야 한다.

서유럽 강소국에서 배우는
재도약의 조건

최근 우리가 경험한 성장의 한계와 불안한 생활 및 부패 스캔들은 국부, 국질, 국격을 포괄하는 총체적 국가경쟁력의 위기를 시사한다. 따라서 난마처럼 뒤얽힌 사악한 문제를 풀고 재도약의 단서를 발견하기 위해서는 우리와 유사한 상황에 직면했던 외국의 경험이 주는 교훈을 되새겨야 한다.

세계 질서의 주도자임을 자처해 온 해양세력 미·일과 대륙세력 중·러의 틈바구니 속에서 국가생존을 위한 치열한 줄타기를 계속해 온 우리의 고단함은 흡사 중북부 유럽의 강소국들이 전후 표출한 분투를 연상시킨다. 스위스, 오스트리아, 네덜란드, 덴마크, 스웨덴 등은 영세중립과 균형외교를 표방하면서 자국에 부과된 시대의 소명에 부응해 왔다는 점에서 인상적이다.

국가 존립의 위기마다 빛난 그들의 저력은 양차대전 이후 사반세기 동안 지속된 경제호황을 종식시킨 석유 위기의 충격은 물론 2008년 미국발 금융위기의 파고도 예외가 아니었다. 나아가 각종 국제기구나 대학의 국가경쟁력 순위발표에서 확고한 상위그룹으로 위상을 정립한 상태이다. 그렇다면 그들의 성공신화에서 우리가 배워야 할 논리와 전략은 무엇인가?

첫째, 중립성과 투명성을 겸비한 정부에 대한 높은 신뢰이다. 현대 정부의 성패와 직결된 국민의 신뢰는 인접한 유럽 국가는 물론 영미나 동아시아에 비해 압도적 우위를 자랑한다. 이때 중립성이란 정부가 계급적 이해관계를 초월해 균형 잡힌 촉진자 역할을 수행한다는 의미이다.

또한 투명성이란 정부가 부정부패에서 자유롭다는 의미이다. 나아가 중립성과 투명성에 기반을 둔 정부의 적극적 역할은 국민행복과 실용주의 정책기조를 강화시키고 있다.

둘째, 사회를 구성하는 핵심 변수들의 대표성을 중시하는 방식으로 격차 구조를 완화시켰다. 여기에는 계층간 분리현상을 치유하는 보편적 복지를 비롯해 지역대표성을 고려하는 연방제와 지방분권, 정치경제적 측면에서 소수자를 제도적으로 배려하는 비례대표제와 약자 우대조치 등을 들 수 있다. 나아가 이러한 박애적 기풍은 공적개발원조의 활성화나 인종차별주의와의 단절로 이어지고 있다.

셋째, 사회적 시장경제를 표방하면서 성장과 분배, 개발과 보존 등의 조화를 추구하였다. 특히 경제위기에 직면할 때마다 노사정 대타협을 유도하는 방식으로 유연성과 안정성을 결합한 '유연안정성(flexicurity)' 정책기조를 채택했다. 일례로 네덜란드와 덴마크는 근로와 복지를 연계한 유럽 각국의 개혁을 촉발시킨 선구적 사례로 평가되고 있다.

넷째, 창조경제를 표방하면서 주변 강대국들과 차별화된 틈새산업을 적극적으로 육성했다. 이를 반영하는 대표적인 사례로는 덴마크의 완구, 스웨덴의 가구, 스위스의 시계, 네덜란드의 물류 등을 들 수 있다. 더불어 바이킹이나 폴더스타일 개척정신은 외국인 투자유치나 해외시장 개척에서 성과를 창출하는 기반으로 작용하고 있다.

다섯째, 공멸을 회피하는 타협문화의 확산이나 거버넌스의 제도화를 추구해 왔다. 여기에는 공유지의 비극을 회피한 스위스의 공동목초지 관리규약이나 덴마크에서 일상화된 협동조합이나 자원봉사

활동이 포함된다. 특히 공공과 민간이라는 치열한 대립구도를 완화시키는 제3부문의 존재감은 거버넌스의 구현과 직결된 사례이다.

물론 중북부 유럽 강소국의 경험은 문화나 규모의 차이를 고려할 때 한국적 맥락에서 직접적 적용에 무리가 있다. 하지만 이들의 경험은 한국적 발전모델을 재정립하는 지난한 여정에서 유용한 단서를 제공할 수 있을 것이다. 따라서 우리의 정부와 시장 및 시민사회가 보다 많은 숙의와 토론을 진행하기를 기대해 본다.

오스트리아의 부침이
주는 교훈

동유럽 여행의 관문 오스트리아를 방문하면 비엔나를 무대로 한때 전유럽을 호령했던 합스부르크 왕조에 관한 이야기를 접하게 된다. 합스부르크는 베르사이유와 더불어 13세기 이후 유럽을 대표하는 최대 왕가로 성장해 신성로마제국을 표방했지만 나폴레옹이 전파한 자유주의 바이러스와 제1차 세계대전의 후유증을 극복하지 못하고 오스트리아를 비롯해 헝가리, 체코 등으로 분할되는 운명을 맞이하였다.

서유럽의 절대왕정은 16~17세기 전성기를 구가하였지만 18세기 이후 공화정으로 대표되는 자유주의 사고가 확산되면서 몰락의 길을 가게 된다. 절대국가는 군대와 관료제라는 양대 권력기반을 토대로 부국강병과 국민행복을 추구하였지만 소수 지배그룹이 근친혼까지 불사하며 그들만의 리그를 형성하는 과정에서 국민적 지지를 상실하였다.

물론 간간히 세종이나 이순신을 연상시키는 현명한 군주나 불굴의 영웅이 나와 왕조의 토대를 강화하기도 하였다. 프라하를 무대로 제국의 외연을 확대한 까를 4세나 라데츠키 행진곡에 나오는 3대에 걸친 요제프 가문의 충신들이 대표적인 사례이다. 나아가 모차르트나 프로이드와 같이 비엔나가 배출한 걸출한 인물들도 왕조의 국격을 향상시키는 일에 기여하였다.

이제 역사로만 존재하는 신성로마제국의 영광을 21세기 방식으로 재연하는 일은 일차적으로 왕조의 적장자인 오스트리아 연방공화국의 어깨에 달려 있다. 이는 과거 북방의 주도자였던 고구려의 영광을 현대적으로 재연하는 일이 대한민국의 역량과 전략에 달려 있다는 문제제기를 연상시킨다.

교육부총리를 역임한 원로 행정학자 안병영 교수가 저술한 <왜 오스트리아 모델인가>에는 양차 대전과 계급갈등이라는 척박한 환경에도 불구하고 합의와 상생을 토대로 유럽을 대표하는 강소국으로 재탄생한 그들의 저력이 담겨져 있다. 특히 중립화 통일, 합의제 정치, 사회적 파트너십, 사회적 시장경제, 복지국가 건설, 새로운 국민형성 등과 같은 핵심성공요소들은 우리나라가 벤치마킹하기에 영미나 북유럽 모델보다 유용할 것으로 보인다. 하지만 20세기 중반에 이룩한 기적을 통해 독일을 능가하는 국민소득을 창출한 오스트리아는 과거의 무대였던 동유럽과 결부되는 것을 그다지 달가워하지 않는다는 점에 유의할 필요가 있다.

지나친 기우에 불과하지만 이제 좀 살만해진 우리가 민감한 문제인 남북통일이나 북방영토에 대한 관심을 접는 우를 범하지 않기를 기원해 본다. 동유럽이기를 거부하고 서쪽을 바라보는 오스트리아가 '냉전의 추억'에 사로잡혀 북쪽을 애써 외면하고 미국의 울타리에 안주하려는 우리의 모습이어서는 곤란하기 때문이다.

물론 느슨한 제국의 비효율성과 단절하고 작고 다부진 강소국을 건설한 오스트리아의 기적은 한강의 기적만큼이나 소중한 의미와 가치를 담고 있다. 하지만 동서라는 지역감정에 부가해 슬라브, 마자르, 유태인, 집시 등과 같은 인종적 이질감까지 그들이 극복하기를 기대하는 것은 무리이다. 분할 독립과 양차 대전을 거치면서 폐쇄적 공동체를 중시하는 오스트리아의 인종적 순수성은 오히려 강화되었기 때문이다. 더불어 아리안의 인종적 순수성을 전쟁의 명분으로 설정한 히틀러의 광기도 오스트리아 제국의 몰락을 재촉한 프란츠 요제프 황제의 충복인 카를 뤼거 비엔나 시장의 인종분리정책을 추종했다는 점에서 역사적 경로의존의 중요성을 재확인하게 된다.

이 점에서 우리는 지역이나 인종을 둘러싼 편견이 국가발전의 심각한 장애요인으로 작용한 역사의 교훈을 확실히 되새겨야 한다. 각기 지중해와 대서양을 매개로 지역과 인종을 극복한 로마와 미국은 물론 방대한 북방 초원길을 활용해 지역과 인종을 초월한 고구려와 몽고도 특유의 개방성을 앞세워 방대한 제국을 건설하고 오랫동안 유지하였기 때문이다.

남유럽 부활의
길을 찾다

1999년 유로화 도입과 2008년 미국발 경제위기의 여파 속에서 부침이 심한 서비스업에 의존하던 남유럽 국가들의 경제위기가 촉발되었다. 그리스, 이탈리아, 스페인, 포르투갈 등으로 이어진 정통 남유럽 벨트는 물론 아일랜드까지 포함하는 PIIGS의 국가부도원인은 저금리로 촉발된 부동산 버블, 유로화 도입에 따른 자본배분의 왜곡, 복지비 지출의 증대, 노동시장의 비효율성 등에서 찾아볼 수 있다.

PIIGS의 위기는 남유럽을 대표하는 강중국인 스페인과 이탈리아까지 포함하고 있다는 점에서 충격적이다. 양국은 경제규모가 크고 재정건전성도 상대적으로 양호했지만 경상수지 적자의 누적으로 경제위기를 맞이하였다. 외부(환경)적 측면에서 전세계적인 경기침체에 따른 관광수요 하락이 위기의 주요 원인이지만 내부(정책)적 측면에서 정규직 노동자에 편향적인 노동시장의 경직성이 생산성 하락으로 이어졌다는 지적에도 주목해야 한다.

이러한 상황인식을 반영하는 남유럽 경제부활의 당면과제는 통화와 재정을 포괄하는 거시경제정책의 신중한 조율이다. 특히 단기적으로 물가안정에 치중하는 통화정책과 정부지출을 축소하는 재정정책이 요구된다. 하지만 경제위기의 원인을 근본적으로 치유하기 위해서는 '거시경제의 안정'이라는 단기적 목표에 부가해 중장기적 관점에서 신성장동력의 발굴과 같은 전략적 산업정책의 지원사격이 요구된다.

이탈리아와 스페인은 역사 이래 특유의 문화적 다양성과 창의성을 토대로 섬유, 건축, 식품, 관광 등의 경쟁력을 극대화시키는 일에 주력해 왔다. 하지만 소위 '잘난 조상들'이 남긴 과거의 유산에 과도하게 의존하는 소극적 발전전략으로는 지금의 경제위기를 극복하는 신성장동력을 창출하기 어렵다.

로마의 영광을 계승한 이탈리아는 더 이상 강중국의 대표국가로 분류하기 어려울 정도로 추락을 거듭해 왔다. 유명 관광지에 포진한 소매치기나 도시안전까지 위협하는 마피아의 어두운 그림자가 국가이미지를 훼손하고 있을 뿐만 아니라 낙후된 도시기반 시설과 저급한 정치행정 역량은 국가경쟁력 저하로 이어지고 있다. 참고로 경기침체가 길어지면서 이탈리아는 비록 구매력 기준이기는 하지만 1인당 GDP에서 한국에 추월을 허용하였다.

이슬람 세력을 몰아내고 지리상의 발견을 선도하며 스페인은 유럽을 대표하는 절대국가로 부상하였지만 무적함대와 함께 침몰한 이래 과거의 영광을 좀처럼 재연하지 못하고 있다. 20세기 후반까지 이어진 프랑코 독재정권의 치욕을 바르셀로나 올림픽과 프리메가리그의 경쟁력을 통해 일정부분 만회하였지만 국가경쟁력 전반의 균형 잡힌 제도화는 아직 미진한 상태이다.

한편 이탈리아 부활의 가능성은 특유의 창조적 유전자와 낙천적 국민성을 통해 발견할 수 있다. 피렌체, 밀라노, 베네치아로 대표되는 북부 이탈리아의 도시들은 아직도 르네상스를 선도한 잠재력을 간직하고 있다. 지리상의 발견과 더불어 지중해 경제권이 쇠퇴하였지만 최근 부각된 유라시아 구상이 가시화될 경우 이탈리아의 가능성도 부각될 것이다. 또한 과거 '제3의 이탈리아'에 포진한 창의적 중소기업들이 섬유와 패션, 가죽과 디자인, 교역과 기술 등을 경합하는 방식으로 경제부흥을 선도한 것처럼 새로운 융복합산업의 출현도 기대해 볼 수 있다. 나아가 오랜 경기침체의 와중에도 건물지하 수공업체나 골목길 레스토랑에서 마주친 이탈리아 사람들의 온화하고 역동적인 모습에서 내일의 희망을 어렵지 않게 발견할 수 있다.

더불어 스페인 부활의 시나리오는 지역별로 간직한 문화적 다양성을 통해 작성이 가능하다. 면적에서 이탈리아 반도를 압도하는 이베리아 반도는 지역에 따라 음식과 풍습은 물론 언어까지 상이하다. 일례로 가우디로 대표되는 스페인 도시건축의 특이성은 타일과 아치로 대표되는 이슬람 양식과 대리석과 고딕으로 상징되는 기독교 양식을 결합한 '무데하르' 양식에서 발원했다고 한다. 또한 세계를 제패한 패션브랜드 자라(Zara)의 성공신화도 문화의 다양성을 배제한 상태에서 충분히 설명하기 어렵다. 그리고 최근의 애로에도 불구하고 지리와 기후로 대표되는 스페인의 관광잠재력이 여전하다는 점에 착안할 필요가 있다.

그리스와 로마의 문명사적 가치

그리스와 로마로 대표되는 지중해의 대부분 지역은 여름철에 40도까지 오르는 고온 건조 기후로 인해 사막과 유사한 황량한 풍광을 연출한다. 대부분 말라버린 잡풀 사이로 올리브 나무만이 생명의 땅임을 웅변하고 있을 다름이다. 이처럼 척박한 자연환경은 자연스럽게 정주형 농업보다는 이동형 교역에 우선순위를 부여하도록 유도 하였다.

한편 지중해라는 평온한 바다는 평상시 교역활동에 유리하지만 비상시 외부침입에 취약하다. 특히 문화적, 종교적 이유로 갈라진 동 서양 문명의 대립은 빈번한 전쟁의 계기로 작용하였다. 이스라엘이 고대왕국 이집트나 페르시아의 침입으로 경험한 BC 15세기경 모세 의 엑소더스나 BC 6세기 바빌론 유수도 여기에 해당한다. 이 밖에 페르시아의 그리스 침입, 십자군의 동방원정, 모로코 지역 이슬람의 이베리아 반도 진출 등도 대표적 사례이다.

민주주의를 탄생시킨 그리스 문명은 역사적으로 서구 문명의 원류로 평가받고 있다. 중세에 발흥한 십자군 동맹이 성지회복을 앞 세워 이슬람의 확산을 차단한 일과 마찬가지로 그리스의 도시연합체 는 메소포타미아 문명의 적자인 페르시아 제국의 서진을 막아낸 문 명의 방파제 역할을 수행하였다. 이는 지중해의 신생 공화국 로마가 이집트 문명을 계승한 북아프리카 해양세력의 북진을 차단한 일과도 비견된다.

유럽의 최남단 그리스는 최북단 노르웨이와 마찬가지로 바다와 육지가 어우러져 기묘한 앙상블을 연출한 것처럼 뛰어난 풍광을 자 랑하지만 척박한 농지라는 발전의 제약을 받기도 했다. 따라서 그리 스와 노르웨이는 뛰어난 조선과 해운 기술을 앞세워 교역과 약탈을 병행하는 바이킹 스타일을 표출하였다. 오늘날 그리스가 해운강국으 로 부상한 일이나 마피아의 고향 이탈리아 시칠리아에 과거 바이킹 의 세력권이 형성된 것이 대표적 사례이다.

페르시아의 왕정과 달리 그리스에서 공화정이 출현한 배경에는 각기 농업과 상업이라는 상이한 경제적 토대가 크게 작용한 것으로 분석된다. 동양에서 출현한 전제국가들은 대체로 농업에 필요한 수리권을 독점적으로 관리하는 과정에서 형성되었다. 반면에 상업이나 유목을 중시하는 국가나 민족들은 중앙집권보다는 지방분권의 기풍이 강한 편이다.

물론 도시국가나 유목민족들도 외부의 침입이나 내부의 필요에 따라 특유의 단결력을 발휘하기도 했다. 페르시아의 대군에 맞서 도시연합체 그리스가 승리한 이면에는 불굴의 항쟁을 계속한 그리스 용사들이 자리하고 있다. 흉노나 몽골의 사례를 통해 알 수 있듯이 자립심이 강한 유목민족들도 한때 유라시아의 패자로 부상하기도 했다.

그리스와 로마는 너무나 인간적인 다신교의 나라로 알려져 있다. 군림하는 신이 아니라 공존하는 신을 통해 각자의 개성이 유지되었다. 이처럼 신축적이고 실용적인 사고는 또 다른 다신교의 나라인 일본이나 인도의 사례를 통해서도 잘 나타나고 있다. 단시일 내에 서양을 따라잡겠다는 욕망으로 1868년 메이지 유신을 통해 중앙집권을 채택한 일본이지만 전통적으로 지방분권의 전통을 고수해 왔다. 또한 인도는 다신교 전통을 앞세워 오늘날 지구촌 최대의 민주주의 국가로 부상하였다.

북유럽 스타일
행복국가의 원천

북유럽에 위치한 스칸디나비안 국가에 대한 전통적 수사는 복지국가이자 행복국가이다. 이는 정부가 주도적으로 나서 의식주나 교육과 같이 국민생활에 필요한 필수적 공공서비스를 충분히 제공한다는 의미이다. 하지만 북유럽 국가들은 필수적 공공서비스를 제외한 개인이나 사회생활의 영역에는 최대한 개입을 자제한다. 일례로 학교교육의 경우도 디자인이나 신기술과 직결된 창의교육을 촉진하기 위해 자율과 토론을 중시한다.[2]

통상 국민행복을 촉진하기 위해서는 물리적 환경에 부가해 심리적 안정을 제공하기 위한 섬세한 관심과 노력이 필요하다. 정부가 나서 이런저런 구체적 지시나 간섭을 하는 것이 아니라 개개인이 추구하는 다양한 갈래의 행복을 지켜보며 최소한의 교통정리에 주력하는 방식이 바람직하다(서은국, "행복, 국가의 역할과 개인의 몫", 조선일보, 2017.03.13자).

자율과 창의를 중시하는 북유럽 스타일 행복국가의 비결은 중남미 스타일 행복국가를 통해서도 재확인이 가능하다. 비록 친환경 측면에 높은 가중치를 부여한 평가이지만 얼마 전 행복국가 순위에서 코스타리카, 콜롬비아, 멕시코 등이 북유럽 국가들에 필적하는 순

---

2) 북유럽 디자인은 간결한 선, 질감을 살린 천연 재료, 차분한 컬러 등 특유의 절제미가 특징이다. 또한 간결하면서 고급스러워 보이는 디자인이 미니멀리즘 트렌드와 맞닿아 있고, 유행따라 변하지 않는 실용성 때문에 인기다. 이러한 특징에 충실한 제품은 100년 넘은 역사의 덴마크 가구 브랜드 '리퍼블릭 오브 프리츠 한센', 핀란드 브랜드 '아르텍', 스웨덴 브랜드 '가르스나스' 등이 대표적이다(중앙일보, 2017.02.28자).

위를 기록하였다. 여기에는 국가의 개입은 물론 타인의 시선도 의식하지 않은 중남미 특유의 개방적인 분위기가 크게 작용하였다.

북유럽 국가들은 대체로 신뢰, 정직, 도덕성, 평등, 협력, 친환경, 지속가능성 등에서 압도적 비교우위를 확보해 왔다. 이들 국가에서 활성화된 시민권과 시민사회는 개인의 권리와 자유를 토대로 한다. 또한 시민 자율의 한계를 국가가 적극적으로 책임지는 공공성을 중시한다.

북유럽과 비교해 우리나라의 공공성 수준은 대체로 미약하다. 이에 20세기 초 한국의 지식인들은 덴마크의 그룬투비(Grundtvig) 사상을 도입해 일제 강점기의 자생적 농촌계몽운동으로 활용하였다. 또한 박정희 정부는 산업화 초기에 새마을운동을 주창하며 '근면·자조·협동'의 가치를 농어촌 중심으로 확산시켰다. 하지만 이후 심화된 시장화 추세하에서 공동체의 상실을 막기에는 역부족이었다.

한편 경제사회발전의 주도자로서 관료제의 역할은 국가발전단계나 동서양 모두에서 확인가능한 보편적 현상이다. 국가발전의 핵심적 요건이자 척도인 세금징수, 군대창설, 국민행복 등이 관료제의 역할에 달려있기 때문이다. 일례로 인류 최고의 문명을 선도한 고대 이집트의 경우 세습보다 능력을 중시하는 유능한 관료제를 앞세워 토지공개념의 확립이나 피라미드의 건설과 같은 위대한 성과를 이룩하였다. 또한 로마의 경우 한나라의 군현제와 마찬가지로 정복지에 총독을 파견해 안정적 통치기반을 구축하였다. 나아가 이러한 현상은 근대화를 선도한 유럽이나 영미의 경우도 예외가 아니다. 특히 북유럽의 경우는 복지국가의 보증자로서 정부에 대한 기대가 여전히 살아 숨 쉬고 있다.

한국의 길,
노르웨이에 묻다

대구(cod)를 찾아 험난한 바다를 개척했던 바이킹의 후손인 노르웨이는 오늘날 세계 최고 수준의 국가경쟁력을 확보한 철인의 나라로 많은 이들의 부러움을 사고 있다. 다방면에 걸쳐 유능한 면모를 보이는 노르웨이는 아이언맨(鐵人)의 이미지는 물론 성숙한 현자(哲人)의 풍모를 겸비하고 있기 때문이다.

오늘날 노르웨이는 국가경쟁력을 지탱하는 삼각대인 국부, 국질, 국격 모두에서 압도적 성취를 이룩한 나라이다. 먼저 국부에서는 2013년 룩셈부르크, 카타르와 더불어 1인당 GDP 10만 달러라는 전인미답을 개척하였다. 이러한 경제력은 노르웨이가 유럽연합(EU)이나 석유수출국기구(OPEC)에 가입하지 않고 독자적으로 국부를 관리하는 자신감의 원천으로 작용하고 있다.

하지만 인구 500만명의 노르웨이를 포함해 1인당 GDP 5만달러 이상을 성취한 부국순위 10위권 국가들은 미국과 캐나다를 제외하고 서유럽 강소국이나 아시아 도시국가의 범주를 탈피하지 못하고 있다. 이 점에서 인구 5,000만명을 넘겨 중견국가로 이동한 한국이 2만 3,837달러를 기록한 일은 적어도 국부의 측면에서 인상적인 성과임에 분명하다.

다음으로 국질(國質)의 견지에서 노르웨이는 '국민행복'에 최고의 우선순위를 부여하는 선도적 복지국가로 자리매김해 왔다. 특히 노르웨이를 비롯한 서유럽 국가들의 복지는 일반 국민들이 부담하는 높은 소득세에 기인한다는 점에서 안정적이다. 또한 천혜의 자연환경과 더불어 국민들의 높은 친환경 의식은 '녹색성장'의 실질적인 제도화로 이어졌다.

하지만 노르웨이가 누리고 있는 보편적 사회서비스는 폐쇄적인 공동체 문화의 한계를 탈피하지 못하고 있다는 점에서 다소 제한적이다. 최근 유럽의 변방이나 인접한 지역으로부터 이민이 증가하자 인종적 편견을 동반한 폭력이나 배제행위가 빈발하고 있다. 이 점에서 이주노동자와 다문화가정이 초래한 사회적 혼란과 차별을 경험하고 있는 우리도 예외가 아니다.

한편 국격의 측면에서 노르웨이는 소박하면서도 헌신적인 국가의 이미지를 정립해 왔다. 외식, 치장 등 자신을 위한 지출에는 한없이 인색하지만 기부, 봉사 등에는 누구보다 앞장서 왔기 때문이다. 이는 노르웨이가 이미 오래전부터 공적개발원조(ODA)의 모범국가로 자리해 온 사실을 통해 잘 나타나고 있다.

반면에 우리나라는 2012년 기준 GNI(국민총소득) 대비 ODA 비율이 0.14%로 노르웨이의 1%는 물론 OECD 산하 개발원조위원회 회원국 평균 0.28%의 절반에 불과하다. 또한 전반적인 국격은 한류가 이룩한 최근의 성취에도 불구하고 안전, 안보, 타협, 소통 등의 측면에서 '위험국가'의 이미지를 좀처럼 탈피하지 못하고 있다.

결국 노르웨이가 이룩한 기적의 비밀은 석유, 관광 등 호의적 환경과 교육, 모험 등 양호한 역량에 부가해 적절한 제도가 결부되어 나타난 결과이다. 이는 노르웨이가 부국의 조건인 지리설과 인종설은 물론 제도설의 측면에서도 의미가 있음을 시사한다. 석유가 초래할지 모르는 자원의 저주를 피하기 위해 별도의 국부펀드를 만들어 윤리적으로 운영하거나 해상석유시추에 수반된 위험관리의 강화를 위해 해외전문인력을 적극 유치한 일이 여기에 해당한다.

노르웨이가 개척한 대단한 성취는 한국이 따라잡기 어려운 험난한 경로임에 분명하다. 하지만 지난 반세기 동안 우리가 성취한 근대화의 드라마 속에는 국부는 물론 국질과 국격의 동반성장도 가능케 할 노하우와 잠재력이 내재되어 있다.

따라서 우리가 단시일 내에 무너진 균형을 회복하기 위해서는 국민주도 운동이 필요한 국격보다는 정부주도의 책임과 직결된 국질에 주력해야 한다. 더불어 자살률과 원자력 일등국가로 각인된 우리나라 국민행복과 녹색성장의 현실이 엄중하다는 점도 향후 한국적 발전의 진로에 대한 성찰을 요구한다.

아일랜드 영광과
시련의 교훈

한때 고도성장의 대명사인 '켈트의 타이거(the Celtic tiger)'로까지 불리던 아일랜드가 작년 말 3년의 '트로이카' 구제금융에서 '조기졸업'하며 경제주권의 회복을 선언했다. 1840년대 후반 100만명의 아사자를 낳은 '감자 대기근'의 탈출에 비견될 만큼 켈트 민족에게 구제금융 프로그램은 가혹했다.

하지만 사회협약과 신자유주의로 압축되는 아일랜드판 '87년 체제'는 아직도 진행 중이다. 오히려 구제금융이라는 혹독한 시련을 경험하며 더욱 강해진 친기업, 친자본적 정책드라이브를 보면 아일랜드의 국가적 자신감마저 느껴진다. 하지만 더 정확한 느낌은 '위태로운' 자신감이다.

세계화의 위협에 굴하지 않는 아일랜드의 자신감은 정부－시장－시민사회가 협력하고 소통하는 방식으로 도출한 사회협약(거버넌스) 체제에 대한 확고한 믿음에 기인하는 것으로 보인다. 그러나 사회협약은 경제부활의 필요조건이지 충분조건은 아니다. 경제정책의 성패는 '성장의 떡고물이 서민경제에 떨어지는지(trickle down)' 여부에 달려 있기 때문이다.

경제부활을 꿈꾸는 지금, 아일랜드의 자신감이 한편으로 위태롭게 보이는 것도 역설적으로 바로 이 점 때문이다. 거시경제 지표의 긍정적 징후에도 불구하고 대부분의 아일랜드인은 경기회복의 징후를 체감하지 못하고 있다. 미국계 하이테크 다국적기업에 기초한 수출경제와 대다수 서민들이 기대는 내수경제의 구조적 격차가 심하다. 더불어 지역단위 사회협약을 토대로 지역특화 발전을 꾀하고 있지만 더블린 지역과 타 지역의 격차 또한 여전하다.

최근 회복세로 전환된 실업률도 희망을 잃고 이민을 선택한 고학력 청년실업자들의 대열을 목격한 상태에서 쉽게 수긍하기 어렵다. 그들이 '협력'과 '경쟁'이라는 상충적 원리를 조절하며 공존의 지혜를 구현할 수 있었던 것은 사회협약 속에 '서민사회'가 내재되어 있다는 켈트인들의 확신 때문이다.

얼마 전 '사회'를 빼먹은 박근혜 정부의 '경제혁신 3개년 계획'을 지켜보았다. 비정상의 정상화, 원칙 있는 시장, 다 옳은 말이다. 그런데 잘 진열된 백화점 상품들처럼 무엇을 고를지 망설여지는 느낌이다. 대선 기간에 부각된 경제력 집중과 사회 양극화에 대한 절박한 인식은 멀어진 대신에 '창조적'으로 성장하자고 독려한다. 하지만 청소노동자들이 소소한 노동의 행복조차 누리지 못하는 현실에서 '국민행복'과 '창조경제'에 희망을 갖는 서민들은 얼마나 될까?

아일랜드식 사회협약은 '양보의 대가'를 담보해주는 정부에 대한 신뢰가 그 전제이다. 지금 우리에게 필요한 것은 국가경제와 서민경제가 동반성장할 수 있다는 기회와 희망 그리고 지속가능성에 대한 믿음을 주는 정부이다. 이를 위해 우선 무조건적인 규제 완화가 아닌 규제의 적정화(rightsizing)에 대한 인식을 정립해야 한다. 수출과 내수, 대기업과 중소기업, 수도권과 지방, 장년과 청년 간에 존재하는 기회의 구조적 격차를 줄여가는 것이 바로 서민경제의 가능성을 살리는 길이다. 더불어 실적에 급급해 '보여주기식' 투자유치 구상으로 서민경제의 '환상심기' 정책을 남발하는 유혹도 이겨내야 한다.

또한 불확실한 경제상황에 따른 서민경제의 피해를 예방하고 서민경제 성장의 지속가능성을 담보하는 새로운 '경로(path)'를 설정하는 일에 정부의 역할과 역량을 집중해야 한다. 한국적 발전의 맥락에서 정부와 관료 능력은 우리가 가진 역사적 유산이다. 정부와 관료들이 '서민사회'에 깊게 자리하고 있다고 국민들이 신뢰할 때 공존의 사회관계를 담는 발전모델의 신기원을 이룩할 수 있을 것이다.

네덜란드의 기적에서
배우는 교훈

전후 안정적 경제성장을 토대로 복지국가의 대열에 동참한 네덜란드는 고도성장세가 반전되기 시작한 1970년대 이후 심각한 수준의 복지병에 시달려야 했다. 경기침체와 실업난을 해소하기 위해 정부가 임금인상을 억제하자 노동자들이 거세게 반발하였고, 결국 임금인상으로 이어졌다. 임금인상은 물가인상을 유발하였으며, 이는 다시 임금인상으로 이어지는 악순환이 지속됐다.

1970년대를 통해 노사가 소모적인 대결을 지속하는 가운데 임금인상은 생산성 증가를 추월했고 필연적으로 고임금, 고물가, 고실업, 높은 세금과 복지비용, 재정적자, 저성장의 전형적인 스태그플레이션 신드롬이 나타났다. 오일쇼크를 거치면서 만성적인 재정적자와 경기침체 그리고 대량실업도 가중되었다.

네덜란드의 노사 양측 대표들은 경제위기로 초래된 악순환의 고리를 단절하기 위해 노사가 양보하고 협력하는 사회협약의 중요성을 인식하게 된다. 1982년에 노동재단 주도로 노사가 체결한 바세나르 협약이 바로 그것이다. 협약의 체결을 계기로 네덜란드의 경제와 기업의 경쟁력이 강화되고 수익성이 개선되어 점차 실업이 감소하는 효과를 산출하였다.

그렇다면 네덜란드의 위기를 구한 바세나르 협약의 주요 정책도구는 무엇인가? 우선 실업극복을 위해 주 38시간제 일자리 나누기를 실시하였다. 그리고 공공부문도 임금인하에 동참하였으며, 공공과 민간부문 간의 임금연동제를 폐지하는 방식으로 고질적인 고비용·고임금의 체질을 개선하였다.

더불어 협약체결을 기점으로 진행된 네덜란드의 구조개혁은 효율성과 형평성, 성장과 복지, 구조조정과 사회통합이라는 상충적인 정책목표 간의 균형을 잘 유지한 성공사례로 평가받고 있다. 노조의 참여를 배제하는 영미의 신자유주의적 방식과는 달리, 네덜란드에서는 노사단체를 구조조정 과정에 적극적으로 참여시키는 조합주의 정책결정방식을 채택하였다.

한편 사회협약과 더불어 네덜란드 부활의 또 다른 요인으로는 아일랜드, 영국 등과 마찬가지로 외국인 투자유치 정책에 성공하였다는 점을 들 수 있다. 특히 물류산업에 대한 외국인 투자는 단연 세계최고 수준이다. 실제로 유럽 내 물류센터의 경우 미국 기업 611개 가운데 57%, 아시아 기업 344개 가운데 56%가 네덜란드에 자리하고 있다.

그렇다면 네덜란드가 외국인 직접투자 유치에 성공한 원인은 무엇인가? 첫째, 시장개방정책을 후원하는 정치적 안정과 거시경제의 건전성 때문이다. 둘째, 외국인 직접투자 전담기관인 외국인 투자청(NFIA)의 주도적 역할이다. 셋째, 투명한 조세제도와 효율적인 통관절차를 지니고 있다는 점이다. 넷째, 안정된 노동시장과 국민들의 국제적인 마인드이다. 더불어 수준 높은 교육과 유연하고 생산적인 노동력을 확보하고 있다. 다섯째, 토지가격이 인접한 경쟁국가에 비해 저렴하고 위치선택도 자유로운 편이다. 여섯째, 물적 및 사회적 인프라의 수준이 높고 정보통신 인프라가 발전되어 있다. 일곱째, 선진적인 금융과 물류산업의 높은 경쟁력이다.

네덜란드 경제의 강점은 경쟁력 있는 산업만 특화하여 집중적으로 발전시키고, 여타 분야는 외국 기업에 과감히 개방하고 있다는 점이다. 예컨대 물류산업은 국가가 특화산업으로 선정해 집중 육성하고 있지만 다른 분야의 산업은 외국인이라 하여 진입에 어떠한 차별도 하지 않는다. 더불어 네덜란드의 기업인들은 세계에서 가장 값싸고 질 좋은 물건을 사서 가장 필요로 하는 나라에 파는 상인 기질을 어릴 때부터 익히고 체험한다는 점에서 강점을 지니고 있다.

창업국가
이스라엘의 명암

국내외적으로 벤처기업이 선도하는 창업국가(Start-up Nation) 이스라엘의 기술경쟁력에 대한 관심이 높아지고 있다. 국내에서는 댄 세노르와 사울 싱어가 공저한 '창업국가'란 책이 번역되었을 뿐만 아니라 이스라엘 기업이 개발한 첨단기술의 상업적 가치에 대한 방송사의 기획보도가 자주 목격되고 있다. 또한 미국에서는 구글이 2013년 13억 달러에 인수한 스마트폰 애플리케이션 업체 웨이즈사 등 이스라엘 벤처기업 인수열풍이 언론의 집중 조명을 받고 있다.

이스라엘이 인터넷, 원자력, 해수담수화, 무인항공기 등의 분야에서 산출한 높은 기술경쟁력의 비결은 다음과 같다. 먼저 행위적 측면에서 논쟁을 즐기는 유대문명의 문화적 특성에 주목할 필요가 있다. 특히 창의성, 모험지향, 민첩성 등을 소유한 우수한 인적 역량이 성공의 핵심적 동인으로 작용하였다. 나아가 이스라엘 특유의 유동성과 유연성도 창업활성화의 주요한 동인으로 거론되는데, 이는 질서와 복종을 중시하는 한국식 기업문화와 대비된다. 일례로 한국에서는 체면문화와 IT버블이 결합된 형태로 고질적인 벤처기피 현상이 발생한 것으로 분석되고 있다.

다음으로 제도적 측면에서 전통적인 기술클러스터 요소와 개인의 역량을 결합시키는 연계 시스템의 구축과 이러한 시스템의 역량이 더 많은 네트워크와 연결될 수 있도록 통합 네트워크를 지향한다는 점이다. 일례로 이스라엘은 벤처창업의 기풍이 강력한 미국의 실리콘 벨리와 마찬가지로 연구원들에게 높은 수준의 자율성과 신축성을 보장하고 있다. 더불어 연구원들이 군입대시 관련 기술분야 근무를 제도적으로 보장하고 있을 뿐만 아니라 제대 후에는 예비군훈련까지 기술정보교류의 장으로 활용하는 센스까지 보여주고 있다.

또한 구조적 측면에서 이스라엘은 화교 네트워크에 필적하는 유대인 네트워크를 활용해 미국을 비롯해 서구 각국의 지원과 협력을 유도하고 있다. 특히 미국의 정치경제를 좌우하는 유대출신 저명인사들은 1948년 건국 이래 계속된 아랍권의 위협으로부터 이스라엘을 수호하는 방패의 역할을 수행해 왔다. 제2차 세계대전 이후 이스라엘은 냉전의 최전선에 위치한 독일, 일본, 한국 등과 비슷한 수준의 원조를 미국으로부터 유치한 것으로 알려져 있다.

국부 증진에 초점이 부여된 협의의 국가경쟁력이란 '국내 기업이 다른 나라 기업들과 경쟁할 수 있도록 효율적인 문화, 제도, 환경 등을 제공하는 국가의 능력'으로 정의된다. 따라서 산업의 기술경쟁력 강화를 위해 우리 정부도 이스라엘의 성공을 통해 학습한 다양한 요인들을 전략적으로 활용해야 한다.

이와 함께 한국의 고유한 특성을 반영하는 정책도구를 구비하는 일에도 주목해야 한다. 제조업 강국을 지향해 온 한국의 발전전략은 벤처 강국을 표방해 온 이스라엘과 달라야 하기 때문이다. 이 점에서 조동성 교수가 지적한 바와 같이 기술 투자와 병행한 디자인 투자의 강화, 윤리경영, 지역통합형 산업클러스터 구축, 친환경제품 개발, 평생학습체제 확립, 고급인력시장 개방 등에 주목할 필요가 있다.

최근 이스라엘에서는 국내에 뿌리를 내리지 않고 외국에 벤처기업을 무조건 팔아버리는 방식이 내수경제와 사회통합에 도움이 되지 않는다는 자성의 목소리가 커지고 있다. 이 점에서 1990년대 소련의 붕괴로 유입된 100만명의 유대인을 활용하기 위해 시작된 창업국가 전략은 이제 새로운 도약을 위한 준비가 필요한 시점에 도달한 것으로 보인다.

독일에서 무엇을
배워야 하는가

1964년 이루어진 아버지 박정희 전 대통령의 독일 방문은 우리나라 정상외교사의 명장면으로 소소한 감동을 제공한 바 있다. 어려운 시절 힘들게 독일까지 가야만 했던 여정과 목표에 부가해 간호사와 광부의 노고를 위로하거나 굶주리는 고국의 국민들을 위해 독일 총리에게 공적개발원조를 역설하던 장면도 인상적이었다.

냉전의 기운이 거세던 당시 서독은 일본과 마찬가지로 미국의 전폭적인 지원하에 전후 복구를 마치고 본격적인 성장세를 구가하던 시기였다. 이 점에서 일본을 대신해 분단의 멍에까지 뒤집어써야 했던 한국으로서는 또 다른 분단국가 서독의 성공에 대한 애착이 누구보다 강했을 것이다.

박 전 대통령이 독일 방문을 통해 학습한 고도성장의 느낌과 노하우는 분명히 이후 한국의 경제적 성공을 촉진하는 한 알의 밀알로 작용했을 것이다. 그렇다면 이제 다시 50년 만에 독일을 국빈방문한 딸 박근혜 대통령은 무엇을 보고 배워왔는가?

라인강의 기적을 벤치마킹한 한강의 기적을 넘어서야 하는 박 대통령 앞에는 다양한 길들이 놓여 있다. 이 중에서도 특히 세계화가 초래한 경제위기의 해법과 '통일대박'의 결의를 다지는 일에 주력할 것으로 보인다. 하지만 여기에 부가해 심각한 민생고 해결을 위한 공공서비스의 강화방안도 진지하게 고민해 주기를 주문해 본다.

현대 독일의 발전 경로는 19세기 말 정부가 주도한 신중상주의(국가주의)에서 시작해 20세기 중반 시민사회를 중시한 사회민주주의(합의주의)라는 안정기를 거쳐 20세기 말 시장을 표방한 신자유주의(시장주의)에 다가서기 시작하였다. 나아가 최근에는 2008년 발생한 미국발 경제위기에 직면하여 복지국가 또는 사회협약 전통이라는 안전핀에 대한 재활용 빈도를 조절하고 있다.

따라서 정부-시장-시민사회가 혼합되고 순환하는 독일식 발전모델의 특성을 직시할 때 어느 한 측면에 대한 과도한 몰입은 위험하다. 일례로 전 세계적인 서비스 빅뱅에도 불구하고 독일은 강소기업이 주도하는 제조업의 경쟁력을 토대로 경제활성화를 유도하였다. 따라서 독일에 대한 학습은 역사의 흐름이라는 총체적 인식을 전제한 상태에서 세부 내용별 벤치마킹을 시도해야 한다.

최근 독일이 유럽연합, 통일독일, 독일연방의 주도자로서 발휘한 대내외 리더십에 대한 벤치마킹은 동북아 공동체, 남북통일, 지방분권 등을 포괄하는 다층 거버넌스(multi-level governance)의 구현은 물론 정부·정당 간 협력(비례대표제), 정부·기업 간 협력(골디락스), 정부·시민사회 간 협력(보편적 복지) 등과 같은 분야별 협력체제를 촉진할 것이라는 기대를 증폭시키고 있다.

하지만 독일식 모델을 구성하는 다양한 변수들은 상황에 따라 고도의 양면성을 지니고 있다는 점에 유의해야 한다. 통일을 전후해 독일은 안정된 국가(stable state)에서 정체된 국가(static state)로의 전환이라는 시련을 경험한 바 있다. 또한 세계화라는 다목적경기장이 출현하면서 위기에 내몰린 독일이 블록화라는 전용경기장을 통해 지역맹주의 위용을 과시한 일에도 주목해야 한다.

결국 그동안 독일이 연출한 반전의 드라마는 우리에게 매력적으로 다가왔음을 부인하기 어렵다. 하지만 그동안 우리 정부와 시장 및 시민사회는 독일드라마에 대한 자기주도 편식을 지속하는 과정에서 균형 잡힌 인식을 결여해 왔다. 따라서 박근혜 대통령도 '시장주의'에 대한 과도한 환상 속에서 국민들을 '냉정하게' 이끌려고 하지 말고 '합의주의' 속에 내재된 '따뜻함'도 함께 배워 오기를 기대해 본다.

제조업 강국
독일의 차세대 발전전략

독일식 발전모델은 정부가 주도하는 후발산업화의 선구적 사례로 평가되어 왔다. 독일의 따라잡기는 19세기 말 황제와 재상이 주도한 하향식(top-down) 개혁에 의해 이루어졌다. 단시일 내에 영국과 프랑스의 산업화 수준에 근접한 독일은 패권국가의 위상을 확보하기 위해 곧바로 식민지 쟁탈전에 합류하였으며, 이 과정에서 양차에 걸친 세계대전을 촉발시켰다.

독일은 패전의 책임을 완수해야 하는 어려운 상황에서 민주화의 신기원을 이룩하는 저력을 발휘하기도 하였다. 제1차 세계대전 이후 출범한 바이마르 공화국이 고안한 선진적인 기본권 체계와 제2차 세계대전 이후 서독이 정립한 케인지안 복지국가의 기풍이 여기에 해당한다.

전후 독일은 높은 수준의 임금과 낮은 소득 불평등 속에서 강력한 국제경쟁력을 갖춘 경제체제를 형성하였다. 이러한 경제적 성과는 다양한 세력들 간에 이루어진 타협이 사회적으로 제도화된 결과이다. 하지만 사회적 시장경제로 지칭되는 전후 독일의 제도적 특성은 1989년 독일 통일을 전후해 시련을 맞이하였다.

당시 독일 정치경제의 퇴조원인으로는 자본과 노동시장 조직의 경직성, 선거경쟁과 당파적 정책결정, 다층적 통치방식과 정책결정 구조, 과도한 복지와 비효율적인 교육제도, 동서독 통일에 따른 재정 압력 등을 지적할 수 있다. 이 밖에도 국제경쟁의 격화, 유연성을 요하는 지식기반경제의 등장, 유럽통합과 금융의 세계화 등을 들 수 있다.

그러나 독일의 저력은 신중도를 표방한 슈뢰더의 개혁과 유럽 연합의 출범을 선도하는 과정에서 되살아나고 있다. 2010년의 경우 중국에 근접하는 높은 성장률과 안정적인 실업률을 이룩하였다. 이른바 독일경제는 성장회복, 고용개선, 물가와 재정안정 등 골디락스(goldilocks) 현상을 보이며 장기침체에서 벗어나고 있는 것이다.

이러한 독일의 부활에는 중소기업이 선도하는 제조업 위주 성장전략이 크게 작용한 것으로 분석되고 있다. 이는 대기업 위주 성장전략을 채택해 온 한국이나 금융산업 중심의 성장전략을 채택해 온 영미국가에 시사하는 바가 크다. 특히 독일은 전후 강력한 경쟁법을 도입해 특정 산업이 한두 기업에 의해 장악되는 것을 철저히 억제해 왔다. 그 결과 중소 부품업체가 여러 대기업에 납품하는 수평적인 관계가 형성됐고, 전문성을 가진 다양한 '히든 챔피언'들이 나타났다.

독일의 중소기업들이 기계, 전기, 자동차, 화학 등에서 보유한 막강한 기술혁신 역량은 기업가의 전문분야 집중, 우수한 기술인력의 확보, 실효성 있는 정책적 지원 등에 힘입은 바 크다. 특히 독일의 연방정부와 주정부는 시장기능을 저해하지 않는 방식으로 중소기업의 발전단계와 기술개발 특성에 부응하는 정책지원을 확대·강화하고 있다.

독일 중소기업정책의 우수성은 2006년 7월 19일 연방경제기술부가 작성한 '중소기업을 위한 연방정부의 계획'을 통해 잘 나타나고 있다. 본 계획은 중소기업의 성장과 고용의 중요성을 강조하고 있을 뿐만 아니라 정부규제의 감축, 혁신역량의 강화, 기업교육의 개선,

차세대 숙련 기술자의 확보, 자금조달 기회의 개선 등에 초점을 부여하고 있다.

독일 중소기업정책의 추진체계는 중앙정부는 물론 유럽연합과 주정부가 참여하는 다층거버넌스의 형식을 취하고 있다. 유럽연합(EU)의 중소기업정책은 유럽연합 내의 지역개발과 기술개발의 차원에서 추진되고 있다. 그리고 연방정부는 관련 금융기관(DtA, KfW)의 협조 아래 장기적인 금융지원과 정보지원을 하고 있다. 나아가 주정부는 단기적이고 구체적인 방안들을 제시함으로써 연방정부의 정책을 보완하고 있다.

신중도를 표방한
슈뢰더의 공공개혁

18세기 이래 관료제 행정의 선도국가로 자리해 온 현대 독일의 공공개혁은 전후 다양한 형태로 전개되어 왔다. 따라서 여기에서는 크게 성장기(1945~1979)와 감축기(1980~1997) 및 조정기(1998~현재)로 구분되는 현대 독일의 공공개혁을 단계별로 간략하게 소개하는 한편 한국과의 비교를 진행하고자 한다.

전후 독일의 공공개혁은 제2차 세계대전으로 붕괴된 연방차원의 행정을 재건하는 일에 초점이 부여되었다. 특히 독일경제의 고속성장과 더불어 사회민주주의 정책이념이 득세하자 1969년 집권에 성공한 사민당은 빌리 브란트 총리의 주도하에 행정을 비롯한 정치,

경제, 사회, 문화 전반의 급속한 변화를 추구하였다. 관료제 행정의
체계화를 위해 당시 이루어진 공공개혁의 주요한 내용은 재정개혁,
행정구역의 개편, 정부조직의 개혁, 공무원 인사개혁 등이다.

　1970년대를 풍미한 사회민주주의 정책기조는 독일 내 공공부문
의 급속한 팽창을 초래하였다. 참고로 1965~1975년간 독일 공공분
야의 고용비중은 6.85%에서 12.98%로 증가하였다. 이러한 정부의
팽창은 재정적 비효율성의 심화는 물론 행정의 대응성 저하라는 문
제점을 산출하였다. 이에 1983년 정권교체에 성공한 기민당은 독일
행정의 약 80% 이상을 점하고 있는 규제법률의 개혁을 적극 추진하
였다. 하지만 당시의 노력은 기대 이상의 성과를 산출하지 못한 것
으로 평가되고 있다.

　1990년대 후반 확산된 신공공관리의 세계화는 독일도 예외가
아니다. 하지만 독일 행정은 관료제 전통을 토대로 거버넌스와 조성
적 국가(enabling state)를 구현하는 일에 주력하고 있다. 1998년 집권
한 사민당 슈뢰더 총리는 신중도 노선에 입각한 행정현대화 프로그
램인 '현대국가-현대행정'을 발표하였다. 여기의 주요 내용은 정부
개입의 축소와 탈관료제화, 행정의 효율성과 효과성 중시, 탈규제와
민영화, 전자정부, 참여와 조정기능의 확대 등이다. 슈뢰더의 행정현
대화는 낮은 비용-높은 효과, 책임분배와 작은 정부, 보다 많은 서
비스 제공과 탈관료제 추구 등에서 기대 이상의 성과를 산출한 것으
로 평가되고 있다.

　독일과 한국은 역사문화적 전통, 경제발전단계, 정치체제 등 여
러 가지 차이점에도 불구하고 비교적 안정적으로 관료제 행정을 유
지해 왔다는 공통점을 지니고 있다. 특히 양국은 1990년대 이후 신

공공관리의 적극적인 수용을 통해 조직으로서의 관료제를 변화시키는 일에는 성공한 것으로 평가되고 있지만 제도로서의 관료제를 변화시키는 단계로는 나아가지 못하고 있다. 이는 다시 말해 영미국가의 혁신기법을 벤치마킹하는 방식으로 관료제의 구조와 운영을 변화시켰지만 관료들의 의식과 행태 및 특권을 변화시키는 일에는 실패하였음을 의미한다.

이 점에서 슈뢰더와 노무현을 대신해 공공개혁을 추진하고 있는 메르켈과 박근혜 정부의 기업친화적 규제개혁에 관심이 집중되고 있다. 하지만 독일의 기업친화적 규제개혁은 중소기업의 행정부담 경감에 초점이 부여되어 있다는 점에서 대기업 편향성을 좀처럼 탈피하지 못하고 있는 한국의 현실과는 차이가 있다는 점에 주목할 필요가 있다.

쇠퇴하는 서유럽의 맹주
프랑스의 미래

역사적으로 프랑스는 상대적으로 강력한 개입주의 전통하에서 탁월한 지도자의 강력한 개혁의지를 토대로 국가경쟁력을 강화하는 전략을 구사해 왔다. 사법, 조세, 교육, 도량형 등 나폴레옹이 주도한 정부주도 개혁의 성과가 이를 반영하는 대표적 사례이다. 반면에 프랑스는 19세기 중반 계급갈등으로 인해 국정운영이 표류하면서 영국과 미국에 세계질서의 주도권을 넘겨주는 비운을 경험하였다.

강력한 패권국가의 전통을 지니고 있는 프랑스는 제2차 세계대전 이후 특정한 지도자나 정부의 권위를 앞세우는 국가주의 정책결정방식을 탈피해 노사정이 상호 협력해 국정을 운영하는 조합주의 정책결정패턴을 정립해 왔다. 물론 프랑스의 조합주의 강도는 사민민주주의 전통에 보다 투철한 북유럽 국가들에 비해 약한 편이지만 이탈리아로 대표되는 남유럽에 비해서는 강한 편이다.

현대 프랑스는 제2차 세계대전에서 독일에 점령당하는 치욕을 경험한 이래 좀처럼 과거의 영광을 회복하지 못하고 있다. 최근에는 프랑스가 PIIGS를 넘어 남유럽 경제위기의 종착지가 될 것이라는 비관적 전망하에서 총체적 무기력증을 탈피하지 못하고 있다. 경제적 활력이 약화되고 창조적 에너지가 시들었을 뿐만 아니라 한때 세계인을 매료시켰던 예술적 감수성과 상상력도 지금은 잘 보이지 않고 있다.

이러한 상황을 초래한 원인으로, 미래학자 자크 아탈리는 프랑스가 세계화, 기술혁신 등에 제대로 적응하지 못했을 뿐만 아니라 기득권에 집착하면서 개혁을 거부한 점을 꼽고 있다. 물론 지금의 애로에도 불구하고 프랑스는 여전히 부유한 나라이고 지리와 문화에서 강점을 가지고 있다. 하지만 더 나은 국가로 도약하기 위해서는 국가시스템의 개편을 전제로 사회이동을 보다 활발하게 하고, 직업교육과 산업경쟁력도 강화해야 한다. 나아가 캐나다 몬트리올의 사례가 시사하듯이 갈수록 쇠퇴하고 있는 불어권의 응집력을 강화하는 일에도 관심을 기울어야 한다.

반면에 정부가 주도한 프랑스의 인상적 성과에 대한 변명은 물산업을 비롯해 고속철도, 항공, 원자력 등을 통해 발견할 수 있다.

프랑스는 물 산업을 육성하기 위해 19세기 중반부터 정부나 자치단체를 대신해 민간위탁 방식으로 상하수도 서비스를 제공하도록 허용하였다. 이러한 경험을 토대로 성장한 다국적기업 베올리아는 세계 66개국에 진출해 매출액 세계 1위를 기록하였다. 특히 베올리아의 경영진은 기본적으로 물 관리의 모든 부문을 경험해야 할 뿐만 아니라 해외의 자회사 근무경험이 있어야 고위직으로 승진할 수 있다.

또한 프랑스는 산업정책은 물론 사회복지정책도 정부주도 방식을 고집스럽게 유지하고 있다. 대부분의 유럽국가들이 복지국가의 위기를 타개하기 위해 영미식 신자유주의로 전향하였지만 프랑스는 공공책임의 전통을 계속 유지하고 있다. 복지개혁이 사회파트너에 의한 노동자의 소득보장에서 국가에 의한 사회적 빈곤층 보호로 변화한 일이 대표적 사례이다.

물론 정부가 주도해 온 프랑스의 전통적 발전전략이 최근 프랑스가 경험하고 있는 위기상황과 관련성이 있다는 점을 부인하기는 어렵다. 국내총생산(GDP) 대비 공공지출 비율이 56%로 OECD 회원국 중 가장 높을 뿐만 아니라 누적 재정적자가 GDP의 90%에 달하고 있기 때문이다.

하지만 프랑스가 재정위기를 감수하면서 정부책임의 전통을 유지하였음에도 불구하고 이민자 출신 도시빈민 폭동을 비롯해 사회갈등은 좀처럼 해소의 징후를 표출하지 못하고 있다. 따라서 우리는 현재 프랑스가 직면한 문제의 원인이 공공책임의 과잉보다는 민간자율의 과다에 기인한다는 주장을 심각하게 고민할 필요가 있다.

관료제의 이상을 실현한
프랑스의 행정제도

프랑스 행정은 1789년 대혁명 이래 확고한 전통과 화려한 역사를 갖고 있다. 현재의 행정구조는 나폴레옹 시대부터 시작된 것으로 대혁명에서 파생한 부르주아 사회의 초석이 되기도 했다. 19세기 중반 프랑스 행정은 '모든 유럽이 부러워하는 행정'으로 표현되기도 했다. 나아가 20세기 초 막스 베버(Max Weber)도 가장 훌륭한 행정제도로 프랑스 행정을 예시하기도 했다.

강력한 중앙집권의 전통에 기초한 프랑스의 관료국가는 국가발전의 주도자 역할을 수행해 왔다. 프랑스의 관료제가 경제사회 전반을 주도하게 된 이면에는 관료제의 자율성과 전문성이 자리하고 있다. 특히 엘리트 관료들은 세계 최고 수준의 정책기획, 사회개혁, 경제발전을 주도해 왔다.

이를 반영하는 프랑스 행정의 제도적 특성을 살펴보면 다음과 같다. 첫째, 국립행정대학원(ENA)을 졸업한 프랑스의 엘리트 공무원들은 광범위한 정책수행능력을 갖춘 일반행정가(Generalist)이자 전문분야별 행정역량도 뛰어난 전문가(Specialist)의 풍모도 지니고 있다. 둘째, 기초지방자치단체인 꼼뮨 간의 협력체계를 구축하여 광역행정의 기틀을 마련했을 뿐만 아니라 '광역도(Regions)'를 신설해 범국가적 행정수요에 부응하고 있다. 셋째, 일몰(sunset) 방식의 공공개혁은 규제법규의 장기존속을 억제하는 방식으로 기업이나 국민들의 편의를 도모하고 있다.

또한 피에레 교수가 지적한 바와 같이 프랑스 행정은 정치와의

표 5 정치-행정 관계의 패턴 비교

		공직구조(정치가의 행정직 겸직여부)	
		통합	분리
조직구조	집권적(통합적)	A(일본)	B(독일, 영국)
	분권적(파편적)	C(프랑스)	D(미국, 스웨덴)

관계에서 여타 선진국들과 구별되는 특징을 지니고 있다. 요즈음 프랑스를 비롯해 많은 나라에서 계선(line) 중심의 수직적 통합조직을 참모(staff)나 전문가 중심의 수평적 분산조직으로 변화시키려는 경향이 부각되고 있다. 또한 고위공무원과 정치인 간의 상호교류가 빈번한 프랑스나 일본에서는 정치와 행정이 안정적인 관계망을 구축하지만 공무원의 중립과 전문성 약화가 단점으로 나타날 가능성이 있다.

하지만 이러한 우려에도 불구하고 고위 관료는 물론 일선 관료들이 정무적 감을 배양하는 방식으로 행동과 가치를 중시하는 정치가적 정부를 표방해야 한다는 목소리가 커지고 있다. 따라서 19세기말 이후 기업가적 정부가 득세하는 과정에서 확산된 정치적 중립이라는 기계적 제한규정을 완화시켜야 한다. 이때 공무원의 가치중립은 결과의 중립보다는 과정의 중립에 초점을 부여하는 것이 바람직하다. 즉, 정책과정의 전반에서 잠재적 방식의 가치함축적 대응을 허용하되 최종적인 결론을 도출하기 이전에는 시민사회를 비롯해 상반된 이해관계집단의 목소리를 충분히 청취하는 방식으로 중용과 절제의 미덕을 발휘해야 한다.

더불어 프랑스 행정조직에서 발견되는 역동성은 관료제가 소유하는 높은 수준의 자율성과 밀접한 관련성을 지니고 있다. 행정이 주도권을 가지고 국정의 변화를 유도하기 위해서는 일정 수준의 자율성이 요구되기 때문이다. 즉, 행정에 대한 정치적 통제만으로 대응성과 창의성이 증진되기를 기대하기는 어렵다. 따라서 행정의 자율성과 정치적 통제 간의 적정한 균형을 확보해야 한다.

그러나 프랑스가 구축해 온 중앙집권적 관료국가체제는 과거의 명성에도 불구하고 다시 도전에 직면하고 있다. 중앙집권체제는 국민으로부터 동떨어져 있을 뿐만 아니라 지나치게 관료적이고 복잡한 체제라는 것이다. 더불어 프랑스는 공공지출의 40%를 공무원들의 인건비에 투입하고 있을 뿐만 아니라 공무원의 수도 계속 증가하는 추세에 있다.

이러한 압력에도 불구하고 프랑스 정부는 1986년 이래 행정현대화 기조를 지속적으로 유지하고 있다. 행정현대화로 지칭되는 점진적 공공개혁의 기풍은 영미식 신공공관리의 전면적인 수용보다는 국민들에게 최상의 서비스를 제공하기 위해 공무원의 사기를 높이는 일에 최고의 우선순위를 부여하고 있다. 이를 반영하는 주요한 논거로는 정부자율의 공공개혁, 분권화된 공공개혁, 전통적 관료행정의 유지 등이다.

하지만 유럽연합의 출범을 계기로 관료제 전통에 익숙한 프랑스 관료들도 효율성, 책임성, 결정의 신속성, 경쟁적 대응성 등을 요구받고 있다. 이러한 경향은 프랑스 행정이 유럽연합이라는 보편적 국제기준에 수렴하고 있음을 시사한다. 그러나 이러한 움직임에도 불구하고 전통적으로 프랑스 공직사회를 주도해 온 엘리트 관료 중심의 지배구조는 아직 확고한 편이다.

한국은 행정고시라는 엘리트 관료의 산실을 유지하고 있다는 점에서 프랑스의 향후 인사개혁 동향을 예의 주시할 필요가 있다.

물론 한국의 행정고시는 전문 행정대학원 체제를 보유한 프랑스와
달리 전문가보다는 일반행정가의 양성에 초점을 부여해 왔다는 점에
서 구별된다.

참고로 세월호 참사로 인해 공공의 적으로 전락한 해양경찰의
경우 바다라는 제한적 영역을 무대로 유사한 경력의 고위공직자들이
토호성 패거리 문화를 형성한 일이 국민적 질타를 받고 있다. 따라
서 앞으로는 해경의 업무처리가 돈이나 권력과 결부되는 연결고리를
찾아내어 철저하게 차단해야 한다. 하지만 현장 구조를 담당하는 일
선 라인까지 과도하게 몰아붙이며 희생양을 양산하는 또 다른 참사
는 피해야 한다. 나아가 우리는 이러한 제도개혁의 성패가 인사개혁
과 직결된 문제라는 점에 유의해야 한다.

신공공관리의 무풍지대
북유럽의 공공개혁

유럽 북단의 스칸디나비아 반도에 위치한 스웨덴, 노르웨이, 덴
마크, 핀란드는 척박한 기후와 지형에도 불구하고 20세기 중반에 세
계를 대표하는 복지선진국으로 부상했다. 이러한 결과에는 상대적으
로 적은 인구와 단일민족국가라는 동질성이 크게 작용한 것으로 분석
되고 있다. 더불어 구소련의 붕괴 이전에는 동서 양 진영의 경제협력
창구역할을 수행한 발전전략이 경제성장에 유리하게 작용하였다.

북유럽 행정체제의 주요한 특징은 크고 강한 정부의 기조하에

지방분권과 이익집단의 정책참여를 제도적으로 보장한다는 점이다. 그리고 이러한 행정전통이 복지국가의 위기에도 불구하고 영미식 신공공관리를 점진적으로 도입하는 결정적 계기가 되었다.

북유럽 복지국가의 비효율성을 제거하기 위해 활용한 신공공관리의 주요 내용은 다음과 같다. 첫째, 분권주의자 주장으로 하급기관에 대한 중앙정부의 규제와 통제를 대폭 완화해야 한다는 것이다. 따라서 중앙정부는 각급 기관에 운영관리와 자원할당에 대한 재량권을 부여해야 한다. 둘째, 경제주의자 주장으로 정부의 재정적자와 복지예산의 감축에 집중적인 관심을 보이며, 정부의 정책과정에서 '분배연합'의 형성을 약화시키기 위해 노력한다. 셋째, 전통주의자 논거로 1960년대부터 1970년까지 황금시대(golden age) 정부의 형태와 본질을 그대로 유지하고자 하는 부류이다. 그러나 이들은 주장은 1980년대 경제주의자와 1990년대 분권주의자 논거가 확산되면서 점차 그 입지가 축소되었다.

북유럽의 공공개혁은 점진적이고 단계적인 확산전략으로 요약된다. 이러한 전략은 북유럽의 전통적인 정책결정패턴과 밀접한 관련성을 지니고 있다. 일례로 스웨덴은 몇몇 예외적인 경우를 제외하고는 정책결정에 앞서 주요 이해관계자들끼리 심도있는 조합주의적 토론을 하는 것이 원칙이다. 또한 핀란드는 주요한 혁신을 전면적으로 집행하기에 앞서 제한된 대상에 실험프로젝트(pilot project)를 부과하는 것을 원칙으로 한다. 우리의 제주특별자치도와 유사한 1984년의 '자유시(Free Municipals)' 실험이 대표적 사례라 할 수 있다.

한편 북유럽 각국에서 시행된 공공개혁 패키지는 국가별로 다소간의 차이가 존재한다. 하지만 기본적으로 영연방식에 비해 약하지만 미국식에 비해 강하다. 이는 공공개혁 도구의 범주에 민영화를 비롯해 규제철폐, 민관협력, 성과평가, TQM, ISO9000, 복식부기, 분권화, 자유시 등이 포함한 사실을 통해 잘 나타나고 있다.

일례로 1997년 Holkeri 정부의 등장을 전후해 본격화된 핀란드의 공공개혁은 분권화, 간소화(simplification), 정부지출에 대한 강력한 통제로 요약된다. 하지만 가장 급진적인 민영화의 전면적인 도입은 시도하지 않았다.

또한 1990년대 초의 경제위기에 따른 스웨덴의 신공공관리적 개혁도 민영화와 분권화의 속도조절에 초점을 부여해 왔다. 우선 민영화는 우편, 철도, 통신과 관련된 국가기관을 민영화하거나, 중앙이나 지방정부의 공공서비스를 민간위탁하는 방식으로 이루어졌다. 하지만 이러한 시도는 영연방식에 비해 그 폭과 범위가 제한적이고 일본이나 한국과 유사한 수준으로 평가된다. 이 점에서 스웨덴의 신공공관리는 다른 북유럽 국가들과 마찬가지로 올센 교수가 명명한 '내키지 않은 개혁자(reluctant reformer)' 범주에 포함시킬 수 있다.

더불어 1990년대 이전에 도입한 목표관리제나 책임운영기관 같은 혁신프로그램은 개혁주체의 조정능력이 미약한 스웨덴의 현실에 부적합하다는 평가를 받고 있다. 따라서 최근에는 영미식 개혁에 대한 단순모방을 초월해 보다 광범위하고 독자적인 방향으로 공공개혁의 패러다임 변화를 추구하고 있다. 이는 다시 말해 스웨덴이 적법절차, 보편적 서비스 등과 같은 관료제 전통의 경로의존으로 인해 신공공관리의 무풍지대로 자리하게 되었음을 시사한다.

유럽 합의국가의 발전전략
: 경제민주화의 강화와 거버넌스의 구현

이윤추구를 목적으로 기업이 주도하는 경제체제인 자본주의는 본질적으로 부의 집중이라는 폐해를 유발한다. 따라서 경제의 관리에도 국민의 주도하에 권력의 분산을 지향하는 민주주의 원리의 접목이 요구된다.

정치민주화에 비해 상대적으로 늦게 시작된 경제민주화의 선구적 사례로는 독일과 스웨덴을 들 수 있다. 유럽식 합의주의를 정립해 온 북유럽 국가들은 평등이나 연대와 같은 사회민주주의 가치를 중시해 왔다. 시장경제에 대한 사회적 통제를 중시하는 사회민주주의 체제의 주요한 정책수단은 경제민주화와 생활민주화를 비롯해 계급타협, 지방분권, 금융통제, 녹색성장 등이 포함된다.

먼저 20세기 초반을 전후해 개입과 방임의 전통을 모두 경험한 독일은 제2차 세계대전 이후 양자를 결합한 사회적 시장경제를 표방하면서 높은 수준의 국가경쟁력을 유지하고 있다. 특히 국부의 측면에서 제조업 강국을 견인한 강력한 중소기업의 기풍은 독일 경제민주화의 상징적 사례이다. 또한 국질의 측면에서 국민들의 복지서비스에 대한 관심도 20세기 이후 지속적으로 확대되어 왔다. 그리고 환경보전과 패전책임을 통해 국격의 고양도 이루어졌다.

다음으로 북유럽의 대표국가인 스웨덴은 지방분권, 부패통제, 시민참여, 여성참여 등으로 대표되는 정치민주화에 비해 경제민주화는 외견상 매우 부진한 편이다. 일례로 에릭슨, 사브 등과 같은 계열사를 지니고 있는 스웨덴의 대표기업 발렌베리 가문(그룹)은 스웨덴

경제의 30% 이상을 점유하고 있을 뿐만 아니라 5대에 걸친 가족승계를 이어가고 있기 때문이다. 하지만 이처럼 집권화된 시장구조에도 불구하고 조세회피나 특권의식보다는 사회환원과 자기희생을 중시하는 선진적 기업문화로 인해 국민들의 존경을 받고 있다. 더불어 각기 국질과 국격을 대표하는 스웨덴의 복지서비스와 공적개발원조는 성공사례로 평가되고 있다.

한편 독일과 스웨덴의 성공사례에 주목한 한국의 경제민주화와 생활민주화 정책의제도 재벌개혁과 복지확대에 초점이 부여되어 있다. 하지만 정의와 공공의 원칙에 과도하게 치중할 경우 안정적인 성장기반을 훼손할지 모른다는 우려가 제기되어 왔다. 실제로 우리는 유럽의 역사적 경험을 통해 국가경쟁력에 대한 우려가 증폭된 상황에서 자본가는 물론 실업의 공포에 직면한 노동자들이 신자유주의적 복지개혁에 동참한 일을 목격하기도 했다.

사회적 구성주의 관점에서 1980년대 중북부 유럽 국가들의 복지개혁을 사례비교한 콕스(Cox)는 비교대상국가인 덴마크·네덜란드·독일이 비슷한 문화·역사·제도를 소유하고 있음에도 덴마크와 네덜란드가 성공한 반면에 독일은 실패한 이유를 국민들의 인식에서 찾고 있다. 독일 국민들은 복지개혁을 '국가경쟁력 강화를 위한 복지국가의 후퇴'로 인식함으로써 격렬하게 반대한 반면에 덴마크와 네덜란드 국민들은 복지개혁을 개인적 자율성을 강화하고 도덕적 해이를 막는 노력으로 이해하였기 때문에 순응하였던 것이다.

한편 사회민주주의 전통이 강한 서유럽 각국도 경제력 집중의 폐해를 극복하기 위해 경제민주화를 추진해 왔다. 정부의 통제력이 약한 시장하에서 재벌은 기업생태계를 지배하면서 신생기업이나 중소기업의 발전을 제약한다. 따라서 다양한 기업집단 간의 조화로운 발전을 유도하기 위해서는 공정거래정책의 강화는 물론 새로운 산업과 지역이라는 열린 공간이 필요하다. 일례로 영국이나 아일랜드의 광역개발공사, 네덜란드나 핀란드의 특화산업 지역혁신클러스터 등이 이를 반영하는 대표적인 사례이다.

또한 상대적으로 최근 사례인 이스라엘의 경우 2011년부터 높은 주택 임차료, 고물가, 열악한 의료·교육 시스템, 비싼 자녀양육비 등이 궁극적으로 재벌의 독과점 구조에 기인한다는 국민과 정부의 인식에 따라 재벌반대시위와 재벌규제정책이 이루어지고 있다. 하지만 이스라엘 정부는 단순히 재벌에 대한 징벌적 규제보다는 경쟁력 강화라는 창업국가의 논리를 중시하고 있다. 이점은 경제민주화를 추진하는 기구의 이름이 '경쟁력강화위원회'라는 사실을 통해서도 잘 나타나고 있다.

경제민주화와 생활민주화를 구현하기 위해서는 협력과 소통을 중시하는 거버넌스 역량의 배양이 필수적이다. 먼저 경제민주화를 위해서는 주주자본주의를 초월해 노동조합, 지역사회, 공공부문 등의 목소리를 담아내는 이해관계자 자본주의로 나아가야 하는데, 이를 가능케 하는 동력을 경제의 거버넌스(economic governance)를 통해 찾아볼 수 있다. 다음으로 고도로 논쟁적인 복지확대를 통해 생활민주화를 구현하기 위해서는 보수와 진보 간의 대타협을 유도할 수 있는 사회의 거버넌스(social governance)가 전제되어야 한다.

Chapter 03

■■
■■

동아시아 국가의
굿 거버넌스 구현사례

일본에서 배운
다섯 가지 교훈

2016년 1월 한반도를 강타한 강추위를 피해 간사이 지방을 주유하고 돌아왔다. 시한이 다해가는 엔저의 호기에 부가해 저가항공과 전철패스를 활용한 여행인지라 가격 대비 효과(value for money)는 탁월했다. 단지 정비 소홀로 연착한 항공기와 급행전철의 과도한 소음이 안전하고 안락한 여행을 방해한 것이 옥에 티였다.

이번 여행은 우리의 동남지방 부산·울산·경주를 연상시키는 오사카·고베·교토에 주력했다. 간사이와 동남지방은 자연지리는 유사하지만 연계관광을 촉진하는 대중교통망을 비롯해 인문지리는 차이가 확연했다. 우리의 전철망 확충이 수도권에 집중되는 동안 부산-울산-경주는 네 칸짜리 디젤열차가 하루 10여 차례 왕복하는 동해남부선에 머물러 있다. 일본의 지방자치는 우리와 마찬가지로 과도한 중앙집권의 그림자라는 경로 의존에도 불구하고 특색있는 지역발전을 추구해왔다.

마을만들기와 도시재생에 초점을 둔 내생적 발전전략은 6차산업과 지역공동체의 활성화로 나타났다. 일례로 고베를 대표하는 명품 소고기, 개항장 건물, 온천마을, 산악 케이블카 등은 지역경제 활성화의 핵심적 동인이다.

오사카 도심 난바에서 전철패스로 접근이 가능한 고야산은 100여 개의 사찰과 수만기의 납골묘를 품고 있었다. 불교 종파, 미망인 협회, 해군 항공대 등 다양한 이들이 설립한 사찰들은 템플스테이를 제공하고 있었으며, 순례길에 도열한 가문 납골당과 회사 위령비들은 일본 특유의 공동체 문화를 실감하기에 충분했다. 우리는 근대화의 여정에서 '하얀 가면'에 몰입한 일본의 행태를 꼬집었지만 실상 전통과 문화를 상실한 민족은 누구인가를 자문하게 된다.

일본의 정체성에 기반한 역사 마케팅의 경쟁력은 교토 일원에 산재한 유적을 통해 발견할 수 있다. 메이지유신으로 몰락한 봉건 영주의 거점이었던 니조성, 전통과 현대가 결부된 도시공간의 매력을 발산하는 기온, 일본산 목재 삼나무와 히노끼의 장점을 극대화시킨 건축물인 청수사, 천년고도 교토의 추억을 회상하는 헤이안신궁 등이 국내외 관광객들을 유인하고 있다.

우리의 경주가 지지부진한 월성과 황룡사를 재건하거나 역사와 현대의 대화를 촉진한다면 교토를 넘어서지 않을까 하는 상상력을 자극하는 곳이었다.

자유여행을 통해 체험한 일본의 의식주도 독특했다. 우선 숙소에서 적응하기 어려웠던 온풍기 난방은 온돌의 경쟁력을 재확인하는 계기가 되었다. 또한 오랜 경기침체를 거치며 단품형 밥집과 도시락 구매가 대세로 부상한 일본의 외식문화는 간소하지만 정갈했다. 그리고 소득에 비해 화려하지 않은 외양이나 비굴할 정도로 친절한 점원들의 태도도 인상적이었다. 더불어 일본 노벨상의 산실로 알려진 교토대의 소박한 외관도 '국화와 칼'로 대표되는 그들의 양면성을 보여주는 사례이다.

한편 지방을 넘어서는 우리의 국가발전전략은 자의 반 타의 반 일본의 그것과 유사하다. 식민통치의 유산은 물론 국제분업의 잔재가 남아있기 때문이다.

1930년대 중반 시작된 일본식 발전국가는 정계와 재계의 반대로 기획원의 신설이 지연될 정도로 시민사회와 시장의 기반하에서 진화했다. 여기에 더해 전후 일본에 진주한 미군정은 제국주의의 첨병인 정부관료제와 재벌의 약화를 의도하기도 했다.

반면 기존 제도의 견제가 전무한 상태에서 출범한 한국식 발전국가는 1963년 동반 태동한 경제기획원과 전경련이 '성장연합'을 결성해 독주하는 방식이었다. 경제와 안보의 후원자로서 미국의 개입도 내부적 특수성보다는 외부적 방향성에 주력했다.

결과적으로 중앙 기획, 수출 지향, 재벌 편향 등을 요체로 하는 한국식 발전국가는 제3세계에서 찾아보기 어려운 산업화와 민주화의 병행 발전이라는 성과를 창출했지만 경제·사회 전반에 깊고 넓은 불균형 발전의 후유증을 초래했다. 결자해지 차원에서 경제민주화를 위해 정부와 재벌의 자성과 분발이 요구되는 대목이다.

하나의 중국이 추구한
패권의 기원

　독서의 계절 겨울을 맞이하여, 아니 보다 정확하게는 책과 함께 하는 역사기행의 적기를 맞이하여 오랫동안 서가에 방치했던 사기를 꺼내들었다. 아마도 고구마를 동반한 동안거를 보내며 역사소설이나 만화시리즈에 몰입했던 우리 세대의 추억이 크게 작용한 것으로 보인다. 물론 요즘의 대세인 드라마 폐인이나 게임 중독에 비해 자극의 강도는 덜하지만 당시의 2차원 매체는 부족하나마 베이비붐 세대의 사고와 상상을 자극한 유용한 수단이었다.

　역사와 국가의 중요성을 역설하는 권력자들의 패권(覇權) 지향성은 최근 '쯔위 사태'나 '사드 논란'을 증폭시킨 중국은 물론 위안부 사과와 역사교과서 국정화로 대표되는 일본과 한국의 사례를 통해서도 데자뷰를 경험하게 된다. 나아가 지난 수천년 동안 주기적으로 패권과 저항의 변증법을 연출한 동아시아 역사는 보다 다층적이다.

　중국 역사의 본류를 장악한 한족은 물론 동아시아사 전반을 포괄하는 사기는 진시황과 더불어 패권국가의 시대를 개막한 한무제 재위기간에 사마천이 기원전 3,000여 년의 역사를 집대성한 최고 권위의 사서이다. 특히 우리에게는 사기가 고조선이 망하고 한사군이 설치된 BC 108년부터 저술되기 시작한 사실에 주목해야 한다.

　사기를 통해 우리는 패권이 난무한 야만과 폭정의 와중에서 백성을 위해 헌신하고 봉사하는 유자스타일 왕도정치의 이상을 찾아 나선 사마천의 열망을 목도하게 된다. 이는 다시 말해 하나의 중국에 몰입한 패권의 기원이 동양식 전제국가를 추구한 법가사상과 진·한의 황제들이라는 사실을 확인할 수 있다.

대선을 앞둔 우리 정치권에는 '친노패권'와 '친박패권'이라는 은유가 난무하지만 통상 패권의 적용대상은 크게 국제관계와 국내정치로 구분된다. 국제관계의 경우 슈퍼파워를 소유한 특정 국가가 군사력이나 경제력으로 다른 나라를 압박하는 경우를 의미하는 반면에 국내정치의 경우 지배정당의 압도적 비중과 전횡에 초점이 부여되어 있다.

반만년 역사에 빛나는 중국은 지방분권적 부족국가 전통이 남아 있던 하·은·주, 봉건국가 주가 균열하면서 소규모 제후국들의 체제경쟁이 심화된 춘추전국시대, 진·한의 짧았던 통일에 뒤이은 위진남북조의 쟁투, 대규모 토목공사와 수리경작권 강화를 앞세워 동양식 전제국가의 전범을 제시한 수·당, 5대 10국이라는 분열의 씨앗을 계승한 남방왕조 송·명과 북방왕조 요·금·원, 명을 위협하며 후금을 자처했지만 한족에 동화된 청, 1911년 왕도정치의 이상을 공화정으로 구현한 중화민국과 1949년 국공내전의 승리로 출범한 중화인민공화국 등으로 이어져 왔다.

국제관계의 측면에서 중국과 일본의 통일왕조는 주변부 반도국가인 우리에게 재앙으로 작용하는 경우가 많았다. 고조선의 멸망을 비롯해 북방영토와 해양연맹을 소유했던 고구려와 백제의 붕괴, 민족적 토대가 미약했던 발해의 꿈, 고려말 요동정벌의 좌절, 임진왜란과 병자호란의 시련, 청일전쟁과 러일전쟁의 비극 등은 강력한 패권국가의 출현과 직결된 문제이다.

국내정치의 측면에서 과도한 패권은 사상통제나 민족차별로 이어지기도 했다. 우선 사상통제의 사례로는 법가에 몰입한 진시황의 분서갱유나 공산당 독재를 과신한 마오쩌둥의 문화대혁명을 들 수 있다. 또한 민족차별의 사례로는 왕조시대에 주변부 국가들을 오랑캐로 폄하한 일이나 소수민족의 희생을 강요한 중국공산당의 민족분리정책을 들 수 있다.

결국 하나의 중국 사례가 시사하듯이 통제불능의 패권은 국민적 애로는 물론 변방의 시련으로 귀결되었다. 따라서 우리는 정당 간 협력관계나 국가 간 협력체제를 강화하는 방식으로 과도한 패권의 태동과 남용을 경계해야 한다. 일례로 국회파행의 장기화나 외교의 실종상태를 해결하기 위해서는 비평에 앞서 자성하는 합의문화를 정착시켜야 한다.

중국의 역사가 농축된
고도방문기

중국 대륙에서 출현한 역대 왕조들은 새로운 수도의 건설을 수반하는 경우가 많았다. 이때 새로운 수도의 건설은 신왕조의 역점과제를 담고 있다는 점에서 흥미로운 볼거리를 담고 있기도 하다. 여기에는 화려한 궁전과 성곽을 비롯해 종교, 문화, 음악 등 다양한 요소들이 포함된다.

중국 왕조의 흥망성쇠는 중앙집권과 지방분권 패러다임의 주기적 변화와 밀접한 관련성을 지니고 있다. 역사의 기록이 분명하지 많지만 하·은·주의 경우 중앙집권과 지방분권이 혼재된 형태를 띠

고 있었던 것으로 보인다. 이는 지방분권 구도가 확립된 춘추전국
시대의 주역(춘추5패와 전국7웅)들이 봉건제도를 채택한 주나라의 제
후국에서 기원한 사실을 통해 잘 나타나고 있다.

춘추전국 이후 진과 한이 주도한 통일왕조가 등장하였지만 오
래지 않아 위진남북조 시대라는 지방분권의 부활을 목격하게 된다.
특히 위진남북조는 각기 남방과 북방을 대표하는 연방국가의 형식을
띠고 있다는 점에 주목할 필요가 있다. 더욱이 당시는 고조선과 부
여를 계승한 고구려가 중국의 북방 왕조들과 본격적인 대립과 제휴
관계를 표출한 시기이기도 하다. 반면에 한반도 남쪽의 백제와 신라
는 해로를 이용해 중국의 남방 왕조들과 활발하게 교류하였다.

중국에서 수와 당과 같은 중앙집권적 통일왕조가 등장하면서 고
구려의 세력은 급속히 약화되었고, 우리 민족의 활동무대가 한반도로
제한되는 결과를 초래하였다. 물론 고구려와 발해를 한민족의 북방왕
조로 간주할 수 있지만 요·금·원으로 대표되는 중국계 북방왕조와
의 지리적, 문화적 중복이 한계로 제시될 수 있다. 더불어 송·명의
경우 중국 남방왕조의 성격이 강한 편이다. 나아가 청은 북방에서
시작하였지만 실질적으로 남방을 포함하는 광활한 현대 중국의 영토
적 토대를 구축하였다.

최근 국내에서 북방 기마민족과 우리 고대왕조 신라 김씨세력
과의 긴밀한 연계를 강조하는 주장들이 화제가 된 적이 있다. 금이
라는 귀금속을 선호하고 금관을 장식한 나무모양이 중앙아시아 전역
은 물론 서진한 투르크(터키), 헝거리의 훈족(흉노) 등과 높은 연관성
을 지니고 있다는 것이다. 더불어 여진족이 건국한 금나라의 실질적
주도세력이 패망한 신라 김씨왕조의 후예라는 주장이 제기되기도 했

다. 나아가 최근에는 멕시코 고대문명과 신라가 교류했다는 가설이 제기되기도 했다.[1)]

한편 청나라 이후 현대 중국은 국민당과 공산당의 대립구도를 거쳐 공산당 주도의 실질적인 통일을 이룩하였다. 반면에 대만의 경우 국민당의 색채와 더불어 토착세력을 대표하는 민진당 주도의 독립시도가 간간히 이루어지고 있기 때문이다. 더불어 오끼나와와 근접한 대만지역의 경우 일본과의 해양교류가 활발했을 뿐만 아니라 청일전쟁 이후 오랫동안 일본의 식민통치를 경험하면서 우리나라와 비슷한 정부주도의 발전경로를 채택해 왔음을 부인하기 어렵다.

한편 청일전쟁과 러일전쟁의 승리를 토대로 1931년 만주까지 진출한 일본은 청나라의 마지막 황제 푸이를 앞세워 1932년 만주국을 출범시켰다. 또한 1939년 노몬한 전투를 통해 알 수 있듯이 몽골까지 넘보던 일본의 야욕은 소련 육군의 군사개입으로 실패하였다. 그리고 당시 만주국의 운영은 1868년 메이지유신 이후 지방분권파인 봉건영주와 사무라이를 몰아내고 강력한 중앙집권국가 수립을 열망했던 일본 군부와 관료들의 완전한 이상을 실현하는 무대였다. 이러한 이유로 박정희식 개발독재의 기원을 만주국의 통치제도에서 찾아볼 수 있다.

---

1) 아메리카를 향한 이주민들의 방문은 1만 2천년 전 인디언들이 선도하였다. 이후 신라인들의 멕시코 방문이나 아이슬란드 바이킹의 북미이주가 이루어졌지만 분명한 기록은 미약한 실정이다. 이후 1492년 콜럼버스의 서인도제도 기착이나 1607년 청교도의 북미진출은 역사적인 사건이다. 나아가 사탕수수 농장이 위치한 중남미에 집중적으로 배치되던 흑인 노예들은 18세기 북미에서 방직산업이 발전하면서 면화농장이 위치한 미국 남부로 팔려오기 시작했다.

싱가포르의 명암에서
배우는 교훈

건국 이후 지난 반세기 동안 싱가포르가 고도성장 과정에서 표출한 명암은 국내외적으로 뜨거운 논쟁을 유발했다. 특히 국내에서는 IMF 금융위기 직후 김대중과 리콴유 사이에 민주주의의 보편성 여부를 둘러싸고 제기된 '아시아적 가치' 논쟁이나 올해 초 박근혜 대통령의 '리콴유 장례식 조문'을 계기로 산업화와 민주화라는 상반된 시선이 다시 부각되었다.

싱가포르의 밝은 측면에 주목하는 진영에서는 일본이 시작한 동아시아 발전국가 모델에 동참하고 진화시킨 리콴유의 리더십이나 영미식의 효율성으로 무장한 실용주의 정책기조에 착안해 왔다. 특히 외국인 투자유치, 과감한 규제완화, 경쟁적 교육제도, 자기책임형 복지제도 등 싱가포르가 고안한 기업친화적 정책수단들을 기업인단체나 보수정당의 구미에 부응하는 메뉴들이다.

반면에 싱가포르의 그늘에 주목한 진영에서는 고도성장의 화려한 유혹에 현혹되어 아직도 민주주의의 본질에 제대로 부응하지 못하고 있는 그들의 선택과 성취를 도시국가 수준의 변칙사례 정도로 평가절하한다. 특히 개발독재의 연장선상에서 아직도 유지되고 있는 폐쇄적 지배연합이나 우편향 세계화 및 다층적 격차구조의 심화 현상은 시민단체나 진보정당의 질타를 받고 있다.

따라서 여기에서는 보다 중립적이고 객관적인 행정학의 관점에서 싱가포르의 재발견을 추구하고자 한다. 먼저 싱가포르에 대한 기존의 논의가 주로 정치지도자의 리더십이나 국제관계 담론과 같이

거시 정치 문제에 치중한 반면에 여기에서는 구체적 정책사례인 외
자유치, 산업정책, 의료서비스, 공공주택, 물, 공원, 교통 등에 주목
하였다.

또한 정부가 선도한 역동적 거버넌스 능력에 착안하였다. Siong
과 Chen(2007)에 따르면 우수한 인재와 신속한 절차 및 강력한 문화
를 토대로 전개된 정부의 환경적응적 변화관리는 경제사회 전반에서
세계인이 부러워하는 우수사례를 다수 창출했다고 한다. 특히 미리
생각하기, 다시 생각하기, 두루 생각하기 등과 같은 정부관료제의 문
제해결능력은 정책품질의 제고와 직결된 문제이다.

싱가포르의 초기 도약은 우리의 고도성장기와 흡사하다. 하지만
1990년대 이후 본격화된 싱가포르의 재도약은 세계화와 정보화라는
환경변화에 역동적으로 대응한 결과이다. 이를 반영하는 대표적 사
례가 고부가가치 산업인 바이오클러스터의 구축이나 고용창출효과
가 큰 복합리조트의 유치였다.

나아가 싱가포르의 성공은 1인당 GDP와 같은 국부는 물론 공
공서비스 품질과 대외적 매력으로 대표되는 국질과 국격에서도 일정
수준의 성과를 창출하였다는 점이다. 특히 효율지상주의 정책수단의
채택에도 불구하고 결과적으로 세계가 부러워하는 삶의 질과 국가
호감도를 창출한 일은 그동안 이룩한 산업화와 민주화 성과에도 불
구하고 좀처럼 균형잡힌 참발전의 경로를 모색하지 못하고 있는 우
리가 주목할 벤치마킹의 포인트다.

인도차이나의
발전에서 배우자

2015년 1월 캄보디아를 횡단하고 베트남을 종단하는 인도차이나 일주를 했다. 여정에서 마주친 덜컹거리고 먼지 날리는 도로는 내 머릿속의 오랜 기억을 되살리는 방식으로 우리가 이룩한 근대화의 공과를 회고하고 앞으로 나아갈 참발전의 길을 성찰하는 계기가 됐다.

캄보디아의 현대사는 프랑스의 식민통치와 베트남의 무력침공 및 킬링필드의 아픔까지 간직하고 있다는 점에서 우리의 해방 전후기와 마찬가지로 주변부 국가의 비극을 대표하는 사례이다. 하지만 캄보디아인민당이 주도한 기존의 발전전략은 우리와 달리 산업화의 흐름과 동력을 좀처럼 포착하지 못했다는 점에서 회의적이다.

베트남은 외부의 위협에 대항하는 방식으로 독립국가의 기풍을 유지해 왔다. 중국의 삼국시대를 전후해 남만(南蠻) 공략이 본격화되자 베트남은 인도차이나 반도를 따라 남하하면서 지배권을 재정립했다. 또한 프랑스와 미국의 인도차이나 침탈에 맞서 독립투쟁을 성공리에 완수했을 뿐만 아니라 중국의 위협도 경계하고 있다. 베트남은 통일을 전후해 라오스에 대한 영향력을 확고히 유지하고 중국에 경도된 캄보디아를 침공하기도 했다. 이처럼 구 소련의 후원을 활용한 베트남의 팽창주의는 미국을 등에 업은 일본의 강경노선을 연상시킨다는 점에서 우리의 전략적인 대응을 요구해 본다.

베트남 북부와 남부를 대표하는 사파와 메콩델타 지역에 산재한 소수민족들을 포용하는 일은 다민족국가 베트남의 성공을 가늠하는 척도이다. 나아가 베트남은 남북분단과 통일전쟁을 경험했다는 점에서 지역 간 통합에도 유의해야 한다. 이에 베트남은 독립영웅 호찌민의 유지를 계승하는 방식으로 균형발전에 부응하고 있다. 하지만 우리 정부와 정계는 지역갈등과 남북분단을 방치하다 못해 집권을 위한 수단으로 악용해 왔다는 점에서 분발을 촉구해 본다.

3000㎞가 넘는 해안선과 1억명에 육박하는 인구를 보유한 베트남은 반도의 내륙부에 위치한 캄보디아나 라오스와 달리 근대화에 유리한 환경을 지니고 있다. 이 점은 혁신지향의 도이모이(doi moi)를 표방한 이래 베트남이 이룩한 초기 발전성과를 통해서도 확인된다. 하지만 우리는 주변부 국가들이 내부의 결집된 노력에도 불구하고 외부의 물결에 휩쓸리는 현상을 1997년과 2008년 경제위기의 여파에 시달리고 있는 베트남의 현실을 통해서도 재확인할 수 있다.

한편 낙후된 사회기반시설과 투자유치 역량을 강화하는 방식으로 베트남의 길을 채택한 캄보디아의 전략 변경은 향후 북한에 대한 우리의 정책 변화와 관련해 시사적이다. 일례로 캄보디아에 대한 우리의 공적개발원조가 산업화와 괴리된 채 지붕 고치고 우물 파주는 새마을운동 스타일로 제한될 경우 실질적 성과를 기대하기 어렵다. 따라서 북한에 대한 우리의 지원도 식량, 의료 등 일회성 이벤트 방식을 탈피해 도로, 공단 등 자립경제의 기반을 강화시키는 방식으로 전환해야 한다.

저발전 국가의 초기 도약을 좌우하는 핵심 변수는 한국의 고도성장 사례를 통해 알 수 있듯이 최고지도자의 변혁적 리더십과 정부의 거버넌스 역량이다. 국가 지도자나 관료들이 현실에 안주하며 이권에 몰입하는 지대추구자를 탈피하지 못한 상태에서 미래의 성과를

기약하기는 어렵다. 더불어 보다 장기적인 시야에서 갈수록 심화될
정부 역량의 한계를 시장이나 시민사회가 적절히 보완할 수 있어야
한다.

연변조선족자치주의 가치를 재발견하기

2014년 7월 시진핑 주석의 방한기간에 연변과학기술대학에서
주최한 세미나에 다녀왔다. 이번 세미나는 개인적으로 통일시대를
준비하는 한국의 발전전략에 관한 논문을 발표했을 뿐만 아니라 동
행한 아시아포럼 멤버들과 같이 현지 명망가 대담과 다양한 방문기
회를 통해 연변조선족자치주를 재발견하는 계기가 되었다는 점에서
매우 유익했다.

고구려 유민들이 발해를 건국한 것과 마찬가지로 연변조선족자
치주는 조선의 유민들이 망국의 한을 피땀으로 삭히며 조성한 '마음
속의 나라'이다. 조선왕조 500년을 통해 한반도 지키기에 급급했던
우리 민족에게 유민들의 간도진출은 새로운 희망을 쏜 일대 사건이
었다. 고구려의 부활을 추구한 고려의 꿈이 정도전의 조기 퇴출로
사실상 종결되었지만 화초같이 유약한 나라가 아니라 잡초처럼 강건
한 유민들이 불씨를 되살렸기 때문이다.

초창기 간도의 건설은 이상설과 김좌진으로 대표되는 민족주의
진영이 주도하였지만 식민통치가 심화된 1930년대 이후 사회주의

계열의 영향력이 강화되었다. 이러한 추세는 1920년 청산리 전투와 1937년 보천보 전투에서 시작해 광복군과 조선의용군으로 이어지는 시차와 계보를 통해 확인할 수 있다.

간도 이주민들은 1930년대 중반 이후 중일전쟁, 국공내전, 한국전쟁 등으로 이어진 참화 속에서 어렵게 개척한 삶의 터전을 지키기 위해 십만 명에 육박하는 피를 흘려야 했다. 이에 자치주 출범을 선도한 주덕해는 회고록을 통해 연변을 위협했던 일제, 군벌, 미제를 싸잡아 비난하였다. 나아가 경위야 어찌되었건 한때 전쟁의 상대였던 한국에 대한 감정의 잔재도 그다지 어렵지 않게 발견할 수 있었다.

물론 1992년 한중수교 이후 취업비자 발급이 용이해지고 한국발 송금액이 연간 10억 달러를 넘어서자 마음의 문이 조금씩 열리고 있다. 따라서 우리 정부와 기업이 제공한 경제적 기회의 창문에 부가해 국민들이 일상에서 연변동포들을 포용하는 마음의 창문까지 열린다면 보다 안정적이고 발전적인 관계로의 도약도 기대된다.

하지만 한국 본토는 물론 한국 기업의 영향권인 중국 내 대도시로의 조선족 엑소더스는 고귀한 피땀으로 만들어진 연변조선족자치주의 위기감을 고조시키고 있다. 자치주 내 시와 현 중에서 사정이 나은 연길시와 용정시의 조선족 인구비율이 절반을 위협하고 있을 뿐만 아니라 실거주 인구는 절반에 절반을 향해 가고 있다.

그렇다면 연변조선족자치주가 우리 민족이 열망하는 '희망과 도전의 나라'로 계속 남아있도록 유도하는 한국 정부의 지원자적 역할은 무엇인가? 물론 보다 가까이, 더욱 심각한 북한 문제의 대책이 지지부진한 상황에서 연변 공동체의 활성화에 초점이 부여된 정책목표에 대한 적극적 관심과 전폭적 지원을 기대하기는 어렵다.

하지만 '연변의 위기'와 '북한의 절망'을 동시에 해결하는 정책 혼합의 가능성에 주목할 필요가 있다. 시진핑 주석의 방문을 계기로 재조명된 두만강경제벨트 구상은 개성공단과 제주특별자치도의 성공노하우를 적절히 조합할 경우 우리 민족의 염원인 고토 수복의 과업을 경제적 측면에서 구현하는 전진기지의 역할을 충분히 수행할 수 있을 것이다. 즉, 연변과 북한의 접경인 두만강 일원에 다국적 이해관계를 결합한 다목적 산업단지를 조성하고 최북단 특별자치도에 부합하는 정책수단을 창안한다면 북한의 개방과 연변의 정주를 촉진할 수 있을 것이다.

두만강경제벨트 성공의 당위성은 통일대박의 가능성을 가늠하는 일에 부가해 압록강 상류 장백현과 혜산시가 수십 미터에 불과한 강폭을 사이에 두고 연출한 '갈라진 도시 노갈레스'의 비극을 치유한다는 의미를 담고 있다. 더불어 강건너 북한에 비해 사정이 나은 연변이지만 경제적 이유로 성장기 자녀들과 생이별하는 '가정파괴의 비극'을 간접적 원인제공자인 우리가 더 이상 외면하지 말아야 한다는 배려가 내재되어 있다.

세계도시 홍콩의
빛과 그늘

도시의 경쟁력이 국가의 경쟁력을 좌우하는 시대를 맞이하여 홍콩의 어제와 오늘은 우리나라를 대표하는 서울은 물론 도시마케팅

에 주력하고 있는 여타 광역도시들에게 유용한 학습대상이다. 더욱
이 도시국가 홍콩은 한국은 물론 싱가포르, 대만 등과 같이 동아시
아 고도성장국가의 상징으로 자리해 왔다는 점에서 홍콩의 사례는
우리에게 시사하는 바가 크다.

2013년 기준 1인당 GDP와 인구를 종합적으로 고려하면 싱가포
르 5만 2,917달러(530만명), 홍콩 3만 8,604달러(720만명), 한국 2만
3,837달러(5,000만명), 대만 2만 706달러(2천 300만명) 등의 경쟁구도
는 여전히 계속되고 있다. 구조와 행위는 물론 제도상의 작은 차이
가 언제든지 순위를 변화시킬 것이 분명하기 때문이다.

세계도시 홍콩의 관문인 공항과 항구 주변에서 목격한 정겨운
전경은 전성기 홍콩영화의 재림을 보는 듯하다. 또한 빅토리아 파크
정상에서 조망한 센트럴과 구룡의 야경은 가히 매혹적이다. 하지만
도심의 저렴한 미니호텔이나 재래시장에 산재한 금붕어는 일본의 동
경을 압도하는 고밀도 사회 홍콩의 고단함을 상징한다.

거리에서 목격하는 영국식 가로 명칭이나 차도 방향은 '99년 임
차도시' 홍콩의 연륜을 대변한다. 하지만 지저분한 골목과 대륙풍의
홍수는 이제 홍콩이 사회주의 중국을 위한 욕망의 해방특구로 점차
전환되고 있음을 시사한다. 이러한 풍경속에서도 홍콩의 부를 간직
한 애버딘이나 스탠리의 품격은 다소 퇴색한 문화도시 홍콩의 부활
을 시사하는 단서로 느껴지기도 하였다.

지금의 홍콩은 과거의 영광을 본격적으로 추억하는 단계는 아
니지만 전성기를 유지하기에는 힘이 부친다는 느낌이 들었다. 하지
만 정체국면에 진입한 홍콩이지만 전시·컨벤션과 대형몰을 축으로
한 쇼핑의 메카라는 지위는 여전히 계속되고 있다. 이른바 중국인

특유의 장사 유전자가 도시마케팅으로 부활해 손님끌기에 성공하고 있는 것이다.

쇼핑의 천국 홍콩이 보여준 저력은 주얼리 분야를 통해서도 확인할 수 있다. 홍콩은 1년에 4번 개최하는 보석과 주얼리 쇼를 통해 관광객들의 넋을 빼가고 있다. 반면에 우리나라는 보석과 주얼리 분야의 높은 기술력에도 불구하고 사치를 터부시하는 '과거의 전통에 발목잡혀(path dependence)' 관련 시장은 주로 음지에서 움직이고 있다.

또한 홍콩 특구정부는 전통적 효자산업인 영화와 더불어 디자인과 애니메이션을 포괄하는 창조산업 육성을 위해 전담조직인 'Create HK'를 설립할 정도로 열의가 높은 편이다. 특히 영화의 경우 한류(韓流)에 밀려 잃어버린 경쟁력을 만회하기 위해 별도의 영화발전위원회를 신설하였을 뿐만 아니라 3억 달러의 예산을 투입한 영화발전기금까지 운영하고 있다.

홍콩은 1997년 중국반환 이후 세간의 우려에도 불구하고 일국양제(一國兩制)를 비교적 무난하게 운영해 왔다. 하지만 사회주의 중국의 양보와 관심에도 불구하고 새로 부과된 정치경제적 제약조건은 홍콩의 통치와 발전에 타격을 입혔다. 화폐나 차로의 전환움직임이 시사하듯이 홍콩의 중국화를 둘러싼 사회적 대립과 갈등이 향후 최대의 난제이다. 이 점에서 경제특구와 일반 자치단체 간 규제강도 차별화에 골몰하고 있는 우리나라도 예외가 아니다.

중국 정부는 홍콩 특구와 협력하는 방식으로 과거의 활력을 되살리려 하고 있지만 민심의 이반과 자본의 변심을 단시일 내에 위무하기는 쉽지 않을 것이다. 특히 위안화 강세 구도하에서 대륙자본의 유입이 촉발한 부동산 버블은 서민경제의 악화를 초래하였다는 점에서 특구민의 행복을 우선시하는 현명한 정책대응이 요구된다.

연성국가 인도의 시행착오 학습하기

인도는 제2차 세계대전 이후 영국의 식민지에서 독립하였다. 독립당시 종교적 이유로 파키스탄이 분리되었지만 이후에도 인구나 면적에서 브라질, 러시아, 중국 등과 유사한 대륙규모의 국가군으로 분류되고 있다. 독립직후 제3세계 국가들이 대거 동참한 비동맹 노선을 주도한 인도는 상대적으로 미국보다는 구소련의 사회주의 체제에 대한 벤치마킹을 선호하였다. 따라서 경제사회 전반에 걸쳐 강력한 정부규제와 하향식 계획경제를 제도화시키게 되었다.

인도는 1990년대에 금융위기를 경험한 일을 계기로 시장경제체제로의 전환을 추구해 왔다. 하지만 이러한 노력에도 불구하고 과거 식민통치와 사회주의체제를 통해 관료, 기업, 상층카스트, 부농 등이 주도적으로 형성한 지대추구적 관계가 고착된 상태이기 때문에 고도성장기 한국과 유사한 발전지향적 관계로의 전환이 쉽지 않은 상태이다.

인도의 정부·기업관계는 전통적으로 개입적인 정부우위의 구조를 유지해 왔다. 하지만 이는 경제사회발전을 주도하는 발전국가의 관점에서 강한 국가라기보다는 기업에 군림하는 지대추구적 약탈

국가에 가깝다. 또한 인도의 준연방정치체제는 민주적 분권을 토대로 국가권력이 다층적으로 분산되어 있기 때문에 정부가 기업을 비롯한 다양한 이익집단의 요구에 굴복하는 연성국가(soft state)의 전형에 해당한다. 이러한 이유로 인도는 명목상 국가우위의 체제를 유지하고는 있지만 관료와 기업들이 기득권에 안주하며 공익보다는 사익을 추구하는 일에 몰두해 왔다.

　인도에서 정부는 종종 경제발전의 최대 장애물로 묘사되기도 한다. 일례로 정보통신 다국적기업을 대거 유치해 인도경제의 부활을 선도한 구르가온시의 성공비결과 관련하여 정부의 무관심이 최고의 덕목이라는 외국인 투자기업 CEO의 조롱어린 분석까지 나오고 있는 실정이다. 이는 인도 정부가 외형적으로는 신자유주의적 개혁과 지속가능한 발전을 위해 '작지만 강한 정부'를 표방하고 있지만, 여전히 방만하고 집행력이 미약한 '크지만 약한 정부'의 한계를 탈피하지 못하였음을 시사한다. 실제로 성숙하지 못한 민주정치체제하에서 정부와 기업 간의 밀접한 관계는 정경유착의 공고화라는 부작용을 산출해 왔다. 특히 대규모 자원과 자본이 투입되는 제조업의 경우, 국가산업발전전략의 수립과정에서 기업을 참여시키는 민주적 정책결정방식의 채택이 역설적으로 집단 간 갈등을 조장하고 정책혼란을 심화시키는 부정적 요인으로 작용해 왔다.

　인도의 기업환경은 관료부패, 관행적 로비, 불투명한 정책과정, 정부에 대한 낮은 신뢰 등에서 열악한 실정이며, 외국기업에는 더욱 불리한 상태이다. 그러나 2000년대 초반 인도가 대규모 경제개혁 조치를 단행하자 과거의 불합리한 관행과 규범에 대한 자정노력이 점차 확산되고 있다. 하지만 아직은 산업분야나 기업유형별로 경쟁지향적 시장제도의 기풍이 편차를 나타내고 있을 뿐만 아니라 동일한 영역이라도 시기별로 상당한 편차를 보이고 있다.

최근 한국을 비롯해 수많은 외국기업들이 인도시장에 진출하고 있지만 실패사례가 속출하는 이유는 인도의 이코노믹 거버넌스를 규정해 온 정치, 경제, 사회, 문화적 제도의 다양성을 고려하지 못하고 획일적인 시각으로 접근했기 때문이다. 그러나 중장기적으로 오랜 전통의 민주주의 요소가 시장경제 발전에 긍정적으로 작용하고, 민주주의와 자본주의가 상승효과를 발휘할 경우 인도는 진정한 의미에서 지속가능한 발전을 이룩할 수 있는 잠재력을 소유한 나라이기도 하다.

더불어 연성국가 인도는 경성국가 중국과 발전전략의 측면에서 대비된다. 인도가 상대적으로 분배지향적인 민주주의를 중시해 왔음에 반하여 중국은 성장지향적인 권위주의를 토대로 강력한 추진력을 발휘해 왔다. 하지만 2014년 5월 총선에서 힌두근본주의와 신자유주의 기반하에서 친기업과 반부패를 표방한 모디의 인도국민당이 정권교체에 성공하였기 때문에 향후 세속주의와 사민주의를 표방했던 네루스타일을 탈피해 중국스타일 경제발전전략에 대한 인도의 벤치마킹이 가속화될 것으로 전망된다. 하지만 이 과정에서 종교분쟁이나 빈부격차가 심화될 개연성이 크다는 우려에도 주목할 필요가 있다.

경성국가 중국의
점진적 체제전환

중국의 근대는 전통문화와 근대사회가 최초로 충돌한 1840년
대 아편전쟁을 기점으로 시작되었다. 이후 사회주의 중국이 수립된
1949년까지의 시기는 근대화 혁명이 초래한 충격 속에 빠져 있던
시기로 규정할 수 있다. 서구 제국주의 세력의 위협 속에 시작된 중
국의 근대화 운동은 1911년 신해혁명으로 일단락된다. 하지만 쑨원
(孫文)이 주도한 공화국의 출범 이후에도 약 20년 간 군벌의 압제에
시달려야 했다.

쑨원의 사후에 후계자가 된 장제스(蔣介石)는 북벌의 성공으로
양쯔강 유역에 진출하였다. 난징사건(南京事件)을 계기로 소련과 단
교한 장제스는 군벌 장쭤린(張作霖)을 몰아내고 1928년 국민정부를
정통정부로 만들었다. 이에 공산당은 탄압을 피해 지하로 숨어들었
고 소련의 원조로 명맥을 유지하였다. 일본의 침공이 격화되자 국민
당과 공산당은 일시적으로 화해하였지만 공동의 적인 일본이 패망
하자 다시 적대관계로 돌아가 국공내전을 계속하다가 국민정부가
패하여 타이완으로 물러가면서 공산당은 1949년 본토에 중화인민공
화국을 수립하였다.

중화인민공화국은 오늘날 면적 960만㎢에 인구 13억을 상회하
는 초강대국으로 부상하고 있다. 중국은 공산정권 수립 후 1978년
12월 이전까지 비록 부분적인 변화는 있었으나 원칙적으로 중앙집
권적인 사회주의 계획경제체제를 유지했다. 마오쩌뚱(毛澤東)이 주
도한 당시 체제의 특징은 소유에 있어 공유제를, 운영에서는 중앙기

획을 원칙으로 했다. 이는 다시 말해 중국식 사회주의에는 정당관료
제가 주도하는 경성국가(hard state) 또는 발전국가의 특성이 내재되
어 있음을 시사한다.

1992년 봄 덩샤오핑(鄧小平)의 남순강화(南巡講話)는 사회주의
계획경제에서 사회주의 시장경제로의 이행을 본격화시키는 계기가
되었다. 덩샤오핑이 주도한 중국의 개혁·개방은 1990년대 중반 이
후 세계화 추세에 본격적으로 편승하면서 가속도를 내고 있다. 하지
만 중국의 고도성장은 도농격차, 지역격차, 빈부격차 등과 같은 부
작용을 표출시켰다. 여기에 정경유착 관행이 빈부격차를 더욱 조장
하고 있을 뿐만 아니라 악화된 생태환경은 지속가능발전을 가로막
는 장애요인으로 등장하였다.

이에 2004년 3월 후진타오(胡錦濤)는 덩샤오핑의 불균등 발전론
을 대신할 '인본주의 균형발전론'을 제시하였다. 1997년 개혁개방
이후 중국은 덩샤오핑의 불균등 발전론에 따라 동부연안 공업지대
부터 개방해 성과를 산출한 다음에 이를 중·서부와 동북지방 등 다
른 지역으로 확대하는 발전전략을 채택해 왔다. 그러나 이러한 전략
의 부작용이 표출되자 "사람을 근본으로 삼는다(以人爲本)"라는 인본
주의 가치를 중심에 두고 빈부격차의 해소와 사회보장 강화, 지역격
차의 해소, 지속가능한 발전 등을 골자로 한 새로운 발전전략을 제
시하였다.

이 밖에 후진타오의 중국은 사유재산 보호의 강화, 인권존중과
보호조항의 신설, 공산당이 인민의 이익·생산력 발전·선진문화 등
세 가지를 대표한다는 장쩌민(江澤民) 전 주석의 3개 대표 사상을 국
가의 지도이념으로 유지했다. 그리고 이러한 통치철학은 2012년 11

월 출범한 시진핑(習近平) 정부에서도 유지되고 있다.

한편 이러한 중국의 발전이념은 세월호 침몰에 대해 중국 관영 매체인 환구시보(環球時報)가 "이번 재난은 후발 현대화의 한계와 취약성을 보여준 거울"이라면서 "현대화는 인간, 특히 인간의 생명보호에 초점을 맞춰야 한다"고 강조한 일을 통해서도 확인된다. 더불어 중국 언론의 충고는 효율과 성장에 앞서 기본과 안전부터 철저히 해야 한다는 참사의 교훈이자 중국의 새로운 지향점을 재확인시켜 준다.

과거사를 망각한
일본의 모험을 우려한다

1868년 메이지 유신을 통해 세계사의 전면에 등장한 일본은 지난 150년간 다양한 모습의 발전경험을 우리에게 보여주었다. 독일과 프랑스의 후발산업화 전략을 벤치마킹하는 방식으로 수립된 신국 일본의 '위로부터의 근대화' 전략은 성공적이었다. 아시아 국가 최초로 단시일 내에 선진국 대열에 동참하였기 때문이다.

하지만 청일전쟁과 러일전쟁을 거치며 본격화된 일본의 제국주의 행보는 대만과 한국을 병합한 이후에도 거침이 없었다. 중국과 동남아는 물론 태평양 전반으로 전선을 확대하였기 때문이다. 그러나 군국주의 일본의 꿈은 제2차 세계대전의 패전으로 일단 종말을 고하게 된다.

전후 맥아더가 주도한 미군정의 지도하에 민주국가로 재탄생한 일본은 냉전이라는 신의 은총을 기회로 삼아 신속한 부활에 성공할 수 있었다. 물론 일본의 기적은 앞서 지적한 구조적 요인에 부가해 정치안정을 유도한 '55년 체제'라는 제도적 요인과 경제성장을 견인한 '수출지향산업화'라는 행위적 요인도 크게 작용했다.

하지만 1990년대 중반 일본은 냉전의 붕괴, 자민당의 약화, 엔저의 종말 등에 직면하면서 급속히 장기침체의 국면으로 접어들게 된다. '잃어버린 10년'을 만회하기 위해 일본에서는 그동안 하시모토, 고이즈미 등의 개혁이 추진되었지만 그다지 인상적인 성과를 산출하지는 못했다.

이에 국제적 불안정과 후쿠시마 대지진이라는 불안 속에서 집권한 아베는 과거 화려했던 군국주의 일본의 향수를 불러일으키는 일에 주력하고 있다. 한국이나 중국과의 영토분쟁에 부가해 위안부 문제를 비롯한 과거사 전반에서 공세적인 자세로 전환한 상태이다.

일본의 도발적 태도는 동북아의 안정을 통해 통일대박의 기회를 노리는 우리의 입장에서 심각한 제약요인임에 분명하다. 특히 동북아 세력균형의 관점에서 미중간의 전략적 균형을 중재해야 할 한국의 입지는 갈수록 좁아질 가능성이 크다.

물론 과거사를 망각한 아베의 공세적 태도는 미국의 전략적 판단에 따라 그 수위를 조정받게 될 것이다. 중국이라는 가상의 적을 당분간 계속 활용하기를 바라는 미국의 입장에서는 급격히 세력균형의 틀을 깨는 일본의 모험을 적극적으로 통제할 것이기 때문이다.

이제 막 대국으로서의 자존심을 회복하기 시작한 중국도 덩샤오핑(鄧小平)의 유훈처럼 자기주도 미래설계를 위한 시간이 더 필요

하다는 점을 충분히 인식하고 있기 때문에 일본의 도전에 정면으로
대응하지 않을 것이다. 더불어 이러한 중국의 전략적 판단은 한국에
게 보다 많은 선택을 요구하는 외부적인 기회와 위협요인으로 작용
하게 될 것이다.

　동북아의 복잡한 세력균형에 대응하는 한국의 전략은 일단 내
부역량상의 강점을 강화하고 약점을 보완하는 치밀한 준비가 요망된
다. 강화된 국가역량을 토대로 보다 다양한 전략선택이라는 기회의
창이 열리기 때문이다.

　먼저 국부의 관점에서 일본에 필적하는 산업경쟁력을 배양해야
한다. 제조업에 대한 따라잡기가 일단락된 상태에서 향후 세계시장
을 주도할 바이오, 의료, 물, 대체에너지 등과 같은 미래의 유망산업
에서 우위를 확보해야 한다. 특히 일본을 배제한 상태에서 중국과의
독자적인 산업협력이 가능한 단계로 도약해야 한다.

　다음으로 국질의 견지에서 일본은 경제력에 걸맞는 삶의 질을
확보하는 일에 실패해 왔다. 하지만 베이비 붐 세대의 은퇴를 계기
로 회사형 인간에 대한 반성과 고용·사회복지에 대한 관심이 증가
하였다. 따라서 우리나라도 생애주기별 안전망을 확충하는 방식으로
국민행복의 강화에 주력해야 한다.

　더불어 국격의 측면에서 평화를 위한 한국의 노력을 세계에 알
려야 한다. 특히 미국과 중국에서 우호적 여론을 형성하는 일에 주
력해야 한다. 나아가 미국과 중국의 양해와 묵인하에서 북한과 점진
적인 통일협상을 강화시키는 방식으로 한반도 문제에 대한 일본의
개입가능성을 줄여나가야 한다.

일본의 발전을 선도한
정부관료제의 미래

현대 일본 행정의 기원은 17세기 초에 형성된 봉건주의로 거슬러 올라간다. 이후 250년을 넘게 계속된 도쿠가와 체제(1600~1868) 하에서 행정은 재정, 건설, 조세징수 등 여러 분야로 확대되었을 뿐만 아니라 인사행정에서 능력본위의 실적주의를 확립하였다. 하지만 일본에서 중앙집권적인 근대관료제가 본격적으로 구축된 시기는 메이지 유신이다.

1889년 제정된 메이지 헌법은 비스마르크가 행정권을 주도한 프러시아의 '제한적 군주제'를 모방하였다. 따라서 '따라잡기식 근대화'라는 명분하에 관료제의 팽창과 정책주도를 허용하였다. 당시 일본의 행정문화는 공무원을 둘러싼 사회 전체의 하부 문화가 아닌 사회 전체를 선도하는 문화로 발전했다. 더불어 당시 행정의 주류는 행정법이었으며 현대적 행정학에 대한 고려는 제한적이었다.

제2차 세계대전이 일본의 패전으로 종결되자 맥아더의 미군정은 1947년 신헌법 제정을 통해 전시에 급속히 팽창한 관료제의 권한을 의회로 전환시키는 개혁을 추진하였다. 하지만 이러한 노력에도 불구하고 정부관료제는 별다른 영향을 받지 않았다. 여기에는 1952년 4월 발효된 샌프란시스코 강화조약을 통해 확인된 미국의 유화적 태도가 크게 작용하였다.

일본정치의 새로운 구도인 '55년 체제'도 관료제의 안정적인 성장에 촉매제 역할을 담당하였다. '55년 체제'란 1955년 이후 일본의 정계가 보수 세력인 자민당 결집과 혁신 세력의 결집인 사회당 간의 대결구도로 재편되었음을 의미한다. 이는 외견상 양당제이지만 실제로는 자민당이 압도적 우위를 점하는 일당우위 정당체제였으며, 실제로 자민당의 집권은 1955년부터 1993년까지 38년간 이어졌다.

전시 총력전 방식으로 전후 일본의 고도성장을 주도한 관료중심체제의 주요한 특징으로는 호송선단 방식, 종신고용, 연공서열, 하청제도, 주식이나 채권보다 은행차입을 선호, 금융통제의 중시 등을 들 수 있다. 이러한 체제는 전후 일본이 미국에 이어 세계 2위의 경제대국으로 도약하는 데 밑거름의 역할을 수행하였다. 하지만 관료제가 선도한 전시동원체제 방식은 일정한 목표를 향해 내닫는 데는 유리하지만 급격한 변화에 적절히 대응하는 탄력성은 약한 편이다.

참고로 일본의 정책결정과정에서 발견되는 주요한 기제로는 심의회(審議會)와 족의원(族議員)을 들 수 있다. 우선 심의회란 정부정책에 대한 공식적·비공식적 자문기관들을 통칭하는 의미로 위원회, 조사회, 심사회, 회의, 간담회, 연구회 등을 포괄한다. 또한 족의원은 중의원의 각 상임분과위원회에서 오랜 정치활동을 수행하면서 전문분야의 이익단체(예컨대 도로족, 후생족, 우정족…)들과 공생관계를 형성하는 자민당 중심의 국회의원들로서 정책결정의 중심축을 담당하고 있다. 그리고 이러한 일본의 정책결정패턴에 관한 이론적 논의는 기본적으로 파워엘리트의 역할을 중시하는 정부주도 일본주식회사 모델이 자리하고 있으며, 이의 한계를 보완하기 위해 다원주의 모델, 네트워크 모델 등이 등장했다.

결과적으로 세계화와 지방화 추세가 가속화된 1980년대 후반 이후 일본에서도 시의성을 상실한 정부관료제의 과도한 역할을 재조정하려는 공공개혁이 지속적으로 이루어져 왔다. 나까소네 내각의

'제2차 임시행정조사회', 하시모토 내각의 '행정개혁회의', 고이즈미 총리의 '경제재정자문회의' 등과 같이 비교적 양호했던 제한적 성공사례를 통해 알 수 있듯이 일본의 공공개혁은 독립적 자문기구와 국정 최고책임자의 확고한 정치적 지원이 성공의 필요요건으로 작용해왔다. 하지만 김동욱 일본 가가와대 교수의 지적처럼 양날의 검인 관료를 잘 활용하거나 충분한 수준의 공공개혁에 도달하기 위해서는 정치권과 국민의 지속적인 감시와 견제, 그리고 관료에 대한 민주적 통제를 강화시키는 제도적 장치를 부단히 개발해야 한다.

일본의 관료망국론은 진실인가

현대 정부관료제의 형성과 발전과정에서 독일을 벤치마킹한 일본은 선도적인 역할을 수행하였다. 천황국가를 지탱하는 충실한 도구로서 관료주의의 이미지를 정립해 왔을 뿐만 아니라 19세기 말 강력한 정부관료제의 선도하에 선발산업국가 따라잡기라는 고도성장 과업을 성공리에 완수하였기 때문이다.

물론 양차에 걸친 세계대전이라는 혼란기를 거치면서 양국에서는 특유의 관료주의 전통을 약화시키려는 대내외의 시도가 있었지만 그다지 성공적이지 못했다. 이 점은 전후 경제부활이나 복지국가의 추진과정에서 정부관료제의 인상적인 역할이 재연되었기 때문이다.

하지만 신자유주의와 세계화라는 새로운 변화의 시대를 맞이하여 독일과 일본의 관료주의는 시련에 직면하였다. 독일과 일본이 정립해 온 정부주도형 발전전략(신중상주의와 사회민주주의)만으로는 신자유주의가 설정한 새로운 게임의 규칙에 연착륙하기 어려웠기 때문이다. 이에 양국은 신자유주의를 부분적으로 수용하는 방식으로 무너진 균형의 회복을 시도하였다.

1990년대를 전후해 본격화된 시장근본주의 발전전략으로의 전환과정에서 과거의 발전모델을 주도한 독일과 일본의 관료제는 십자포화에 그대로 노출되었다. 과거의 화려했던 영광은 저 멀리 사라진 대신에 관료제는 망국의 주범이라는 오명을 뒤집어써야 했던 것이다.

전통적으로 독일의 공무원들은 실적제와 직업공무원제를 토대로 확고한 고용보장과 양호한 처우를 받는 대신에 헌법에 절대적으로 충성해야 한다. 즉, 공무원들은 파업을 할 권리가 없으며, 헌법에 반하는 정치적 견해를 표명하면 해고될 수 있다. 그러나 공무원들은 노동조합에 가입할 권리를 보장받고 있다는 점에서 법적 보호장치가 튼실한 편이다. 이러한 이유로 독일의 공무원제도는 변화하는 환경에 너무 느리게 반응한다는 비판을 받아 왔다.

일본의 경우도 독일과 크게 다르지 않다. 정책과정에서 정당과 밀접한 관계를 유지하나 재임중에는 선거나 정당활동에 직접적으로 개입하는 경우가 거의 없을 정도로 정치적 중립성을 확보하고 있다. 하지만 일본의 관료제는 행정법규 자체에 과도하게 집착하는 과정에서 민간에 대한 서비스 기관임을 잊고 각종 신청·보고·신고 등을 과도하게 요구한다는 비판을 받아 왔다. 또한 산하단체 낙하산 자리나 민간위탁 감독권의 확보를 둘러싸고 부처 간 이기주의가 나와바리(張り)다툼으로 연결되는 경우가 적지 않다는 지적을 받아 왔다.

이러한 비판들은 관료제 자체의 본질적 특성에 기인한다는 점에서 단시일 내에 개선되기를 기대하기는 어렵다. 하지만 관료제 개념은 고도의 양면성을 지니고 있다는 점에서 그 개념에 내재된 긍정적 요소에도 주목할 필요가 있다. 합법성과 합리성은 그 자체로 현대 산업사회를 지탱해 온 양대 기둥이자 앞으로도 여전히 필요한 덕목이기 때문이다.

하지만 우리는 산업사회의 산물인 관료제가 지식정보사회를 맞이하여 에드호크라시(adhocracy)로 대치될 것이라고 주장한 앨빈 토플러의 선견지명에도 주목할 필요가 있다. 에드호크라시의 특징은 구조가 고도의 수평적 분화가 이루어져 복잡하지 않을 뿐만 아니라 레드테이프(red tape)의 원천인 공식화 수준도 낮은 편이다. 또한 정책결정의 주도권이 전문가로 구성된 팀에 의해 이루어져 융통성과 신속성이 있고 분권화를 지향하기 때문이다.

동아시아 발전국가의
고도성장원인

전후 시차를 달리하면서 고도성장의 대열에 동참해 온 동아시아 신흥공업국가들이 이룩한 경제성과는 선발산업국가들은 물론 중남미와 여타 저발전국가들을 압도하였다는 점에서 관심의 대상으로 등장하기에 충분한 것이었다. 즉, 대부분의 지구촌 국가들이 적극적 공공정책의 범주에 포함되는 유사한 정책도구들을 동원하였음에도 불구하고 산출된 현저한 경제성과의 차이를 설명하려는 노력들이 1970년대 이래 동아시아 고도성장 논쟁의 중심축을 형성해 왔다.

하지만 신고전파 규제국가론과 신막시안 종속국가론으로 대표되는 전통적 시각은 물론 새로운 대안인 초기 발전국가론도 동아시아 신흥공업국가들의 고도성장원인에 대한 설명의 불완전성을 해소하는 일에 실패해 왔다. 따라서 동아시아 발전이론에 대한 재검토 작업은 구조나 행위에 주목하는 전통적 시각의 연장선상에서 중범위적인 제도의 역할에 주목할 필요가 있다. 하지만 제도는 그 의미가 매우 다양하다는 점에서 통합적 활용이 요망된다. 이러한 문제인식을 반영하는 신제도주의 통합모형의 논거는 다음과 같다.

먼저 수출지향과 수입대체산업화의 비교를 통해 시장개방의 중요성을 역설하는 신고전파 정치경제학, 종속국가와 종속적 발전국가의 저발전과 왜발전 사례를 통해 세계화의 비극에 주목하는 신막시안 정치경제학 등의 한계를 보완하는 한편 국가발전을 주도적으로 관리하는 독립적 행위자로서 정부의 선도적 역할에 주목한 신베버리안 정치경제학의 공과를 탐색하였다.

다음으로 발전의 선도자로서 정부의 제도적 특성에 주목한 신베버리안 국가론의 연장선상에 위치하는 신제도주의 분석틀의 유형화를 통해 발전국가의 동학, 즉 다양한 수준의 제도들이 경제성장에 미친 영향력을 파악하였다. 특히 동아시아 고도성장의 동인을 발전국가의 적극적 산업정책으로 귀인시킨 상태에서 다양한 신제도주의 이론들을 통합하였다. 특정한 분석틀의 가정과 분석단위에 집착하는 패러다임적 사고를 극복하기 위해 분석수준을 연계함으로써 정책추진의 전 과정을 입체적으로 규명할 수 있기 때문이다. 미시 제도주의와 거시 제도주의 및 중범위 제도주의로 구성된 통합논리는 다음과 같다.

우선 정부관료제의 선도적 역할을 중시하는 미시 제도주의 인식논리는 행태주의 혁명의 와중에 실종된 국가의 부활을 선도한 신베버리안 국가론자들의 주도로 정립되었다. 특히 존슨이 일본의 고도성장 사례를 토대로 창안한 발전국가론은 신고전파 시장합리성(market rationality)을 대치하는 대안으로 계획합리성(plan rationality)의 유용성을 상정한다.

또한 거시 제도주의는 성장촉진적 산업정책의 형성을 가능케 한 국가자율성과 국가능력의 원천으로서 강한 국가의 기원을 규명하는 일에 주력해 왔다. 따라서 거시 제도주의 논거를 지지하는 논자들은 노동을 배제한 억압적 지배연합(ruling coalition)의 효율성과 효과성에 착안하였다.

나아가 거버넌스 또는 정책네트워크론으로 지칭되는 중범위 제도주의는 미시 제도주의와 거시 제도주의가 노정한 설명의 불완전성을 보완하기 위해 포괄적인 정책형성보다 구체적인 정책집행의 문제에 대한 관심의 전환을 통해 발전국가의 정교화에 주력하였다. 즉, 정부의 합리적 선택에 내재하는 정책실패의 가능성은 물론 지배연합의 논리 속에 잠재된 계급편향성의 문제를 해소하기 위해 세부 분야별 협력체제의 유용성을 극대화시키는 일을 중시하였다.

결국 지금까지의 논의를 종합하자면 일극체제로 지칭되는 억압적·배제적 지배연합은 반지배연합의 요구를 효과적으로 통제하는 방식으로 국가능력을 향상시키는 제도기반으로 작용하였다. 또한 정부관료제의 기술적 우위성은 차별성과 선택성을 특징으로 하는 산업정책의 신뢰수준을 전반적으로 향상시켰을 뿐만 아니라 과감하고 신속한 정책형성에도 작용하였다. 다음으로 준내부조직으로 지칭되는 정부와 기업 간의 발전지향적 협력관계는 정책집행의 효율성 제고에 기여하였다.

그렇다면 세계화와 정보화로 대표되는 구조전환의 시대를 맞이하여 발전국가의 제도적 효용성을 반영하는 동아시아 고도성장의 미래는 낙관적인가? 이러한 질문에서 우리는 발전국가의 딜레마를 발견할 수 있다. 1990년대 중반 일본경제의 위기로 촉발된 동아시아 위기론이 여타 국가들로 확산되는 추세를 나타내고 있을 뿐만 아니라 최근 반복적으로 재발된 금융위기로 가시화되고 있다. 특히 세계화와 신자유주의는 발전국가를 축으로 유지되어 온 전통적 제도기반의 붕괴를 요구한다는 점에서 문제의 심각성이 존재한다.

따라서 한국형 신발전국가의 재구성 작업은 여타 국가군에 대한 적극적 벤치마킹과 직결된 문제이다. 먼저 영미 경쟁국가에 대한 벤치마킹은 기업가정신에 기초한 기술혁신과 자유시장의 한계를 보완하는 재규제에 주목해야 한다. 또한 유럽 합의국가의 유용성은 계급이나 지역을 초월한 거버넌스 역량과 사회정의를 구현하는 포용적 경제제도이다. 더불어 중남미 해방국가에 대한 벤치마킹은 사회적 약자를 배려하는 보편적 공공서비스나 사회적 기업과 같은 자생적인 빈곤퇴치 노력에 초점을 부여해야 한다.

여타 국가군들의 장점은 발전국가 모델의 약점과 직결된 문제이다. 따라서 자신의 약점에 대한 냉철한 인식과 이를 보완하려는 지속적인 노력은 새로운 발전모형의 창출과 직결된다. 통합모델로서 한국형 신발전국가의 제도화 과정은 다양한 시행착오를 수반한다는

점에서 일정 기간의 과도기를 상정해야 한다. 그러나 새로운 정책아
이디어의 유용성을 현실에서 체감하고 학습하는 방식으로 안정적인
제도화가 촉진될 것이다.

동아시아 경제위기와 정부기업관계의 다양성
: 발전국가와 지대국가

1997년을 전후해 동아시아 일원을 강타한 금융위기를 계기로
정부주도의 산업정책에 대한 기존의 관심과 신뢰는 급속히 약화되고
있다. 물론 IMF 구제금융 체제의 출범 이후 시작된 경제위기의 원인
규명 작업은 외인론과 내인론으로 나누어지면서 국내외적으로 다양
한 견해들이 제시되어 왔지만 관치경제, 즉 지나친 정부규제가 위기
를 초래했다는 시장주의적 견해가 지배적인 시각이다. 이 점은 경제
위기 극복을 제일의 사명으로 출범한 한국의 김대중 정부가 신자유
주의적 정책처방을 채택한 사실을 통해 잘 나타나고 있다.

하지만 이러한 주장을 경제 전반의 보편적인 현상으로 일반화
시키기는 어렵다. 일례로 1980년대 중반 이전까지 한국의 자동차산
업과 전자산업의 정부-기업관계는 부분적인 차이에도 불구하고 대
체로 유사했다. 물론 산업별로 기업이익연합체의 제도화 수준에 상
당한 차이가 존재하였지만 산업정책 주체인 정부의 자율성을 토대로
협력관계가 유지될 수 있었다. 또한 자동차산업은 전자산업에 비해
정부의 기술적 문제해결능력과 기업이익연합체의 중재능력이 미약

하였지만 정부의 강력한 자율성이 갈등의 표출을 억제하였다.

하지만 1980년대 중반 이후 심화된 경제자유화와 민주화 추세 하에서 자동차산업과 전자산업의 정부-기업관계는 상당한 차이를 노정한 것으로 분석되었다. 먼저 자동차산업의 경우 정부의 자율성 과 능력이 약화되면서 상대적으로 재벌의 산업지배가 강화되었다. 그러나 업계의 요구를 반영해 기업이익연합체의 형성과 발전이 촉진 되었던 전자산업의 경우 정부의 산업정책 기조가 변화된 1980년대 중반 이후에도 안정적 제도화의 과정을 지속하였다.

그렇다면 발전지향적 정부-기업관계를 지대추구적 정부-기업 관계로 변질시킨 주된 요인은 무엇인가? 여기에 대한 답변으로는 먼 저 정책주체인 정부의 자율성과 능력이 점진적으로 약화되어 왔다는 점을 지적할 수 있다. 경제자유화와 민주화 추세하에서 더 이상 권 위주의체제에 무임승차하는 방식으로 국가자율성을 확보하기가 어 려워졌음에도 불구하고 새로운 형태의 자율성 확보방안을 제시하지 못하고 있다. 또한 산업구조의 심화에 따라 정부가 관리해야 할 불 확실성과 복잡성 수준이 급격히 증가하였지만 여기에 대응하는 기획 조직의 역량은 오히려 감소되었다.

다음으로 정책대상 집단인 기업의 자생력 향상을 지적할 수 있 다. 중화학공업육성정책의 결과물인 재벌은 1980년대 이후 경제자유 화와 민주화 추세하에서 그동안 정부에 의존해 온 자금동원과 기술 력 및 정보수집 등에서 일정 수준의 자율성을 확보하게 되었다. 이 는 다시 말해 정책대상 집단인 기업에 대한 정부의 통제력 약화추세 를 반영한다. 이에 재벌들은 기존의 순응적인 자세를 탈피해 자신의 의도를 관철하기 위한 방편으로 로비와 비생산적 지대추구를 확산시

켰다. 따라서 공생의 논리에 기초한 중간조직의 활동공간이 협소해
지게 되었고, 이러한 결과는 산업정책의 제도기반 약화로 나타나고
있다.

그렇다면 앞서 제시한 사례분석이 시사하는 한국 산업정책의
미래와 진로는 무엇인가? 먼저 IMF 구제금융의 본질과 관련하여 기
존의 다수설인 내인론보다 외인론에 유의해야 한다는 점이다. 물론
정부주도 산업정책이 구제금융을 초래한 근본적 원인이라는 점을 부
인하기는 어렵다. 하지만 이는 정부의 외환위기 극복노력이 단기적
정책대응의 차원보다는 장기적 정책전환에 초점을 부여한다는 단서
가 전제된 상태에서 타당한 논리이다. 전세계적 경기침체로 인해 부
실화된 국내재벌이 금융부실을 초래한 상태에서 국제금융시장의 위
험성을 간과한 정부의 미숙한 정책대응(자유화에 따른 금융규제 과소
가설)이 외환위기를 초래하였다는 사태의 실체는 내부적 요인보다
외부적 요인이 보다 직접적으로 작용하였음을 의미하기 때문이다.
또한 영국이나 남미국가들과는 달리 외환위기를 단기일 내에 완전히
극복하였다는 우리 정부의 발표도 앞서의 주장을 지탱하는 보완적
논거로 제시될 수 있다.

다음으로 IMF 구제금융의 본질을 단시일 내에 극복 가능한 환
율조정의 문제로 제한할 경우 기존에 추진해 온 신자유주의적 개혁
정책의 성과는 근본적인 정책전환의 관점에서 재평가되어야 한다.
일례로 탈규제 정책의 경우 거시적인 정책전환의 관점보다는 단기적
인 위기극복의 관점에서 추진되어 왔다.

이 점에서 일본과 대만 및 말레이시아의 신중한 접근은 시사하
는 바가 크다. 첫째, 일본의 경우 우리나라와 마찬가지로 미국이나

국제기구로부터 시장지향적 개혁압력에 직면해 나름대로 과감한 공공개혁을 추진하였지만 공공성에 기초한 정부역할론과 친밀한 정부－기업관계를 근본적으로 부정하는 자세를 취하지는 않고 있다. 이러한 인식의 이면에는 비록 산업정책 패러다임이 벤처산업에 적합한 시스템은 아닐지 몰라도 적어도 제조업 중심의 산업구조, 특히 중화학과 같이 거대한 자본투자가 요구되는 산업의 육성을 위해서는 불가피한 선택이라는 판단이 전제되어 있다. 이는 다시 말해 벤처 열풍이 일시적인 현상이고 앞으로도 당분간 제조업이 성장엔진의 역할을 담당할 것이라는 전제하에서 기존의 제도는 당분간 유효할 것이라는 점이다.

둘째, 대만의 경우 수출지향 산업화, 국가주도 산업화, 일본 식민지, 전후 미국의 영향 등에서 한국과 매우 유사한 발전경험을 공유하고 있다. 하지만 한국과는 달리 동아시아 금융위기에도 불구하고 상대적으로 안정적인 경제성장세를 지속하고 있다. 여기에는 중소기업을 중심으로 형성된 협조적 분업체제와 안정적 정부－기업관계가 크게 작용한 것으로 평가된다. 대만 기업의 98%는 중소기업이 차지하고 있으며, 고용의 79%, 수출의 50%는 중소기업이 떠맡고 있다. 또한 혹독한 경쟁원리에 기초한 기업퇴출이 일상화되어 있다. 창업도 쉽지만 파산도 쉽게 결정되므로 경영자는 투자자, 금융기관들의 차입에 신중을 기하지 않을 수 없다. 나아가 안정된 노사관계와 기술혁신에 초점이 부여된 정부의 지원도 주요한 성공요인으로 지적될 수 있다. 일례로 신죽(新竹) 과학기술단지의 성공은 대만 경제의 미래와 직결된 문제로 평가되고 있다.

셋째, 말레이시아의 경우 동아시아 금융위기에 직면하여 한국이나 태국과는 달리 IMF의 구조조정안을 거부하였다. 동아시아 위기의 직접적 원인이 정실자본주의와 같은 내부적 문제가 아니라 국제적 투기자본의 농간에 기인하기 때문에 금융자유화와 같은 신자유주의적 처방보다는 투기자본에 대한 규제강화를 통해 문제를 해결할 수 있다는 것이 마하티르의 생각이었다. 물론 말레이시아의 정책선택은 기존에 시장을 지배하고 있는 외국자본에 더 이상의 개방이 어렵다는 자국의 특수한 시장현실을 반영한 것이지만 국부유출 논란과 같은 급격한 시장개방의 부작용을 경험한 한국에 시사하는 바가 크다.

또한 우리는 산업정책 패러다임이 유지되는 과정에서 발생한 주요 정책실패의 단서를 일부 재벌이 제공하였다는 사실에 주목해야 한다. 따라서 우리 정부의 규제개혁이 표방하고 있는 '기업하기 좋은 나라'에 대한 지나친 확대해석을 유의해야 한다. 물론 다수의 중소기업이나 건전한 대기업을 위해 각종 행정절차를 간소화하거나 준조세를 근절하는 일도 중요하지만 재벌에 대한 통제장치의 유효성을 확보하지 못한 상태에서 공익의 수호라는 사명완수를 기대하기 어렵다. 따라서 이를 반영하는 구체적 처방으로는 기업지배구조의 강화와 견제세력의 육성을 지적할 수 있다.

부연하면 첫째, 향후 산업정책은 산업구조정책보다는 산업조직정책을 중시하는 방향으로 추진되어야 한다. 즉, 규제개혁의 기풍을 활용해 재벌정책이 과거로 회귀하는 조짐을 차단하기 위해서는 실효성을 거두지 못하고 있는 기업지배구조 원칙을 토대로 규제강화 대안을 마련해야 한다.

둘째, 공기업 민영화를 기회삼아 또다시 몸집 불리기를 시도하고 있는 재벌에 대한 견제방안으로 중복업종에 대한 인수금지 조치

를 도입하는 한편 구호만이 무성한 중소기업정책의 현실화가 이루어
져야 한다.

셋째, 정부의 산업정책 수단으로 활용되어 온 산업금융의 비중
을 줄이는 대신에 산업기술이나 산업인력의 역할을 강화시켜야 한
다. 이 점은 국가경쟁력 강화를 위해 자유시장에 대한 보완조치로
과학기술 역량과 우수인재 양성을 중시한 클린턴과 블레어의 정책선
택을 통해 설명될 수 있다. 이러한 준비자세는 제조업 시대의 산업
정책을 지식정보산업 시대의 산업정책으로 한 단계 도약시키는 계기
를 마련할 수 있을 것이다.

넷째, 세계화와 지방화 추세에 대한 능동적 대응을 위해 지역산
업정책의 중요성에도 주목할 필요가 있다. 분권화를 통해 경제활성
화를 이룩한 아일랜드의 경험을 통해 알 수 있듯이 지역산업정책의
강화는 세계화에 부응하는 유용한 대응논리로 활용될 수 있다. 더불
어 지역산업정책에 대한 강조는 정부의 산업정책 역량을 상이한 수
준의 정부 간에 적절하게 분산시킴으로써 발생가능한 무역분쟁을 사
전에 예방하는 효과를 기대할 수 있다.

■■
■■

Chapter 04

중남미 국가의
굿 거버넌스 구현사례

쿠바식 발전의
새로운 진로

　2017년 1월 미국 방문길에 재개된 직항편을 활용해 쿠바 여행에 도전했다. 마이애미에서 이륙한 항공기는 한 시간의 비행 끝에 시엔푸에고스에 안착했다. 우리의 통영처럼 호수같이 잔잔한 내해와 시리도록 파란 하늘이 어우러진 도시의 이름은 피델 카스트로와 체 게바라에 필적하는 쿠바 혁명의 주도자를 기리기 위해 명명되었다.

　비단 도시의 이름뿐만 아니라 아직도 쿠바 전역에서는 혁명의 향수와 잔재를 어렵지 않게 접하게 된다. 중앙은 물론 지방 곳곳에 산재한 혁명기념관을 비롯해 동상, 광장, 포스터, 기념품 등에서 우리는 혁명이 음악에 부가해 쿠바를 대표하는 문화상품으로 자리잡고 있음을 실감하게 된다.

사실 쿠바의 자연경관과 기반시설은 문화유산에 비하면 빈약한 실정이다. 특히 단조로운 육지의 경치에 부가해 허술한 하수도의 악취와 부실한 자동차의 매연은 관광지로서의 품격을 떨어트리는 주범이다. 더욱이 고풍스런 주택들이 제대로 보수되지 못한 체 방치된 모습은 쿠바의 낭만과 희망을 찾아 온 이들의 마음을 아프게 한다.

인접한 도시 트리니다드로 이어진 여정에서는 스페인의 톨레도나 세고비아를 연상시키는 평온한 전경이 인상적이었다. 적기와에 투영된 아름다운 노을이 물러난 도심의 광장에서는 쿠바가 자랑하는 밴드의 음악에 맞추어 흥겹게 즐기는 것이 주요한 테마이다. 하지만 생소한 중남미 살사 음악의 현란한 리듬에 몸을 맞추기에는 다소 무리가 있어 보였다.

다음날 아침 사탕수수 농장을 찾아 떠나는 패키지 기차여행을 계획하였지만 기차는 고장이라 운행정지 상태이며 아바나행 고속버스는 향후 3일 연속 매진이란다. 노후한 합승택시로 수백킬로를 달려 어렵게 도착한 마지막 여정 아바나는 관광 지향의 역사지구, 주거 용도의 빈민가, 업무 위주의 신도시가 각기 다른 목표에도 불구하고 미래를 위한 공존을 모색하고 있었다.

지난 500년 신대륙 아메리카의 역사 속에서 쿠바는 식민지 수탈구조의 전형적 사례로 자리해 왔다. 귀금속과 설탕이 서인도 항로를 대표하는 무역상품으로 부상하는 과정에서 쿠바식 발전의 원형이 형성됐기 때문이다. 흑인 노동력을 활용한 대규모 설탕 농장에서 창출된 부는 스페인으로 유출되거나 토착 자본의 수중에 집중되었다. 19세기를 거치며 대다수 중남미 국가들이 독립에 성공하였지만 쿠바는 호세 마르티의 분투에도 불구하고 1898년 미국의 식민지로 귀결되었다. 결국 20세기 혁명 이전의 쿠바는 매판자본과 결탁한 독재정부가 민중의 권리를 억압하거나 재산을 착취하는 기형적 구조로 재편됐다.

체 게바라가 헌신한 쿠바혁명은 우리의 촛불혁명처럼 순수하고 감동적이었다. 하지만 이후 50년 동안 피델 카스트로 정부가 보여준 '또 다른 발전'은 쿠바혁명으로 밀려난 바티스타 정부의 추종세력을 연상시키는 기득권의 거센 반격에 직면해 그 종착지가 유동적인 상태다. 실제로 카스트로 사망 이후 쿠바식 발전의 공과와 미래에 대한 관심이 커지고 있다. 사회주의의 관료화를 극복하고 신사회주의를 선도한 그이지만 자본주의와 단절하는 과정에서 국부와 직결된 신성장동력을 창출하는 일에는 미흡했기 때문이다.

1989년 미국의 파나마 침공을 통해 알 수 있듯이 쿠바혁명은 구소련의 후원을 배제한 상태에서는 유지되기 어려웠다. 1962년 쿠바 미사일위기를 계기로 미국과 근접한 쿠바는 소련에 근접한 한국처럼 자국의 지정학적 가치를 원조정치에 활용하였다. 이후 소련과 미국은 냉전의 최전방 쿠바와 한국에 대한 경제·군사원조를 확대했다. 하지만 냉전 해체 이후 동병상련의 처지로 전락한 북한과 쿠바는 그들만의 리그를 유지하며 자력갱생에 몰두해 왔다.

혁명 이후 미국과의 단절은 물론 세계화에 역행한 쿠바는 수출지향산업화를 채택한 동아시아 신흥공업국가들과 달리 중남미 특유의 수입대체산업화를 표방하면서 식량자급을 위한 유기농업 중시, 의료서비스 강화를 위한 의과대학 확충, 베네수엘라나 북한과의 구상무역을 활용한 석유와 무기 확보 등에 주력했다. 향후 가속화될 쿠바의 개혁·개방은 북한의 진로에도 영향을 미칠 것이다.

온화한 기후와 화려한 풍광을 자랑하는 카리브해에 위치한 쿠바는 미국 플로리다와 멕시코 칸쿤을 능가하는 관광잠재력을 지니고 있다. 지난해 미국과의 직항노선이 재개되자 관광과 교통 인프라 확충의 필요성이 제기되고 있다. 앞으로 스페인의 식민통치와 미국의 경제봉쇄가 합성한 박제화된 쿠바의 고전적 이미지도 약화될 것이다. 물론 쿠바의 급격한 시장화를 우려한 집권세력의 속도조절이 한동안 계속되겠지만 중국과 같은 연착륙을 기대하기는 어려워 보인다.

카스트로의 쿠바는 차베스의 베네수엘라, 룰라의 브라질, 모랄레스의 볼리비아, 무히카의 우루과이 등으로 대표되는 중남미 신사회주의 열풍의 진원지이자 행복국가의 시금석이었다. 최근 중남미 신사회주의가 약화되고 있지만 신자유주의의 부작용을 경험하고 있는 멕시코, 군사정부의 유산인 포퓰리즘의 후유증에 시달리는 아르헨티나 등과 비교하면 우위를 점하고 있다. 국격을 중시하는 쿠바 모델이 국부까지 장착해 새로운 모델로 탈바꿈할 수 있을지 기대된다.

중남미 스타일
행복국가의 비결

산업사회의 경쟁력은 고도로 관료화된 치열한 경쟁구조 속에서 창출된다. 이러한 명제는 20세기를 통해 선발산업국가 영·미를 순차적으로 추월한 후발산업국가 독일, 일본, 한국, 중국 등의 산업경쟁력 구현사례를 통해 잘 나타나고 있다. 하지만 인간을 수단시하는 산업사회의 비정한 조직과 경쟁 논리는 단기적 국부 창출에 유리하지만 시민들의 행복까지 담보하기에는 무리가 있다.

OECD가 선정한 가장 행복한 나라 13개국을 살펴보면 캐나다와 호주를 제외하고 대부분 서유럽 국가 또는 중남미 국가의 범주에 포함된다. 독일, 영국, 프랑스, 이탈리아 등 서유럽 강중국들과 달리 국민행복을 중시하는 노르웨이, 덴마크, 스웨덴, 스위스, 아이슬란드, 핀란드, 룩셈부르크 등 서유럽 강소국들은 시민의 자율과 창의를 토대로 탈산업사회를 지향해 왔다. 중남미의 경우도 브라질, 아르헨티나, 칠레, 페루 등에 비해 상대적으로 작은 나라들의 행복도가 높은 것으로 나타났다. 아마도 국가의 통제와 독려보다는 개인의 자유와 만족이 국민행복도 증진에 크게 기여한 것으로 보인다.

독일의 행복연구자인 마이케 반 뎀 붐이 행복한 나라 13개국 국민 300명을 인터뷰해 출간한 '행복한 나라의 조건'에 따르면 행복의 원천은 여유, 축제, 낙관, 자유, 기회, 신뢰, 가무, 만족, 공존, 배려, 겸손, 단순, 자연 등으로 나타났다. 이 중에서도 특히 중남미는 공존, 여유, 낙관, 가무, 만족, 자연 등에 상대적으로 높은 가치를 부여하고 있는 것으로 분석된다.

중남미 국가 중에 행복도 상위권에 포진한 멕시코와 콜롬비아는 '마약과의 전쟁'으로 매년 수만명이 납치나 살해를 당하고 있다. 하지만 이러한 살벌한 환경에 위축되기보다는 운에 자신의 운명을 맡기고 일상에 몰입하거나 축제로 위안을 삼는다. 또한 코스타리카와 파나마의 경우 각기 화산과 운하와 연계된 관광자원을 적극 활용하는 방식으로 국민행복도 증진을 도모하고 있다.

2017년 1월 필자가 미국과 쿠바를 경유해 마지막 여정으로 잠시 들른 세계적 휴양지 칸쿤에서 해적쇼를 관람한 현장에서도 이러한 특징을 확인할 수 있었다. 해적쇼의 사회자가 승선자들을 대상으로 국가별 장기자랑을 진행하였는데 양과 질 모두에서 중남미 출신들이 북미나 유럽 및 아시아를 압도하였다. 특히 옆자리에 동석했던 콜롬비아 출신 가족은 가수 박상민과 예능인 이다도시를 연상시키는 푸근하고 발랄한 외모의 부부가 3명의 자녀까지 대동해 선박 관람석의 복도로 나와 가무본능을 한껏 발휘하였다.

물론 자신의 어려운 처지를 비관하기보다 주어진 여건에서 최대한의 행복을 추구하는 중남미 스타일을 산업사회의 경쟁논리가 지배하는 한국에 그대로 적용하기는 어렵다. 하지만 부정보다는 긍정, 욕망보다는 만족, 간판보다는 내실, 낭비보다 절제, 경쟁에서 연대, 과도한 노동에서 적정한 여가로 등과 같은 우선순위의 전환을 추구해야 한다.

아르헨티나의
비극이 주는 교훈

아르헨티나는 2001년 810억 달러에 달하는 국가채무의 지급을 유예한다는 디폴트를 선언했다. 1998~2002년 동안 다시 표출된 금융위기로 인해 아르헨티나는 대공황에 근접하는 국내총생산 18% 감소, 실업률 20% 상회라는 고통에 직면하였다. 그리고 채무재조정이

완결되지 않은 금융위기의 여진은 아직도 계속되고 있다.

근대화론에서 신자유주의로 이어진 주류 발전론자 진영은 확산론으로 지칭되는 국가 간 경제격차의 수렴가설을 신봉해 왔다. 미국을 대표하는 경제학자로 자리잡은 폴 크루그먼은 동아시아의 고도성장의 비결로 높은 저축율과 투자율, 교육과 근면의 중시, 은행과 수출제도의 개혁, 신기술의 신속한 모방 등을 지목하였다. 특히 기술혁신이 결여된 동아시아 고도성장의 미래를 비관적으로 전망하였다. 따라서 향후 동아시아의 성장률이 떨어지는 대신에 중남미의 성장률은 상승하는 수렴추세를 목격할 것이라는 예측이 가능했다.

하지만 아르헨티나로 대표되는 중남미 국가들은 과도한 인플레이션, 정치적 불안정, 인권탄압, 정부부패 등으로 인해 수렴가설의 예외현상을 표출해 왔다. 반면에 중국으로 대표되는 동아시아 국가들은 주류 발전론으로 충분히 설명하기 어려운 고도성장세를 계속 유지해 왔다.

아르헨티나는 1816년 독립 이래 광활하고 비옥한 영토를 활용해 농축산업을 집중 육성하였다. 낙농업을 기반으로 세계 5위의 부를 창출한 아르헨티나는 1940년대 초부터 자동차, 원자력, 항공, 전자 등 4대 전략산업을 선정해 제조업 강국으로의 변신을 추구하였다.

그렇다면 아르헨티나가 세계 5대 부국에서 1970년대 후반 이후 세 차례나 외환위기를 경험한 주요 원인은 무엇인가? 첫째, 지난 60년 동안 계속된 군사쿠데타의 악순환을 들 수 있다. 일례로 군정 대통령 갈티에리는 1982년 영국령 포클랜드 수복전쟁을 일으켜 경제적 파탄과 국제적 고립을 자초하였다. 물론 대공황을 치유한 일등공신이 전쟁이라는 점에서 그의 결정이 경제와 무관한 일은 아니다.

둘째, 장기적인 경제개발계획의 부재이다. 이 나라의 역대 정권은 정치적 혼란으로 단기간 집권했기 때문에 체계적이고 전략적인 산업정책을 수립하기 어려웠다. 따라서 농축산물을 수출해 부를 축적한 부유층은 수출대금을 해외로 유출하는 방식으로 국가의 성장잠재력을 약화시켰다.

셋째, 금융위기로 대표되는 경제정책의 실패이다. 역대 정권의 경제정책은 인플레이션 억제와 긴축재정 및 외환통제를 활용해 경제위기를 극복하는 일에 초점을 부여하였다. 그러나 정부의 인플레 억제와 재정 긴축은 산업의 활력을 저해하였고, 고정환율제는 페소절상을 초래하여 임금인상과 물가폭등의 빌미를 제공했다.

한편 1983년 12월 오랜 군정을 종식하고 민정을 출범시킨 좌파 성향 라디깔당 출신의 알폰신 대통령은 민주화, 양민 학살자 색출 등에 주력한 반면에 서민들의 생활안정과 직결된 경제정책은 역부족이었다. 또한 1989년 7월 재집권한 정의당(페론당)의 메넴 대통령도 IMF 구제금융 협약의 이행과정에서 경제불안을 재발시켰다. 이 두 사례는 노동운동과 파시즘이 결합한 포퓰리즘이라는 대중영합주의 정책을 좀처럼 청산하기 어려웠던 아르헨티나의 구조적 한계를 시사한다.

30년 동안이나 계속된 군사정부, 광주민주화운동에 대한 무자비한 탄압, 민정 이후의 경제관리 실패와 IMF 구제금융체제로의 이행, 진보 정권에 대한 포퓰리즘 공세 등의 측면에서 한국은 아르헨티나와 유사한 역사적 경험을 지니고 있다. 물론 한국은 효과적인 정부와 치열한 경쟁문화를 고양하는 방식으로 안정적인 경제성과를 산출한 반면에 국가의 부재와 민중의 차별이 결부된 아르헨티나의 경제고통은 계속되고 있다.

하지만 중남미 전반으로 확산된 좌파의 상승세가 안정화 단계로 이행한다면 중장기 관점에서 아르헨티나의 부활도 불가능한 일은 아니다. 중남미가 경험한 경제실패의 원인에는 내부적 요인과 병행하여 미국의 간섭으로 대표되는 외부적 요인이 크게 자리하고 있기 때문이다. 이 점에서 미국계 헤지펀드와의 채무조정 실패로 다시 위기감이 고조되고 있는 아르헨티나의 연착륙을 기대해 본다.

아메리카 3대 문명이
남긴 흔적

아메리카 문명의 기원은 간빙기라는 혹독한 생존의 위기를 타파하기 위해 구석기 수렵채집인들이 먹거리를 찾아 이동하면서 시작되었다. 지구의 온도가 내려가자 바다나 내륙의 물이 눈으로 지상에 축적되면서 해수면이 내려갔고 자연스럽게 유라시아에서 아메리카로 향하는 이동경로가 열리게 된 것이다.

아메리카에 도달한 원주민 인디안들이 주로 정착한 지역은 마야, 아즈텍, 잉카라는 3대 문명이 번성한 지역이다. 해당 문명의 지리적 위치는 적도에서 조금 떨어진 아열대 기후대로 생활과 농경에 적합한 지역이었다. 유라시아 지역과 마찬가지로 문명의 탄생 이전에 유목에 의존하던 아메리카 인디언들이 농경에 종사하면서 문명의 발전이 가속화된 것이다.

　　세계적인 휴양관광의 메카 칸쿤이 위치한 멕시코의 유카탄 반
도와 과테말라, 벨리즈, 니카라과 등 인근 지역에 산재한 마야 문명
권의 경우 생활과 농경에 유리한 기후와 지리적 조건을 갖추고 있
다. 더불어 멕시코 중부의 수도 멕시코시티 인근에 위치한 아즈텍
문명도 유사한 사례에 해당한다. 나아가 이러한 문명의 영향권은 멕
시코와 중미 전역은 물론 텍사스와 플로리다로 대표되는 미국의 남
부지방까지 포함한다.

　　19세기 미국은 동부 식민지 13개로 제한된 미국의 영토를 확대
하는 과정에서 스페인과 프랑스 식민지들을 군사적·경제적으로 압
박했을 뿐만 아니라 남부지역에서 농경생활을 영위하던 인디언 원주
민들을 그랜드캐년 인근의 척박한 사막지대로 몰아냈다. 일례로 루
이지에나주 미시시피 강변에 위치한 뉴올리언스 프렌치쿼터 중앙공
원에 위치한 잭슨장군의 동상은 카우보이 스타일 영토확대 전략의
눈부신 성과를 기리는 기념물이다. 서부개척전쟁이 아니었다면 시골
의 농장주에 만족했을 잭슨이 백인 개척민들의 성원에 힘입어 미국
대통령에 당선된 일은 당시의 시대정신에 부합했기 때문이다.

　　오늘날 멕시코 칸쿤이 세계적인 관광지로 부상한 이면에도 앞
서 제시한 지리와 기후 여건이 크게 작용하였다. 광활하고 수려한
칸쿤 해변의 풍광은 바라보는 것만으로 사람들의 마음을 편안하게
한다. 더불어 풍부한 산호 해변은 풍부한 어족자원의 보고이기도 하
다. 나아가 옥수수를 대량 재배하기에 유리한 광활한 평원은 고대
문명의 물적 토대로 작용하였고, 비록 혼혈이지만 인디언 계열이 현
대 멕시코의 주류로 자리잡게 하는 원동력으로 작용하였다.

　　한편 남미 지역에 위치한 잉카 문명의 경우 북미 지역의 마야나

아즈텍보다 문명형성에 불리한 적도에 근접했던 관계로 고원도시들이 발전하였다. 더불어 미국 기병대에 밀려난 미국 남부의 인디언들과 마찬가지로 잉카의 후예들도 총·균·쇠를 앞세운 스페인 정복자들을 피해 깊은 산속으로 들어간 측면도 존재한다.

참고로 콜럼버스가 쿠바를 발견한 직후부터 아메리카 공략을 선도한 스페인의 경우 농업에 유리한 카리브해 연안과 광업에 적합한 안데스 산맥에 주력하였다. 따라서 북미와 남미의 고위도 지역들은 18세기 이후 아메리카에 도착한 후발 이민자들의 개척지로 남아 있었다. 실제로 미국 중서부나 아르헨티나 평원의 개발이 본격화된 것은 비교적 최근의 일이다.

이처럼 아메리카 고대 문명들이 예외 없이 후발 정복자들에게 허망하게 무너진 배경에는 간빙기 이후 계속된 유라시아와의 지리적 단절이 지속된 일에 주목해야 한다. 외부 세계와의 교류와 접촉을 통해 문명의 신성장동력을 확보하는 일에 실패하였기 때문이다. 일례로 옥수수에 일방적으로 의존하는 과정에서 발생한 영양의 부족이나 라마를 제외한 가축의 미활용으로 대규모 농업의 확산이 지연된 일이 대표적 사례이다.

중남미 해방국가의 발전전략
: 서민생활의 안정과 지속가능발전의 지향

중남미 국가들은 19세기 초 독립 이래 지난 200년간 국부증진

을 위한 다양한 노력을 전개해 왔다. 하지만 자유주의와 사회주의를
넘나드는 다양한 발전모델의 도입에도 불구하고 저성장의 한계를 탈
피하는 일에는 실패한 것으로 평가되고 있다. 특히 중남미 국가들은
제2차 세계대전 직후 동아시아 국가들에 비해 국민소득이 높았지만
이후 수입대체와 수출지향이라는 산업화 전략상의 차이로 인해 상황
이 역전된 것으로 평가되고 있다.

이러한 문제인식을 반영하는 중남미 국가들의 발전전략은 최근
들어 매우 다양한 형태로 분화하고 있다. 먼저 멕시코나 칠레의 경
우 FTA 체결사례를 통해 알 수 있듯이 동아시아를 벤치마킹해 수입
대체에서 수출지향으로 전환을 추진하고 있다. 다음으로 국가부도
위기를 경험하고 내수기반이 풍부한 브라질과 아르헨티나의 경우 국
내경제에 대한 세계체제의 영향력을 최소화하려는 방어적 자세를 취
하고 있다. 나아가 쿠바와 베네수엘라의 경우 신사회주의 관점에서
자립노선과 직결된 수입대체는 물론 공공서비스 보편성이나 지속가
능발전에 관심을 보이고 있다.

1492년 콜럼버스의 서인도 제도 발견과 더불어 스페인의 식민
지로 전락한 쿠바는 남미 식민개척을 위한 교두보이자 사탕수수 생
산기지로 집중 육성되었다. 19세기 말 스페인의 힘이 약화되자 민중
해방의 열망이 호세 마르띠(1857~95)가 주도한 독립투쟁으로 표출
되었지만 1898년 미국의 식민지로 귀결되고 말았다. 하지만 해방에
대한 쿠바 민중들의 열망은 1959년 피델 카스트로(1926~현재)와 체
게바라(1928~67)가 주도한 혁명정부를 출범시켰다. 나아가 미국의
세력권인 남미에서 최근 쿠바와 베네수엘라 간에 체결된 민중동맹은
신사회주의의 이상실현을 위한 새로운 시도로 평가되고 있다.

종속이론의 전통이 강한 남미에서는 미국의 영향력을 차단하기 위한 자립경제와 구상무역을 추구해 왔다. 특히 쿠바와 베네수엘라는 의료와 석유를 매개로 협력관계를 유지하고 있을 뿐만 아니라 국민들의 복지와 생태환경의 보존에도 심혈을 기울이고 있다. 영미 경쟁국가들이 세계화를 앞세워 자유무역과 기술혁신에 주력하고 있음에 반하여 쿠바와 베네수엘라는 수입대체를 토대로 소득재분배와 지속가능발전에 주목해 왔다.

남미의 대표적인 산유국인 베네수엘라는 케냐, 사우디아라비아, 러시아 등 여타 자원부국들과 마찬가지로 자원의 저주에서 자유롭지 못한 역사를 가지고 있다. 1912년 최초로 유전이 개발된 이래 다국적 기업의 주도하에 석유가 수출에서 차지하는 비중이 급격히 증가하였지만 국민경제 전반의 발전으로 이어지지 못하였다. 빈부격차의 심화와 환율상승에 따른 기존 주력산업의 경쟁력 약화와 같은 부작용이 표출하였기 때문이다.

1998년 집권한 차베스는 이후 3년간 경쟁보다는 협동에 초점이 부여된 '볼리바르 계획 2000'을 표방하면서 정당간 담합구조 타파, 부정부패의 척결, 빈곤문제의 해결에 초점을 부여하였다.1) 특히 빈곤타파를 위한 복지정책에 최고의 우선순위를 부여하면서 학교, 병원, 보건소, 주택, 공원 등에 대한 서비스를 강화하였다. 더불어 복지

---

1) 필리핀의 하원의원이자 남반부 포커스라는 연구단체의 수석연구원인 월든 벨로(Walden Bello)는 탈세계화를 지향하는 개발도상국가들의 맞춤형 발전전략으로 수출보다는 내수, 중앙집권에서 지방분권으로, 지역경제와 중소기업의 보호, 제조업 중시 산업정책, 소득과 토지의 재분배 강화, 성장보다는 삶의 질과 친환경, 친환경 기술과 신재생에너지 활용, 민주적 정책결정방식의 강화, 시민사회의 감시기능 강화, 협동조합과 혼합경제 중시, 세계화에서 지역화로 등이다(노암 촘스키 외 저, 김시경 역, 2012: 108~110).

서비스 전달의 대응성과 효율성 제고를 위해 군대를 적극적으로 활용하는 정책아이디어의 발굴도 이루어졌다.

차베스 정부가 추진한 중요한 복지정책으로는 먼저 도시 토지 개혁을 들 수 있다. 정부 소유 토지에 위치한 빈민가 시민들이 구성한 위원회에 공영개발권을 허용하는 방식으로 자가소유 주택신축을 허용하였다. 나아가 시민들이 새로 획득한 주택의 소유권을 담보로 개인사업을 위한 대출도 가능해졌다.

다음으로 사회경제 프로젝트의 강화를 통해 협동조합과 소액금융 사업을 추진하였다. 집권 초기부터 강화된 새로운 프로젝트의 시행으로 조합원 간에 수익을 균등하게 배분하는 협동조합이나 사회적 기업이 크게 성장하였을 뿐만 아니라 방글라데시의 그라멘(Grameen) 은행 모델에 기초한 소액금융 사업도 확대되었다.

이 밖에 차베스 정부의 복지정책은 교육재정의 확대를 통한 공립학교 확충, 육아지원 프로그램의 확대, 대학입학 기회의 확대, 문맹퇴치를 위한 사회교육의 확대, 고등학교 미진학자를 대상으로 한 직업교육, 쿠바의사 유치를 통한 무상의료 제도, 생필품 네트워크 강화를 위한 지원 등 매우 다양하다.

쿠바와 베네수엘라의 신사회주의 실험은 남미 전반의 경제활성화를 유도하는 촉매제로 작용하였다는 점에서 의미를 부여할 수 있다. 특히 2002년부터 8년간 집권한 브라질의 룰라는 차베스와 유사한 방식으로 중산층의 강화와 물가안정 및 경제성장률의 상승이라는 놀라운 경제성과를 이룩하였다. 이 점은 룰라가 퇴임할 당시 브라질 국민들의 지지율이 90%에 육박했다는 사실을 통해 잘 나타나고 있다.

Chapter 05

기타 국가의
굿 거버넌스 구현사례

몽골식 체제전환의
성과와 과제

한때 유라시아를 호령했던 초원의 제국 몽골은 근대화라는 '거대한 흐름(mega trends)'에 제대로 부응하지 못하면서 역사의 변방으로 떠밀리고 말았다. 특히 청과 러시아의 팽창정책이 극대화된 19세기를 통해 몽골의 존재감은 극도로 약화되었다. 20세기 초 사회주의 계획경제를 표방한 소련의 후원하에 국민국가의 면모를 갖추기 시작하였지만 위성국가의 한계로 인해 본격적인 도약을 기대하기는 무리였다.

1949년 본토를 장악한 사회주의 중국의 위협(threat) 속에서 소련과의 동맹관계를 청산하지 못한 몽골의 침체는 20세기 내내 지속되었다. 하지만 1990년대 초 소련이 붕괴하면서 몽골은 변화의 기회 (oppurnity)를 포착하게 된다. 미국의 관심과 지원을 기반으로 신자유 주의로 지칭되는 '워싱턴 컨센서스(Washington consensus)' 프로그램 이 본격적으로 가동되었기 때문이다.

몽골이 소련 연방을 구성했던 여타 국가, 특히 중앙아시아의 '스탄' 공화국들과 달리 급진적으로 자유시장에 몰입한 이면에는 인 국 300만의 소국이라는 점과 과거의 영광에 기인하는 국민적 자신감 이 크게 작용한 것으로 분석된다. 더불어 1990년대 이후 몽골에 대 한 중국과 러시아의 상대적인 관심도 저하도 몽골의 독자적인 체제 전환 행보에 유리하게 작용하였다.

지난 사반세기 동안 몽골이 연출한 시장지향적 체제전환의 드 라마는 적어도 외견상 성공적인 것으로 평가되고 있다. 고도성장이 라는 경제적 측면의 성과에 부가해 정권교체라는 정치적 측면의 성 과를 동시에 이룩하였기 때문이다. 이는 다시 말해 서구가 500년 동 안 이룩한 근대화(산업화와 민주화)의 성과를 한국이 지난 반세기 동 안 이룩하였던 반면에 몽골은 불과 사반세기에 압축적으로 구현하였 다는 것이다.

그렇다면 지난 25년 동안 몽골의 체제전환을 가능케 한 핵심적 동인과 함의는 무엇인가? 이러한 질문에 응답하기 위해 본 연구는 우선 체제전환의 동인을 정치와 행정이라는 제도적 측면을 중심으로 살펴보고자 한다. 또한 몽골이 이룩한 체제전환의 공과를 다각도로 검토하고자 한다.

저발전 국가의 초기 도약을 좌우하는 핵심 변수는 한국의 고도 성장 사례를 통해 알 수 있듯이 최고지도자의 변혁적 리더십과 정부

의 거버넌스 역량이다. 국가 지도자나 관료들이 현실에 안주하며 이
권에 몰입하는 지대추구자를 탈피하지 못한 상태에서 미래의 성과를
기약하기는 어렵다. 더불어 보다 장기적인 시야에서 갈수록 심화될
정부 역량의 한계를 시장이나 시민사회가 적절히 보완할 수 있어야
한다.

중동의 강소국
아랍에미리트와 카타르

부족국가의 전통이 강한 중동 지역에는 역사 이래로 다양한 형
태의 소국들이 번성하였다. 미니 왕국의 형식을 취하고 있는 중동스
타일 도시국가들은 최근 정치적 후진성에도 불구하고 오일달러에 기
인하는 경제적 영향력을 확대하고 있다. 이 중에서도 특히 세계적인
관광국가로 부상한 아랍에미리트와 2018년 월드컵 개최권을 확보한
카타르의 성과는 국제적 위상변화를 실감케 하는 대표적 사례이다.

부족연합체 형식을 채택한 아랍에미리트는 아부다비·두바이·
샤르자·라스 알 카이마·아즈만·움 알 카이 와인·푸이자라 등 7개
의 토후국으로 구성되어 있다. 원래는 9개의 토후국으로 구성되어
있었으나 1971년 카타르와 바레인이 분리 독립하였다.

아랍에미리트의 세계화를 선도하고 있는 두바이의 경우 공항과
호텔의 경쟁력을 앞세워 관광산업의 활성화를 유도하고 있다.

먼저 두바이는 최근 신설 공항이 개장하면서 연간 7,100만 명의

여행객을 맞아들여 세계 1위로 부상하게 된다. 이러한 도약의 비결은 공항이라는 하드웨어 확충에 부가해 항공노선 규제를 철폐하는 '오픈 스카이 정책'을 채택한 일이 크게 작용하였다. 더불어 공항 서비스 평가에서 9년 연속 세계 1위를 차지한 인천공항을 벤치마킹하는 방식으로 소프트웨어 개선에도 주력하고 있다.

다음으로 두바이는 2020년 세계 엑스포 개최를 앞두고 곳곳에서 호텔 확장 사업이 한창이다. 세계 최고층 빌딩인 부르즈 칼리파를 비롯해 세계 최대의 인공섬인 팜아일랜드에 다양한 형태의 숙박시설이 포진하고 있다. 나아가 화려하지만 저렴한 호텔의 경쟁력은 사막과 낙타를 테마로 한 관광상품들과 시너지를 창출하는 방식으로 여행객들을 유혹하게 될 것이다.

앞서 제시한 아랍에미리트의 실용주의 전략은 성장의 한계를 노정한 인천공항에 시사하는 바가 크다. 물론 우리 정부가 항공이나 관광산업의 육성을 위해 공기업 구조조정이나 과감한 규제철폐를 시도하기에는 무리가 있다. 하지만 정책의 균형을 훼손하지 않는 한도 내에서 보다 실용적인 정책수단을 고안할 필요가 있다.

한편 카타르의 발전전략은 스위스, 오스트리아, 노르웨이 등 유럽의 소국들과 마찬가지로 중립을 표방하는 실용주의 외교정책을 배제한 상태에서 충분한 설명이 어렵다. 이는 싱가포르와 홍콩으로 대표되는 동아시아의 소국들도 유사한 정책기조를 표방해 왔다는 사실을 통해서도 잘 나타나고 있다.

카타르의 등거리 외교는 1995년 셰이크 하마드가 무혈쿠데타로 집권하면서 본격화되었다. 이후 카타르는 수니파와 시아파, 친미와 반미 등 정치적 이해관계를 달리하는 중동 열강의 틈바구니에서 '가

급적 적을 만들지 않는다'는 원칙을 준수해 왔다.

카타르가 '소프트 파워' 전략을 위해 채택한 정책수단은 막대한 국부펀드, 알자지라 방송, 브루킹스 도하 연구센터 등을 들 수 있다. 하지만 이러한 목표와 노력에도 불구하고 카타르의 발전전략은 최근 불거진 2022년 월드컵유치 비리의혹, 아랍의 봄을 선도한 무슬림 형제단 지원에 대한 인접 국가의 반발 등으로 시련에 직면한 상태이다.

한편 카타르의 경제적 풍요는 국민들이 누리는 다양한 복지혜택을 통해서도 확인이 가능하다. 세계 2위를 자랑하는 1인당 GDP 10만 달러에 부가해 무료 공공서비스, 소득세 면제, 무이자 대출, 무상 토지대여 등과 같이 상상을 초월하는 혜택을 누리고 있기 때문이다. 하지만 이러한 복지혜택이 카타르 인구의 약 90%를 차지하는 외국인 노동자를 배제하고 있다는 점에서 제한적이다. 나아가 카타르는 국제앰네스티 및 여러 인권단체로부터 축구경기장을 비롯해 다양한 건설현장에서 일하는 이주노동자들의 노동환경이 매우 열악하다는 지적을 받고 있다.

결국 카타르는 막강한 국부를 토대로 국질과 국격에서도 일정 수준의 성과를 창출하는 단계로 이행하였다. 하지만 보다 균형 있고 안정적인 국가발전을 위해서는 외국인 노동자에 대한 배려와 안정적 동맹관계의 체결이 요구된다.

세계화의 태동이
말레이와 카리브에 남긴 흔적

세계화는 이제 지구촌 어느 누구도 외면하기 어려운 구조적 제약환경으로 부상한지 오래이다. 세계화는 단순히 경제의 자유화라는 측면을 초월해 정치의 약화, 제도의 수렴, 다문화 촉진, 기술의 급변 등을 포괄하는 다차원 개념이자 확고한 현상으로 자리 잡았기 때문이다.

지리상의 발견을 계기로 본격화된 근대적 세계화는 인간 활동의 다양한 분야에 걸쳐 많은 흔적들을 남겨 주었다. 포르투갈과 스페인이 선도한 신항로의 개척은 각기 아시아와 아메리카를 중심으로 이루어졌다. 특히 신항로의 활성화는 물자와 사람의 이동을 촉진시키는 방식으로 인류 문명의 신기원을 이룩하였다.

먼저 인도양과 남중국해를 연결하는 해상교통의 요지인 말레이 반도에는 1400년대 이후 페낭, 말라카, 싱가포르 등과 같은 항구들이 번성하였다. 일례로 페낭의 조지타운은 활발한 해상무역을 토대로 다인종 복합문화 중심지로 발전해 왔으며, 2008년에는 이러한 특이성을 인정받아 유네스코의 세계문화유산으로 지정되자 관광객이 넘쳐나는 제2의 전성기를 맞이하고 있다.

포르투갈이 말라카 해협에 진출한 1511년 페낭에는 이미 84개의 언어가 사용될 정도로 세계화가 진전되어 있었다. 다문화 도시 페낭의 발전에는 이민과 식민의 역사에 부가해 이슬람의 관용이 크게 작용하였다. 중국과 인도의 이민을 따라 온 힌두교와 불교는 물론 서구 식민통치의 유산인 기독교까지 포용하였기 때문이다.

　　다음으로 남미와 북미의 분기점에 위치한 카리브 해역에는 1500년대 이후 쿠바, 바하마, 푸에르토리코 등과 같은 도서국가들이 출현하였다. 특히 푸에르토리코의 대표적 항구 산후안은 1508년 건설된 이래 아메리카와 유럽을 잇는 거점으로 번성하였으며, 이 과정에서 영국·프랑스·네덜란드의 침공을 받기도 했다.

　　동남아시아와 구별되는 중남미 식민지배의 특수성은 기존에 정립된 문화와 경제력이 얼마나 중요한 변수인가를 알려준다. 서양에 필적하는 고유한 문화는 물론 교역을 위한 토착 물산마저 빈약했던 중남미는 기존 체제의 붕괴와 신체제로의 전면적 대치를 경험해야 했다. 더불어 자생적인 변신의 기회를 박탈당한 원주민들은 혼혈의 파고 속에 인종적 고유성까지 상실하는 비극을 연출하였다.

　　그렇다면 일본의 식민통치를 경험했지만 다행히도 민족적 정체성을 보존한 우리가 향후 설정할 세계화 대응전략은 무엇인가? 아마도 우리의 문화와 경제에 대한 확고한 자신감과 경쟁력을 토대로 외부의 이주와 교역요구를 포용할 수 있어야 한다. 상호간에 윈윈(win-win)하는 보편적 국제기준의 설정과 준수에 적극 나서는 한편 우리만의 특수성에 대한 자존감을 상실하지 않도록 부단히 유의해야 한다.

　　물론 국제관계 구조와 한국인의 정서를 고려할 때 1965년 말레이시아가 싱가포르 독립을 용인한 것처럼 우리가 제주도의 독립을 용인하기는 어려울 것이다. 하지만 자기 지역에 대한 방어에 급급해 외부의 정상적인 투자시도까지 배척하는 편협한 대응자세로는 세계화에 부응하는 새로운 중심지의 탄생을 기대하기 어려울 것이다.

　　나아가 그리스와 몽고는 물론 과거의 우리나 최근의 미국까지 세계적인 부국들은 예외없이 해외의 지식과 인재들을 적극 유치하는 방식으로 국가경쟁력을 강화한 점에 주목해야 한다. 따라서 고구려와 고려의 개방적 교류전통을 망각한 채 폐쇄적 신분질서에 안주해 이미 우리의 현실로 자리 잡은 결혼이민이나 이주노동까지 차별하는 편협한 행태로는 세계화를 선도하는 개방형 통상국가로의 도약은 물론 민주적 세계시민의 자질도 인정받기 어려울 것이다.

공산주의 맹주
소련의 몰락원인

볼세비키 혁명으로 공산주의 정권을 수립한 소련은 강력한 권력을 행사하면서 난공불락과 같은 '철의 장막'의 중심이 되었다. 레닌의 사망 이후에는 스탈린 시대(1924~1953), 흐루시초프 시대(1953~ 1964), 브레즈네프 시대(1964~1982)를 거치면서 미국과 더불어 세계의 한 축을 담당한 초강대국으로 부상하였다. 그러나 치열한 냉전의 와중에 국력을 소진한 소련은 고르바초프의 서기장 취임을 전후해 급속히 체제전환 압력에 직면하였고 결국 공산주의가 붕괴하는 '소리없는 혁명'을 겪게 되었다.

그렇다면 무엇이 소련의 체제전환을 초래한 변인인가? 하나는 상황적 요인이고, 다른 하나는 리더십 요인이다. 소련 해체라는 역사의 흐름에서 고르바초프의 '페레스트로이카'와 '글라스노스트'는 극적인 사건(trigger event)으로서 이를 가능케 한 상황적 요인을 간과할 수 없다. 경직된 중앙기획체제와 근대화의 불가능성 및 농업생산의 비효율성이 장기간 누적되었고, 단기적으로는 1970~80년대의 경제 침체와 농산물 수확감소가 체제전환의 압력으로 작용하였다. 이러한 상황에서 고르바초프의 페레스트로이카와 글라스노스트가 촉매역할 을 수행하면서 소련이 해체되고 공산주의가 붕괴하는 경험을 하게 된다.

고르바초프가 추진한 페레스트로이카와 글라스노스트는 소련의 사회주의 체제를 유지하면서 정치, 경제 등의 분야를 개혁하기 위한 정책대안으로 고안되었다. '개방'이라고 불리는 글라스노스트는 소련 생활의 진실에 대한 지식을 유포하는 것을 허용하는 결정이었고, '개 혁'이라고 불리는 페레스트로이카는 정치적, 경제적 개혁을 의미한 다. 이러한 고르바초프의 개혁은 '위로부터의 개혁'이라고 할 수 있 다. 위로부터의 개혁이 성공하기 위해서는 최고통치권자의 리더십이 필요한데 그의 리더십은 안정적으로 개혁을 추진하고 완수하는 데는 미흡하였다.

고르바초프의 리더십 부재는 민족문제에 대한 대응과정에서도 잘 나타난다. 소련은 외견상 15개 '자치'공화국들이 모인 연방국가이 지만 공산당의 강한 집권성과 폭력으로 결합된 사실상의 제국이었 다. 그런데 고르바초프가 등장하면서 민족문제의 해결이 요구되었고 발틱 공화국들(에스토니아, 라트비아, 리투아니아)의 분리운동에 대한 대응은 보수주의자와 자유주의자 사이에서 어느 한 쪽을 선택해야 하는 고민을 던져주고 있었다. 그러나 그의 리더십은 우왕좌왕하고 있었고, 1991년 8월 보수주의자들은 고르바초프에 대항하여 쿠데타 를 일으켰다. 이후 쿠데타는 진압되었지만 쿠데타가 실패했다고 해서 고르바초프의 위치와 지위까지 회복된 것은 아니었다.

1991년 말 소련연방은 공식적으로 해체되고 '독립국가연합 (Commonwealth of Independent States: CIS)'이 출범하였다. 러시아 연방 초대 대통령으로 취임한 보리스 옐친은 개혁을 주창하였지만 과거와 완전히 단절된 새로운 시장경제체제를 구축하지 못한 것도 사실이다. 그러므로 과거의 계획경제도 정지되었고 새로운 시장경제체제도 정상적으로 작동하지 못하는 혼돈의 상태가 지속되었다. 결국 1992~1993년 옐친에 의해 시도된 시장경제로의 '충격요법'은 통제할 수 없는 인플레이션이라는 최악의 결과를 초래하고 말았다.

요컨대 세 번의 혁명으로 수립된 소련의 공산주의 정권은 장단기적인 원인과 고르바초프의 '개혁·개방'정책을 통해 국가체제의 전환을 맞이하였다. 그러나 국가체제의 전환 시기에 국가지도자들에게 요구되는 리더십이 부재하였고 그 결과 과거와 단절된 새로운 경제체제의 도입 시도는 엄청난 부작용과 문제를 발생시켰다.

물론 지금의 러시아는 계몽군주제의 전성기 짜르인 표트로를 연상시키는 강력한 대통령 푸틴의 재등장으로 국정의 활력을 회복한 상태이다. 가스수출을 통한 경제활성화와 테크노크라트가 주도한 제도개선으로 국민적 신뢰가 증진되었다. 하지만 최근 크림반도 사태를 통해 표출된 러시아의 과도한 자신감은 불필요한 분쟁의 불씨를 제공할 수 있다는 점에서 속도조절의 미덕이 요구된다.

남반부 스타일
줄이는 발전

현대 사회를 대표하는 거대 발전이론은 크게 서구의 근대화론과 남미의 종속이론으로 구분된다. 각기 잘사는 나라와 못사는 나라를 옹호하는 이론이자 지역적인 관점에서 북반부와 남반부 스타일로 지칭되기도 한다.

서구의 근대화론은 지난 500년의 자본주의 역사를 통해 산업화와 민주화 또는 성장과 분배가 상승효과를 발휘하는 방식으로 점진적으로 진화해 왔다는 점에 주목한다. 또한 이러한 진화과정 속에서 국가별로 발전의 시차가 존재하지만 결과적으로 모든 국가로 성장의 온기가 퍼져나간다는 낙수효과를 신봉한다.

반면에 남미의 종속이론은 지난 500년간 제3세계에 가해진 일방적인 억압과 착취의 역사에 주목하면서 '한번 주변은 영원한 주변'이라는 점을 역설한다. 하지만 한국이나 멕시코 같은 신흥공업국가들의 종속적 발전사례가 목격되면서 종속이론의 학문적 위상은 급속히 약화되었다.

그러나 한국이 성취한 정부주도 고도성장의 신화가 종속이론의 패배, 근대화론의 승리를 의미하는 것은 아니다. 우리는 거대 발전론의 이분법을 탈피해 발전의 다양성을 보장하는 대안적 미래를 적극적으로 탐색해야 하기 때문이다. 또한 한국은 압축성장의 과정에서 빈부격차, 환경파괴, 안전소홀 등과 같은 왜발전 사례들을 표출시켰다. 따라서 우리는 성장과 분배, 개발과 보존, 모험과 안전이라는 상반된 가치를 한국의 현실에 맞게 조화시키는 참발전의 경로를 모색해야 한다.

미래학자 짐 데이터 교수는 한국이나 미국과 같은 '성장사회'의 대안으로 '보존사회(conserver society)'란 개념을 제시했다. 보존사회는 환경파괴와 문명붕괴라는 비극을 극복하기 위해 생산보다 절약에 중점을 맞추는 사회를 말한다. 즉, 보존사회에서는 새로운 건물이나 기기를 만드는 것보다 공동소유·렌트를 활용하고, 생산을 줄이며, 신재생에너지 활용을 강조한다.

또한 더글라스 러미스 교수는 '대항발전(counter development)'이라는 개념을 통해 줄이는 발전의 당위성을 역설하였다. 이는 기존의 지배적인 틀인 성장제일주의 사고를 정면으로 부정하는 논거로 향후의 발전패러다임은 경제의 외형이 아니라 내실에 치중하는 '빼기의 진보'를 지향해야 한다는 것이다.

우리는 보존과 절약의 미덕이 노르웨이로 대표되는 유러피언 사회합의주의 스타일이나 라다크로 대표되는 히말라야 국민행복특구 스타일이 해당 지역은 물론 남반구 전반에서 손쉽게 발견할 수 있다는 점을 주목할 필요가 있다. 일례로 남미를 대표하는 브라질은 신사회주의 기풍하에서 빈민구제, 환경보존, 대중안전 등에 주력하고 있다. 더불어 각기 대양주와 중남미를 대표하는 최고의 행복국가로 부상한 바누아투와 뉴질랜드, 콜롬비아와 코스타리카의 지속가능한 발전전략에도 주목할 필요가 있다.

물론 우리가 기존에 익숙한 물질만능주의 사고를 일시에 탈피하기는 어렵다. 하지만 남반부보다 북반부가 우월하다는 오만과 편견을 극복하고 겸손의 미덕을 구현해야 한다. 북반부의 부자가 남반부의 빈자에 대한 벤치마킹을 통해 지나친 소비와 과도한 생산의 폐해를 성찰하는 기회로 삼아야 하기 때문이다.

이 점에서 미국의 중도좌파 싱크탱크인 '진보의 재정의(Redefining Progress)'가 GDP의 대체 개념인 참된 발전지표(Genuine Progress Indicator: GPI)를 제시한 일에 주목할 필요가 있다. 이들은 보다 정직한 발전의 대차대조표를 만들기 위해 성장의 장부에 자원고갈, 환경오염, 가사노동, 소득격차, 여가축소 등과 같은 비용을 충실하게 반영할 것을 주문한다.

결국 미래지향적 국정운영의 새로운 방향은 물질적 풍요를 초월해 작은 것이라도 아끼고 나누는 방식으로 국민들의 행복과 안전을 유도할 수 있어야 한다. 더불어 개인의 이기심이나 기업의 이익추구보다는 공동체의 안정이나 삶의 질을 중시하는 쪽으로 정책의 우선순위를 조정해 나가야 한다.

제3세계 국가의 저발전 원인
: 구조와 행위 그리고 제도

제2차 세계대전을 전후해 가속화된 국제질서의 재편과정에서 표출된 주요 특징 중 하나로 제3세계 국가로 통칭되는 다수의 신생 독립국가들이 국제무대의 전면에 새롭게 등장하였다는 점을 들 수 있다. 주로 아시아, 아프리카, 라틴아메리카(중남미) 지역에 위치한 이들 국가들은 전후 국제연합(UN)을 중심으로 전개된 신국제질서의 형성과정에서 나름의 단결력을 발휘하면서 국제사회의 주목을 받게 되었다.

특히 미국 중심의 자유진영(제1세계)과 소련 중심의 공산진영(제2세계) 간에 냉전구도가 심화되면서 제3세계 국가들은 국제무대에서 일정 수준의 영향력을 발휘할 수 있었다. 하지만 이들 국가는 냉전의 소멸과 세계화가 가속화되면서 외부적으로는 원조정치의 영향력 감소, 내부적으로는 저발전 구조의 탈피라는 도전에 제대로 부응하지 못하고 있다. 그렇다면 제3세계 국가들의 발전에 대한 끈질긴 노력에도 불구하고 이들 국가의 가시적인 성과산출이 지연되고 있는 주요 원인은 무엇인가?

먼저 구조적 측면의 원인은 식민통치의 유산과 종속구조의 온존이다. 파키스탄과 방글라데시를 실증분석한 알라비는 식민치하의 정치엘리트와 국가기구가 독립 후에도 그대로 유지되어 강제력과 폭력 부문이 과도하게 발전되는 과대성장국가에서 원인을 찾고 있다. 또한 세계체제론으로 유명한 월러스타인은 16세기 이래 발전해 온 세계자본주의 체제가 제2차 세계대전 이후 정치적으로 분화되었음에도 불구하고 경제적으로 통합되어 있다고 보고, 중심부-반주변부-주변부의 틀로 국제정치경제 현상을 설명하였다.

다음으로 행위적 측면의 원인은 통치엘리트의 후진성과 가치체계의 미분화이다. 통치엘리트의 사익추구행위는 기업으로부터 로비나 뇌물을 얻기 위한 인위적 지대의 생성 및 배분을 둘러싼 비공식적 행정영역(Black Public Administration)을 확장시키는 동시에 불합리한 규제와 부패구조의 심화라는 악순환을 거듭하게 된다. 또한 사회적 가치가 정치권력에 통합됨으로써 소수의 엘리트가 권력을 장악하는 현상을 후진국에서 공통적으로 발견할 수 있다. 즉, 부와 권력 및 명예와 같은 사회적 가치가 서로 독립된 상태에서 공존하지 못하고, 권력의 가치를 장악한 소수가 다른 가치를 독점하는 현상이 나타난다.

그리고 제도적 측면의 원인으로는 발전이념의 부재와 불균형 발전전략의 폐해를 들 수 있다. 제3세계는 경제사회 전반의 역량결핍으로 인해 국가가 경제발전을 주도하게 된다. 민주적 정통성이 허약한 권위주의 정권은 통치체제의 효율성에 집착하는 경향을 보이게 된다. 따라서 민주주의와 자본주의 간의 균열과 대립이 심화되는 경우가 많다. 그리고 선진국의 정치와 행정은 대체로 경제가 발전함에 따라서 점차 민주화되어 갔음에 비해, 후진국 중에는 경제성장이 빠른 나라일수록 정치체제가 권위주의화하고 행정체제가 더욱 관료화되는 불균형 발전전략의 폐해를 드러내는 경우가 많다.

앞서의 논의를 종합하자면 제3세계 국가들의 저발전 원인을 단편적인 측면에서 분석하는 것은 불가능하다. 우리는 구조적 측면에서 식민통치의 유산인 과대성장국가가 강력한 관료지배체제의 성격을 띠면서 유발한 비효율성과 세계화의 심화에 따른 중심부 자본주의 경제에 종속된 착취구조의 온존현상을 확인하였다. 또한 행위적 측면에서 국가발전정책을 전담하는 통치엘리트들의 부패구조와 지대추구행위라는 후진적인 행태는 물론 정치권력을 둘러싼 가치체계의 미분화와 시민사회의 미성숙에 따른 타협문화의 부재현상을 발견하였다. 그리고 제도적 측면에서 정치발전과 경제발전의 동시적 달성을 위한 사회적 제도화의 실패 내지는 중앙집권적인 불균형 발전전략에 따른 분배구조의 왜곡현상을 발견할 수 있었다.

이처럼 제3세계 국가들의 발전을 제약하는 요인은 다양한 견지에서 설명할 수 있을 것이다. 다른 한편으로 이러한 원인분석은 제3

세계 국가의 저발전을 탈피하기 위한 전략을 수립함에 있어 각국의
실정에 맞는 적절한 발전경로를 모색해야 한다는 함의를 내포한다고
할 수 있다.

한국적 발전의
새로운 경로

Chapter 06

우리스타일
파이나누기

수도권 신도시의
부침과 협치

한국의 수도권 신도시들은 서울특별시의 발전역량을 강화하고 보완하기 위해 출현하였다. 따라서 우리는 지난 반세기 동안 목격한 수도권 신도시들의 부침을 통해 향후 도시거버넌스의 경로를 가늠해 볼 수 있다. 서울이라는 중심을 둘러싼 주변 신도시들은 개발연대의 고도성장기를 통해 종속적 갑을관계를 유지했지만 '시민행복'과 '도시재생'이 부각된 지속가능발전의 시대를 맞이하여 협치에 기반을 둔 전방위 협력관계의 제도화를 요구받고 있다.

수도권 신도시의 기원은 1960년대 중반 이후 급증한 서울의 인구와 공장을 분산 수용하기 위해 경기도 광주군 성남출장소를 개청하면서 시작되었다. 하지만 당시 공영개발의 원칙을 도외시한 정부와 서울시의 투기방치형 도시개발사업 추진은 이주민들의 집단적 항의를 유발한 1971년 8월 '광주대단지 사건'으로 귀결되었다.

초기 이주민들의 불만은 1970년대 중반 이후 산업화와 도시화의 심화 단계에서 부동산 투기와 거품의 편익을 정부와 주민이 공유하면서 수면 아래로 가라앉았다. 하지만 1990년대 중반 분당이라는 중산층 신도시가 출현하자 본도심(수정구·중원구)과 신도심의 갈등이라는 내부적 조정 문제가 제기되었다.

이에 성남시는 호화청사 논란 속에서 단행한 시청 이전은 물론 향후 추진할 지방공기업 재배치에서 권역 간 균형발전의 이상을 실현하는 일에 유의하고 있다. 물론 최근에는 무상복지 3종 세트(청년배당·무상공공 산후조리원·무상교복)를 앞세운 이재명 시장의 친서민 정책이 새로운 갈등의 소재로 부상하였지만 주거와 산업이 공존하는 판교신도시(판교테크노밸리)가 분출한 부동산 열풍이 내부적 갈등 확산의 방파제 역할을 수행하고 있다.

이러한 성남의 발전 경험은 비록 정도의 차이는 있지만 청계산 넘어 과천도 예외가 아니다. 행정신도시라는 특수성을 앞세워 안양이라는 본도심과 분리된 과천은 1982년부터 주요 경제부처와 문화체육시설들이 들어서자 경제사회 전반에서 고속성장세를 구가하였다. 자연지리적으로 유사한 의정부시가 수도권 북부에 위치한 군사도시라는 위협에 함몰된 반면, 과천시는 강남에 인접한 행정신도시라는 기회를 활용해 친환경 명품도시로 도약했다.

하지만 과천에 자리했던 경제부처들이 2013년을 전후해 세종특별자치시로 이전하면서 위기의 그림자가 드리우기 시작하였다. 경제부처를 대신해 산하단체들이 과천으로 이주해 왔지만 지역경제는 좀처럼 살아나지 못하고 있다. 경제권력에 버금가는 국방권력의 핵심인 방위사업청의 과천 이전을 요구하는 목소리가 커진 일이 이를 입증하는 사례이다.

과천시는 아파트 재건축 주기의 집중과 경마 레저세 배분을 둘러싼 논란으로 가중된 재정위기도 경험하고 있다. 전성기의 과천시는 양호한 재정능력을 앞세워 전국 최고 수준의 공공서비스와 전국 최저 수준의 공공요금을 자랑했다. 하지만 이제는 가장 고통스럽다는 부자의 긴축을 감내해야 한다.

2014년 지방선거에서 쟁점으로 부상한 과천의 재정위기는 2010년 7월 단체장 취임 직후에 지불유예를 선언했던 성남과 비교해도 간단한 문제가 아니다. 하지만 구조조정에 임하는 과천시의 정책방향은 그 진정성이 의문시된다. 협치라는 수평적 협력과 공존의 시대를 맞이해 고통분담의 강도를 공공부문 먹이사슬의 최하단에 위치한 지방공기업에 가중시켰기 때문이다. 과천시시설관리공단의 경쟁력이 과천시청에 비해 떨어지지 않는 상태에서 자기책임하에 사업을 수행하는 '공사'와 달리 시청의 공공서비스 대행기관에 불과한 '공단'의 적자를 문제 삼아 인력 감축과 보수 삭감을 일방적으로 통보한 조치는 누가 보아도 과도한 벌에 해당한다.

'민영화'보다
'정상화'가 먼저

최근 우리 사회가 경험한 공공서비스의 민영화 논란에서는 두 가지 맥락이 읽힌다. 하나는 박근혜 정부가 공공부문에 대한 개혁을 통해 경제를 '창조'해 내기 위한 맥락이고, 다른 하나는 민영화로 촉발된 공공성의 위기와 사회적 '안녕'에 대한 맥락이다. 전자는 공공부문의 경쟁력과 효율성을 위해 언제든지 휘두를 수 있는 '전가의 보도'라면, 후자는 그렇지 않아도 참 '피곤한' 우리나라의 경쟁적 환경으로부터 삶의 안정성을 지키고 공공부문을 수호하는 '방패'이다.

우리는 상반된 두 가지 맥락이 다시 거세게 충돌할 조짐을 보이는 지점에서 양 진영 모두에게 성찰과 반성을 요구하지 않을 수 없다. 우선 효율성과 경쟁력 제고를 위한 친(親)시장적 개혁정책에서 시장의 이기적 욕망이 얼마나 공공성의 증대에 기여하느냐를 물어야 한다. 반대로 공공성 수호를 앞세우는 논리에는 기존의 공공부문 운영방식이 국민의 혈세를 얼마나 효율적이고 가치있게 써 왔는지를 따져야 한다.

이러한 논란의 와중에서 그래도 마음 한쪽이 더 무거운 것은 정부의 행태이다. 공공부문의 사명과 책임을 무겁게 떠안는 책임자가 별로 안 보인다. 공적사업의 팔다리를 민간에 뚝뚝 떼어주면서도 이로 인하여 야기된 비효율과 세금 보상, 그리고 수탁업무 노동자의 고통에 잘 대처해왔는지 묻지 않을 수 없다. 그것이 바로 민영화 논란에 앞서 생각해야 할 공공서비스의 정상화 과제이다.

공공개혁의 일환으로 시작된 우리나라의 민영화는 중앙과 지방을 포괄하는 다양한 분야에서 이루어져 왔다. 특히 철도, 의료, 수도, 환경 등과 같은 핵심 공공서비스를 중심으로 기업식 운영의 공과에 대한 논의가 한창이다. 따라서 우리는 공공서비스의 민영화에 앞서 철저한 준비와 충분한 소통을 추구하는 방식으로 성공의 방정식을 완성해야 한다.

민영화의 천국으로 알려져 있는 영국이나 미국도 핵심 공공서비스의 민영화는 매우 신중하게 접근하고 있다. 일례로 수도 분야의 경우 미국은 물에 내재된 높은 수준의 공공성을 의식해 지방정부 직영방식을 고수하고 있다. 영국은 지난 수십년간 광역화, 공사화, 민영화와 같은 점진적 개혁경로를 경험하며 최종적으로 1989년 수도 민영화에 따른 부작용을 예방하기 위해 요금, 수질, 환경 등과 같은 분야별 규제 장치들을 새로 마련했다.

벤치마킹은 '형식'의 도입이 아니라 해당 정부의 역사적 경험을 통해 드러난 여러 '내용'들도 들여다보아야 한다. 서울지하철 9호선을 비롯해 도로, 터널, 경전철 등 각종 민자유치 사업의 허술한 계약과 빈약한 규제는 국민이 낸 세금의 가치 저하로 나타났다. 부작용을 예측한 재규제 장치의 마련도 허술했다. 여기에 더해 국민의 마음에도 상처를 안겨 주었다.

실제로 대표적인 민간위탁 분야인 청소와 환경 업체들은 지방자치단체의 적정한 감시감독 소홀을 틈타 비정규직의 착취를 자행하는 방식으로 우리 사회의 '안녕'을 묻고 있는 실정이 아닌가?

결국 이러한 현실을 직시할 때, 적어도 당분간은 정부와 기업, 공공성과 효율성, 시장 실패와 정부 실패 등으로 대표되는 대립구도 해소와 직결된 공기업의 역할에 대해 고민해야 한다. 특히 지방공기업이 담당하고 있는 청소, 환경, 복지 등 주민생활서비스에 대해서는 객관적 성과평가를 전제로 기존에 민간에 위탁된 대상시설까지도 과감하게 지방공기업에 이관하는 자치단체장의 정치적 결단이 필요한 시점이다. 이것이야말로 국민들의 '안녕'을 돌보는 것이며, 지금 요구되는 공공서비스의 정상화 과제일 것이다.

민간위탁의
위험한 유혹

민간위탁이란 정부나 지방자치단체가 해당 시설이나 업무에 대한 소유권을 보유한 상태에서 계약을 통해 민간기업, 비영리단체 등에게 운영권만 위탁하는 업무처리방식을 지칭한다. 이러한 민간위탁은 운영권은 물론 소유권까지 민간에 부여하는 매각(협의의 민영화) 방식을 포함해 광의의 민영화로 분류되기도 한다.

최근 우리나라에서는 공공의 자산을 민간에 완전히 매각하는 민영화에 대한 국민들의 우려와 불신이 부각되면서 상대적으로 점진적인 민간위탁의 활용빈도가 커지고 있다. 물론 민간위탁은 정부나 자치단체의 포괄적인 책임성과 감독권을 전제로 한다는 점에서 매각에 비해 안정적이지만 공공서비스의 약화에 대한 국민들의 우려를 불식시키지 못하는 경우가 많다.

우리나라에서 민간위탁이 본격화된 시점은 1997년 말 IMF 구제금융으로 거슬러 올라간다. 민간부문의 구조조정에 대한 고통분담

차원에서 강화된 공공개혁의 일환으로 공무원 정원을 감축하기 위해 기능직이나 상용직(무기계약직)이 주로 근무하는 자치단체의 사업소 조직을 대거 위탁하였기 때문이다.

당시의 조치는 외견상 민간위탁의 장점인 효율성과 전문성의 강화를 표방하였지만 실상은 자의반 타의반 시늉에 급급했던 것이 합당한 평가이다. 정밀한 효과분석을 결여한 상태에서 외부에서 부과한 감축목표 달성에 치중하였기 때문에 득보다 실이 많았다. △△군 하수도의 경우 40여의 직원을 IMF 직후 민간위탁으로 고용전환한 이래 아직까지도 당시 인력 규모에 상응하는 인건비를 수탁대가에 포함시켜 지급하고 있다. 하지만 해당 시설의 수탁업체는 이미 수년 전부터 인접 시군들을 통합관리하는 방식으로 인력배치를 대폭 변경한 상태이다.

하수도나 환경관리와 더불어 우리나라에서 민간위탁이 활성화된 대표적인 분야가 체육, 복지, 문화예술, 청소년, 도서관 등을 대상으로 한 시설관리 업무이다. 지방자치가 정착되면서 주민들의 웰빙에 대한 관심이 증가하였기 때문이다. 하지만 해당 시설을 위탁관리하는 민간 업체나 재단은 물론 경영평가 결과에 민감한 공단까지도 선량한 관리자와 모범 고용주로서의 역할을 멀리한 채 단기적 수지개선에 주력하고 있다. 이러한 과정에서 주인인 시민들의 만족과 직결된 적정한 유지관리나 내부직원의 몰입을 유도하지 못하고 있다.

하지만 현 시점에서 민간위탁의 문제점을 공공성을 중시하는 직영으로 환원시켜 해소하기에는 다소 무리가 있다. 자치단체는 중앙정부가 설정한 총액인건비 기준을 준수하기 위해 공무원 증가를 억제해야 하기 때문이다. 이 점에서 우리는 직영과 민영을 절충한 제3의 대안인 지방공기업의 가능성에 주목해야 한다. 지방공기업은 공공성과 효율성을 조화시키는 방식으로 공공서비스의 발전을 선도하고 있기 때문이다. 하지만 공사나 공단의 활성화를 위해서는 규제개혁 차원의 자율성 강화와 줄세우기 평가의 부작용을 개선하는 일이 선행되어야 한다.

더불어 우리 자치단체들은 이미 수도권이나 광역시를 제외하고 대부분 성장의 한계에 직면해 있다. 따라서 앞으로 지방공기업 신설이 활성화되기를 기대하기는 어렵다. 여기에 더해 최근 △△시 시설관리공단 설립을 둘러싸고 법제처가 무리한 법 해석을 발표해 어려움을 가중시킨 상태이다.

△△시의 경우 척박한 여건에도 불구하고 시장의 결단에 따라 공단설립이 추진되었다. 하지만 하수처리장 운영권의 반납위기에 직면한 업체가 유관 부처를 찾아다니며 무산활동을 전개한 결과 "공단설립시 임의적용사업 위탁 기준은 전체사업의 경상수지 50%달성이 아닌 개별사업의 경상수지 50%달성이 되어야 한다"는 해석이 도출되었다. 그러나 이는 지방공기업을 활용한 효율성과 공공성의 개선 가능성을 배제하는 조치일 뿐만 아니라 정부 정책의 일관성에 역행한다는 점에서 조속한 제도개선이 요구된다.

지방공기업 민영화
담론의 문제점

공공개혁의 시장모형에 기초한 지방공기업 민영화의 담론은 다음과 같은 문제점을 지니고 있다. 첫째, 가장 중요한 비판은 규범적인 것으로 정부는 시장과 다르기 때문에 경쟁을 도입해서 시민들에게 차별적인 결과가 나타나도록 하는 것은 공공부문의 핵심적 가치인 형평성을 침해한다는 것이다. 특히 국가공기업에 비해 상대적으로 사회복지정책의 성격이 강한 지방공기업의 주요 공공서비스를 민영화할 경우 수익자부담의 강화에 따른 빈부격차의 심화라는 부작용을 회피하기 어렵다.

둘째, 공공부문에 대한 시장모형의 적용가능성은 준시장화된 국가공기업의 대표적 분야인 정책금융, 전력, 가스 등에는 비교적 적합하지만 상대적으로 영세한 지방공기업이 주로 담당하는 주택, 대중교통, 의료, 시설관리 등과 같은 보편적 서비스 분야에 급진적인 매각의 논리를 적용하기 어렵다. 더불어 점진적인 민영화 방식에 해당하는 민간위탁의 경우 이미 지방공단을 통해 지방공기업 전반에서 폭넓게 활용되고 있다는 점에도 주목할 필요가 있다.

셋째, 민영화의 논리는 공공부문에 대한 민간부문의 우월성을 전제한 것이다. 그러나 효율성을 기준으로 공공부문과 민간부문을 비교하는 것이 합리적이지 않을 뿐 아니라 공공조직과 민간기업은 활동영역이 다르기 때문에 직접적인 비교가 불가능하다. 특히 지방공기업의 경우 경영평가나 진단을 통해 존립의 정당성을 상실한 것으로 판단되면 일반적으로 기업청산 명령이 내려지는데, 이는 민영화가 우선적으로 고려되는 국가공기업과는 차이가 있다. 더불어 공공윤리의 확립과 관련하여 국가공기업에 비해 공정경쟁의 논리와 규칙을 적용하기 어려운 지방공기업 영역의 민영화는 공공서비스 공급의 안정성을 훼손함은 물론 부패의 발생가능성을 증대시킬 우려가 크다.

넷째, 경쟁의 본질에 관한 비판이다. 경제이론은 사익추구를 위한 자유경쟁을 통해서 최선의 상태(공익)에 도달할 수 있다고 가정하고, 경쟁을 촉진시키는 데 주력한다. 그러나 민영화에 내재된 경쟁의 본질은 정부에 의해 관리되거나 규제된 경쟁에 불과하다. 경제이론이 주장하는 순수한 형태의 경쟁은 자기교정적(self-correcting) 속성을 지니기 때문에 최적상태에 도달하기 위한 어떠한 방향제시나 지침도 필요로 하지 않지만, 관리 또는 규제된 경쟁은 거래규칙의 설정에 관한 권한과 책임을 정부가 가지고 있다는 점에서 근본적인 차이가 있다. 나아가 국가공기업과 달리 지방공기업의 설립과 운영 및 민영화 여부는 지방자치의 고유한 영역이라는 점에도 주목할 필요가 있다.

다섯째, 지방공기업의 경우 국가공기업과 달리 민영화 여건이 전반적으로 미성숙되어 있다는 점이다. 중앙정부의 경우 준시장영역을 이미 오래전에 국가공기업으로 이전한 상태이지만 지방자치단체의 경우 방대한 집행업무의 지방공기업 이전이 아직 시작 단계에 불과하기 때문이다. 따라서 점진적 진화의 논리를 적용할 때 지방공기업은 앞으로도 상당기간 팽창하는 것이 불가피할 뿐만 아니라 바람직한 것으로 평가된다. 이 밖에 제3섹터 방식의 지방공사나 지방공단의 경우 소유관계가 복잡하고 시장의 수임여건이 미약하다는 점도 민영화의 주요한 한계로 지적될 수 있다.

'규제개혁'이
불러오는 것들

규제개혁이란 정부 규제의 신설과 폐지, 강화와 완화로 대표되는 생명주기와 규제 강도를 조절하는 행정개혁의 대표적 분야다. 이는 행정개혁의 또 다른 분야인 복지개혁이 정부 서비스의 신설과 폐지, 확대와 축소를 결정하는 방식과 유사하다. 이 점에서 현대 정부의 핵심 사명인 규제와 서비스의 적정화를 도모하기 위해서는 고도의 중립성과 전문성을 보유한 관료들이 일반 국민(서민)들의 눈높이에 맞추어 개혁을 추진하는 것이 바람직하다.

하지만 현대 행정의 역사를 돌이켜보면 국내외를 막론하고 규제개혁과 복지개혁에 심각한 수준의 이념적 편향성이 자리해 왔음을 발견할 수 있다. 현대 자본주의 국가를 대표하는 미국의 경우 남북전쟁을 전후해 본격화된 산업화의 부작용인 독과점, 노동착취, 환경오염 등을 치유하기 위해 규제를 신설·강화하는 과정에서 정부관료제의 발전이 본격화됐다.

건국 이래 자유주의 기풍이 강했던 미국은 20세기 개막 이후 규제 기능의 강화에 부가해 복지서비스를 확대하는 방식으로 '방임적 입법국가'에서 '개입적 행정국가'로 이행했다. 참고로 20세기 중반 연이어 미국을 강타한 대공황과 제2차 세계대전 및 민권운동은 복지 확대를 촉진하는 주요 계기로 작용했다. 하지만 1970년대 중반 오일쇼크를 계기로 규제와 복지를 동반 감축하는 '작은 정부'에 대한 관심이 급격히 증가했다. 이 점은 한국 정부가 외환위기에 직면해 자의반 타의반으로 '신중상주의 발전국가'의 전통을 포기하고 '신자유주의 경쟁국가'의 대열에 본격적으로 동참한 일을 연상시킨다.

대처와 레이건이 시작한 신자유주의 기풍의 확산은 한·미의 정권교체나 환경변화에 따라 부침이 있었지만 세계화라는 훈풍을 타고 지속적으로 유지·강화되고 있다. 이 점은 분배지향적인 '국민행복'보다 성장지향적인 '창조경제'를 중시하는 방향으로 정책의 우선순위를 변경한 박근혜 정부의 사례를 통해서도 잘 나타나고 있다.

최근 동시다발적으로 촉발된 민영화와 탈규제 논란은 경제위기와 대선기간을 지내며 그동안 잠재되었던 우경화 추세가 향후 본격화할 것임을 예고한다. 민영화가 아니라 '비정상의 정상화'이고 탈규제가 아니라 '나쁜 규제의 개혁'이라는 수사를 동원하고 있지만 '비정상'과 '나쁜'이라는 가치함축적 언어 속에는 공기업과 규제관료에 대한 오해와 반감이 자리잡고 있다.

박근혜 정부의 규제 개혁 드라이브는 정부관료제의 고유한 사명인 규제관리 기능의 위축과 혼선을 초래할 개연성이 있다. 행정규제기본법에 의해 등록된 1만 5,000개의 단위규제는 모두 좋은 규제다. 단지 환경이나 유행의 변화 또는 순환에 따라 부분적으로 정당성이 약화된 규제가 존재할 따름이다. 다시 말해 특정한 이해관계자의 구미에 맞지 않는다고 해서 나쁜 규제가 아니라는 것이다.

규제개혁을 둘러싼 이념적·정치적 대립구도의 심화는 일선 관료들의 소신있는 대응을 위축시킬 뿐만 아니라 야당이나 시민사회에 대한 설득도 어렵게 한다. 더불어 이러한 갈등은 일자리 창출이나 경기 활성화를 원하는 '경제적 서민'과 안전한 사회나 자녀의 보호를 원하는 '사회적 서민' 간의 갈등까지 조장한다는 점에서 문제의 심각성을 발견할 수 있다.

이 점에서 박근혜 정부가 우리 경제사회 전반의 침체된 분위기 쇄신 차원에서 제기한 탈규제 이벤트는 이 정도에서 그치는 것이 바람직하다. 경제협력개발기구(OECD) 규제개혁평가단이 인정했듯이 세계 최고 수준의 규제 개혁 인프라를 이미 구축한 상황에서 대통령이 주도하는 정치적 열정보다는 장관 책임에 기반한 관료적 냉정에 따라 조용한 문제 해결을 추구하는 것이 유리하기 때문이다.

규제의 본질과 규제개혁의 전략

규제는 현대 자본주의 체제를 유지하고 순환시키는 '조절밸브'와 같다. 이기적인 '경제적 인간'과 성숙한 '사회적 시민'의 간극을 조절하는 밸브이기도 하다. 만약 자유시장론자들의 가정처럼 '개인'의 합리적 선택이 총체적 공익으로 환원된다면 규제는 필요없을 것이다. 하지만 이와 반대의 상황에서 규제는 '없어져야 할 나쁜 대상'도 아니며 규제를 만드는 것이 핵심 사명인 관료들도 좋은 관료였다가 나쁜 관료가 되는 것이 아니다. 다만 현재의 삶을 영위하는 구성원들이 각자 규정짓는 경제사회 사이클에 부합하지 않다거나 또는 그 반대의 필요에 따라 '잠궜다가 열어야 할 혹은 열었다가 잠궈야 할' 밸브 그 자체로 존재할 따름이다. 따라서 조절의 필요성이나 시점 그리고 조절의 강도에 대한 사회적 합의가 중요하다.

상대적으로 민간부문에 대한 공공부문의 개입이 강력했던 발전국가의 전통을 지니고 있는 한국에서는 불량규제의 혁파가 1990년 대 중반 이래 공공개혁의 주요 이슈로 자리해 왔다. 불량규제의 양산으로 대표되는 우리나라 정부규제의 문제점으로는 "규제의 건수가 많고 적용범위와 내용이 포괄적임, 법령에 근거하지 않은 규제와 행정간섭이 많음, 절차와 기준이 불투명하고 집행권자의 재량권이 과다함, 준수가 현실적으로 불가능한 경우가 많음, 규제수단이 주로 사전규제 원천금지방식임, 유사한 중복규제가 많음" 등이 지적되어 왔다.

앞서 살펴본 바와 같이 정부가 담당하는 규제업무의 비중이 크면 클수록 민간부문의 자율성과 창의력에 의존하는 발전전략의 구현은 어려워지게 된다. 하지만 탈규제로 촉발된 부작용의 치유 차원에서 재규제가 지니는 유용성에도 착안해야 한다. 따라서 새로운 규제개혁의 방향은 탈규제와 재규제의 조화라는 기본 원칙에 충실해야 한다. 더불어 국민이나 기업들의 규제개혁 체감도가 약한 분야를 대상으로 한 전략적 접근의 필요성을 제기해 볼 수 있다. 일례로 경제활성화와 직결된 규제의 경우 단위규제가 아니라 덩어리 규제에 유의하는 포괄적 접근이 요구된다.

최근 부각된 박근혜 정부의 규제혁파를 위한 열정은 우경화 논란에도 불구하고 과거 정부들이 노정한 건수위주의 개혁방식에서 일정수준 탈피하고 있다는 점에서 긍정적이다. 또한 푸드트럭에 대한 발빠른 대응은 형평성 시비에도 불구하고 일자리 창출에 대한 절박한 심정이 묻어난다. 하지만 규제의 관리자인 공무원들을 관료이기주의, 무사안일주의, 전문성 부재, 부패구조의 원흉 등 과도하게 불신하는 규제개혁 전략에 대해서는 이의를 제기해 볼 수 있다.

물론 '관료적 선의'를 전제한 규제개혁 방식은 국민적 정서에 부합하지 않는 측면이 있다. 우리는 정보의 비대칭성을 악용한 관료들의 기회주의적 행태가 주인이 아닌 대리인의 이익으로 귀결되는 경우를 자주 목격했기 때문이다. 하지만 이러한 이유로 이해관계자를 전면에 배치하는 규제개혁 방식을 채택하는 일은 고양이에게 생선가게를 맡기는 격이다. 따라서 규제개혁위원회의 중립성과 전문성을 보다 강화하는 방향으로 관료의 기회주의와 이해관계자의 사익추구라는 불안요인을 해소하여야 한다.

나아가 규제에 '착하고 나쁘다'는 극단적 가치를 부여하게 되면 규제개혁 드라이브의 동력을 확보하기에 유리할지 몰라도 규제를 여닫는 관료, 규제의 시점과 필요성, 그리고 그 범위에 반대하는 야당이나 시민사회의 행위마저도 '나쁘게' 프레임 지어져 결국 우리 사회의 '갈등의 탈규제'만 만들어 낼 수 있다. 사회적 합의를 촉진하는 공론장의 활성화를 위해 말이 교환되는 것이 필요하지 허수아비를 만들어 공격하는 것이 필요하지는 않다. 그렇지 않아도 '대답 없는 메아리'만 들리는데 탈규제가 '착하다는' 언어만이 지배한다면 이를 위한 또 하나의 조절밸브가 필요할 지도 모른다. 요즘 인기있는 개그콘서트의 한 코너가 오버랩된다. "나쁜 규제로 몰아붙이면서 한방으로 빡!, 끝!" 이런 식이라면 단지 희망으로서의 '끝'이 될 수도 있다.

경매와
단전의 추억

비록 혼자 사는 단출한 살림이지만 이사 문제는 언제나 고민거리다. 특히 개인적으로 지난 16여 년 동안 경북 경산시에서 경험한 두 번의 전세에서 두 번 모두 경매를 경험한 터라 쉽지 않은 결정을 앞두고 있음에 분명하다.

서울에 근무하다 맞벌이를 유지하기 위해 혼자 지방에 내려와 시작한 학교생활은 대체로 만족스러웠다. 하지만 경매와 단전으로 이어진 주거생활의 불안정이 옥의 티였다. 부임 초기 2년간의 합숙생활을 청산하고 14평 전세아파트를 구해 독립했다. 그러나 얼마 지나지 않아 세탁소를 운영하는 생계형 임대사업자의 도덕적 해이를 조장한 은행의 무리한 대출관행으로 인해 첫 번째 경매를 경험하였다. 금융규제의 강화가 서민생활의 안정에 기여할 수 있음을 시사하는 대목이다.

당시 피해를 최소화하기 위해 직접 낙찰받은 집은 이후로 오랫동안 주거생활의 안정으로 이어졌다. 하지만 결혼 초기 의정부에 살며 구입한 아파트를 팔고 가족이 이사한 서울의 비싼 전셋집을 구하기 위해서는 절세의 걸림돌인 경산의 아파트를 급히 처분해야 했다. 생활의 편의를 도모하는 신축적 규제와 유연한 조세행정의 부재가 불필요한 매매와 이후의 불행을 조장하였다는 점이 아쉽다.

아파트를 팔고 나서는 대학촌 원룸을 전전하며 불안한 주거생활을 이어나갔다. 날림으로 지어진 고시원 수준의 원룸은 강력한 외풍으로 인해 흡사 냉동창고를 연상케 할 정도였다. 또한 최소한의 청소를 제외한 총체적 관리부실로 인해 화재나 범죄에 매우 취약한 실정이었다. 이 점에서 우리 사회의 미래를 책임질 필수 공공재인 대학촌에 대한 정부나 자치단체의 세심한 관심을 촉구해 본다.

원룸에서 절감한 삶의 질에 대한 열망은 다시 '위험한 전세'에 대한 도전으로 이어졌다. 지금으로부터 6년 전 경산 지역의 소형아파트에는 저가메리트를 선점하기 위한 외지의 자본이 대거 유입되었다. 이른바 전세품귀와 월세전환을 서울에 앞서 미리 경험하였던 것이다.

해외 연구년 출국이라는 다급한 사정으로 인해 경산 외곽에 전세분양을 시작한 아파트를 불안한 마음으로 계약하였다. 아니나 다를까 6개월의 미국생활을 마치고 귀국하자 전세자금 대출을 주관한 저축은행이 무너지고 이해관계자 간의 분쟁으로 인해 500여 세대의 아파트 단지는 달랑 20여 가족만이 입주한 채 유령아파트로 전락해 가고 있었다.

이후 재정과 관리능력을 상실한 임대회사는 전세보증금 반환과 아파트 관리업무를 중단하였고 단지에는 쓰레기와 잡초만이 늘어갔다. 그리고 나는 두 번째 경매를 경험해야 했다. 한편 대다수의 입주민들은 임대회사의 관리업무 포기에도 불구하고 과도하게 책정된 관리비를 성실하게 납부하였다. 하지만 몰염치한 임대회사에 뿔난 일부 세대가 관리비를 연체하자 전기세 미납으로 이어졌고 수차례에 걸친 한전의 경고 끝에 주택용, 공용, 산업용을 포괄하는 패키지 단전사태를 맞이하였다.

공사중단과 관리부실이라는 화려한 이력을 소유한 문제의 아파트는 LPG 난방과 직결급수 시스템을 채택하고 있는 관계로 한전의 단전조치는 단수와 단열까지 포함하는 트로이카 단절을 초래하였다. 물론 부채감축이라는 엄명에 시달리고 있는 한전의 딱한 사정을 모르는 바 아니나 거동이 불편한 할아버지를 모시고 난민생활을 떠난 아래층 할머니의 안부전화가 안타까움을 더했다.

에스토니아 탈린시의 시장은 "왜 다른 도시들은 아직도 대중교통 무료화를 시행하지 않지요?"라고 반문하는데 우리는 공공서비스 강화의 상징적 사례인 지하철 노인무임승차마저 당국 간의 불협화음으로 인해 사라지려 한다. 공공성이 가미된 다양한 임대주택의 출현도 계속 지연되고 있다. 서민생활의 애로를 이해하는 따뜻한 공기업이 사회서비스의 강화를 선도하기 위해서는 마치 주식회사의 매출액을 연상시키는 편협한 잣대를 들이대고 개혁을 독려하는 정책실패를 범하지 말아야 한다.

최근 우리나라에서도 교통이나 주거서비스의 공공성을 증진하려는 자치단체들의 시도가 다양하게 이루어지고 있다. 서울특별시의 경우 서울메트로와 서울특별시도시철도공사를 통합해 서울교통공사 출범을 준비하는 한편 임대주택의 지속적인 확대를 위해 노력하고 있다. 또한 제주특별자치도의 경우 시내버스의 혁신대안으로 준공영제를 대신해 지방공기업 방식의 도입을 천명한 상태이다.

시민만족을 위한 행정서비스의 강화

공공부문의 개혁은 정부에 대한 시민의 불신에서 비롯되었으며,

이것은 정부가 운영하는 사업의 효율성과 효과성이 기대에 미치지 못했다는 인식을 반영한다. 따라서 공공서비스가 시민들의 요구에 대응적이어야 하며, 그 성과에 대해서 시민들에게 보다 직접적으로 책임져야 한다는 인식이 확산되고 있다. 따라서 고객지향성이 정부 운영의 핵심적 요소로 등장하고 있는 것이다.

첫째, 더 나은 성과와 책임성을 제고하기 위하여 정부가 제공하고자 하는 서비스의 기준을 설정하는 방법이다. 예컨대 영국의 시민헌장이나, 벨기에와 프랑스 및 포르투갈 등이 채택하고 있는 백서 등이 여기에 해당되는 사례이다.

둘째, 행정법을 실질적인 방향으로 개선하는 방식이다. 예컨대, 시민이나 기업에 영향을 미친 정부의 결정에 대해서 소명을 요구할 수 있는 권리를 부여하거나, 시민의 요청에 대해서 공공기관이 아무런 답신이 없을 때 "NO"로 해석하던 것을 "YES"를 의미하는 것으로 규정한 것이 이러한 사례에 해당한다.

셋째, One-stop shop이나 First-stop shop을 통해서 서로 다른 기관들이 제공하는 관련 서비스를 통합적으로 공급하거나 적어도 한꺼번에 접근할 수 있도록 하는 것이다. 일례로 특정 기관이 독점해 온 기반행정정보 데이터베이스를 유관 기관들이 공동활용하거나 최근 우리나라 안전행정부가 다양한 주민생활서비스의 통합 제공을 위해 도입한 주민센터 방식이 이를 반영하는 대표적 사례이다.

넷째, 서비스 공급을 경쟁에 노출시켜서 효율성과 질적 향상 및 선택권을 높이려는 노력이다. 이것은 내부시장과 외부시장(internal and external markets)을 개발하여 자원배분을 개선하고 중앙부처의 통제완화와 권한위임을 지원하기 위한 것이다. 이를 위한 구체적인 방안으로 사용자 요금(user charging), 구매권 제도(vouchers), 재산권 판매(sales of property rights), 민간위탁(contracting-out) 등이 확대되는 경향이 있다.

그리고 최근에는 영연방 국가들을 중심으로 구매자와 공급자를 분리한다는 구상에 대한 관심이 높아지고 있다. 이러한 구상은 경쟁, 선택 및 보다 대응적인 공공서비스를 촉진하려는 의식적인 노력의 일부라고 할 수 있다. 이러한 노력은 특히 사회적 서비스의 공급에 대한 전통적 접근방법의 불만과 비용을 통제하거나 고객의 수요에 효과적으로 대응하도록 유도함에 있어 적절한 유인을 창출하지 못했다는 인식을 반영한다.

나아가 시민참여의 확대가 지니는 중요성에도 주목할 필요가 있다. 예를 들면 교사나 학부모 및 시민들로 구성된 지역위원회에 교육정책에 관한 권한을 이양하는 것을 들 수 있는데, 이는 시민과 근접한 곳에서 자원의 배분과 정책결정이 이루어질수록 서비스의 질과 결과가 좋아진다는 인식에 토대를 두고 있다. 이것은 정책결정이 공공서비스의 이용자나 수혜자와 근접한 곳에서 이루어지도록 함으로써 효율성과 효과성을 제고하기 위한 것이지만, 다른 한편으로는 시민참여를 통하여 시민들의 기대와 그것을 관리하는 정부의 능력 사이에 존재하는 이른바 민주적 결함을 감소시킴으로써 민주주의의 질을 향상시키기 위한 것이기도 하다.

거버넌스의 확산과
대응전략의 모색

미래의 정부는 중앙정부가 독점적으로 주도권을 행사하는 집권과 통제방식을 탈피해 정부내외의 다양한 행위자들이 협력해 국정을 운영하는 거버넌스의 확산을 추구하게 될 것이다. 즉, 과거를 대표하는 'Government(정부)' 패러다임이 일종의 수직적·일방적 개념이라면 'Governance(거버넌스)' 패러다임은 수평적이고도 협력적인 개념이다. 특히 거버넌스의 초점은 Transparency(투명), Accountability(책임), Participation(참여), Equity(공평) 등을 통한 민간부문과의 긴밀한 협력에 초점이 부여되어 있다.

세계 각국은 행정국가의 시대로 지칭되는 20세기를 통해 경제사회발전의 선도자 역할을 수행해 왔지만 21세기에는 파트너십을 중시하는 방향으로 자신의 역할을 재정립하고 있다. 이 점에서 정부내외의 다양한 행위자들과의 협력을 통해 국정을 운영하는 거버넌스의 구현사례는 매우 중요하다. 일례로 정부 간 관계 측면에서 중앙정부는 국제협력과 지방분권 및 지방정부 간 협력을 조장해야 하고, 지방정부는 로컬거버넌스를 촉진하기 위해 지역의 시민단체들과 긴밀히 협력해야 한다.

하지만 거버넌스가 표방한 웅대한 포부에도 불구하고 그 내실을 추구하는 것이 무엇보다 중요하다. 현대 행정을 선도해 온 미국에서도 20세기 초 뉴욕을 비롯한 도시정부에서 '진보주의 개혁(Progressive Reform)'이 시작된 이래 공공개혁은 연방과 지방을 포괄하는 일상적 현상으로 자리해 왔다. 특히 1990년대 중반 미국의 신공공관리를 대표하는 오스본과 게블러의 '정부재창조(Reinventing Government)'라는 책이 미국은 물론 세계 각국에 공공개혁의 기풍을 강화시키는 주요 계기로 작용한 바 있다.

하지만 이러한 개혁의 추세에도 불구하고 공공성의 약화를 우려하는 반론이 강화되고 있다. 이들은 기본적으로 역대 정부의 국가개조 작업이 장밋빛 약속만 늘어놓을 뿐이고 실속은 없었다고 혹평한다. 또한 불확실성과 혼란을 가중시키는 잡다한 아이디어와 충동적인 구호를 모아놓은 것에 불과하다고 지적하였다. 특히 신공공관리의 경우 민간부문의 전략과 기법을 채택하도록 함으로써 기본적인 헌법적 토대와 행정의 적법절차 원칙을 위협했다. 더불어 개혁이라는 것은 관료제에 대한 극심한 공격을 통해서 궁극적으로 전문성을 가진 행정을 훼손시키게 될 것이라는 점에서 이의를 제기하였다. 나아가 개혁의 가정과 원칙들은 상호 모순적이고 단순해서 과거에 유행했던 개혁들과 마찬가지로 실패할 것이라는 우려가 커지고 있다.

그러나 이러한 논란에도 불구하고 전 세계적인 공공개혁의 흐름에 전면적으로 역행하기는 어렵다. 따라서 도티와 혼 교수가 지적한 것처럼 미래 행정의 급격한 변화 추세에 대응하기 위한 개인이나 조직 차원의 준비를 서둘러야 한다.

첫째, 강제경쟁입찰제의 적용범위가 확대됨으로써 공공관리자들은 정부내외의 조직단위들과 경쟁을 하는 가운데 협력을 해야 할 것으로 보인다.

둘째, 지방공공서비스는 중앙정부가 설정한 공식적 기준에 따른 성과평가와 지역주민들의 지속적인 비판에 직면할 것으로 보인다. 더불어 국가 전반의 공공서비스 역량에 관한 국제적 성과비교가 강화될 것이다.

셋째, 계층 간 빈부격차의 확대로 인해 기초 공공서비스에 대한 국민들의 요구가 증가하는 반면에 예산제약은 더욱 극심해질 것이다. 따라서 공공관리자들은 재무관리 능력과 계량화 능력(ability to quantify)을 증진시켜야 한다.

넷째, 거버넌스 패러다임의 확산이 시사하듯이 공공관리자들은 정부내외의 다양한 이해관계자들과 네트워크를 형성해야 한다. 따라서 공공관리자들은 공개성과 외부통제가 중시되는 근무여건 속에서 업무를 수행하게 될 것이다.

다섯째, 가족, 집단 등과 같은 전통적 공동체의 약화로 인해 각종 범죄가 증가할 것으로 보인다. 따라서 사회서비스, 교육서비스, 경찰서비스 등에 대한 요구가 확산될 것이다.

여섯째, 모호하고 불확실한 정보를 이해하거나 첨예한 이해관계 갈등을 조정하기 위한 정보처리 및 갈등관리 능력이 점차 중요해질 것이다.

일곱째, 강화된 고용정책에도 불구하고 실업이 확대될 것으로 보인다. 따라서 고용창출을 위한 창의적인 행정활동에 대한 요구가 증가할 것이다.

여덟째, 공무원이라는 직업이 앞으로도 계속 안정적일 것인가에 대한 불확실성의 증가로 인해 공무원들을 대상으로 한 재교육이나 자기주도학습이 강화될 것이다.

아홉째, 확고한 조직가치를 소유한 조직의 성과가 향상되면서 조직문화에 대한 이해를 촉진시키는 조직진단, 전략기획, 성과평가, 고객만족 등과 같은 혁신기법의 활용이 각광받게 될 것이다.

Chapter 07

우리스타일
파이다듬기

거버넌스의
'한류'를 창조하기

　박근혜 정부는 출범을 전후해 '국민행복'과 '창조경제'라는 국정기조를 제시하였다. 여기에 부가된 '정부 3.0'과 '공공 정상화'는 국정을 주도할 발전주체의 역량 강화와 직결된 문제이다. 이러한 국정운영의 목표와 수단들이 단순히 '박근혜스타일'로 끝나지 않고 '한국스타일'로 창조되기 위해서는 세계적인 발전전략과 공공개혁의 보편적 흐름속에서 우리만의 특화 경로를 정립해야 한다.

　대한민국의 출범 이후 길지 않은 기간 동안 한국호는 정부주도의 발전과 미국식 신자유주의적 개혁 등 국정이념의 극단을 두루 섭렵했다. 하지만 겨울과 여름이 공존하기 위해서는 봄, 가을과 같은

완충지대가 필요하듯 양극단이 수렴되는 공존의 완충지대가 형성된
것은 아니다. 따라서 지금 필요한 것은 발전국가(중앙기획)와 경쟁국
가(자유시장)라는 기존의 대립적 구도를 절충하는 새로운 국정운영
모델이다.

새로운 모델을 찾아 나선 세계 각국의 고된 여정은 유럽이 창안
한 공동체주의 모델로 수렴하기 시작했다. 협력, 소통, 공유 등을 중
시하는 유러피언드림이 경쟁, 효율, 혁신 등을 주요 가치로 하는 아
메리칸 드림의 한계를 보완하는 데 유리하기 때문이다.

공동체주의는 사회협약의 체결사례가 시사하듯이 정부 − 시장 −
시민사회가 소통하고 협력하는 방식으로 국정을 운영하는 거버넌스
(governance)의 구현과 직결된 문제이다. 시장이 초래한 위기에 직면
하여 정부와 시민사회가 주도한 공공성의 재발견은 단순히 유럽스타
일에 대한 벤치마킹을 초월해 사회민주주의 맥락에 다가선다는 점에
서 '정치의 부활'을 시사한다.

'국민행복'을 표방한 박근혜 정부와 '의료보험'을 강화한 오바마
정부의 열정은 아직 정치적 상징의 성격이 강하다는 점에서 그 진로
를 예단하기 어렵다. 하지만 이러한 변화시도가 국가의 발전단계나
집권당의 이념차이에도 불구하고 높은 수준의 유사성을 지니고 있다
는 점과 더불어 거버넌스의 세계적 유행을 재창조할 단초가 될 수
있다는 점에 주목할 필요가 있다.

그렇다면 유럽에 대한 벤치마킹은 우리의 현실에서 어떤 의미
를 가질까? 이러한 의문을 해소하기 위해 '유럽스타일'이 창조할 우
리의 미래상을 정책과정 단계별로 조망하고자 한다.

첫째, 정책형성 단계의 유럽스타일은 상반된 이해관계자들의 참

여와 협력을 촉진하는 방식으로 공공성을 구현해 왔다는 점이다. 최
근 미국에서는 1964년 존슨이 어렵게 결단했으나 오랫동안 방치한
'가난과의 전쟁'을 오바마가 의료보험 개혁으로 부활시켰다. 따라서
우리도 사회통합과 노사화합 및 남북통일은 물론 세대, 성별, 기업,
지역 등의 아젠다에서 공존의 가치를 적극적으로 모색해야 한다.

둘째, 정책집행 단계의 유럽스타일은 행정현대화를 표방하면서
효율성과 대응성 및 적법성을 절충하는 방식으로 정부의 균형을 잡
아 왔다. 일례로 독일의 규제영향평가는 행정비용과 순응비용 및 적
법절차를 결합하는 방식으로 다양한 가치에 부응하였다. 박근혜 정
부가 표방한 '정부 3.0'은 정보의 공유와 부처 간 협력을 통해 공공
서비스의 강화를 추구한다는 점에서 효율성 편향적인 신공공관리를
초월해 투명성과 형평성을 중시하는 유럽에 다가선 것으로 평가할
수 있다.

셋째, 정책평가 단계의 유럽스타일은 평가지표의 다변화와 줄세
우기 관행을 극복하는 일에 주목해 왔다. 영국의 성과평가제도는 기
업식 정부가 중시하는 3Es(경제성, 효율성, 효과성)에 부가해 형평, 공
감, 생태 등을 포괄하는 윤리(Ethic)라는 가치에도 주목하기 시작했
다. 성과평가의 천국 미국에서조차 평가등급을 강제할당하는 줄세우
기 방식을 탈피해 구성들의 잠재력을 극대화시키는 코칭(coaching)
방식에 주목하고 있다.

발전국가 시기의 새마을운동은 분명히 우리스타일이다. 그러나
지금 새마을운동의 '노래'는 몇몇 저발전국가에서만 들릴 뿐이다. 싸
이의 '강남스타일'은 보편성과 특수성의 융합이었다. 세계적인 랩의
리듬에 우리의 '강남오빠'를 노래했다. 유럽형 거버넌스에 내재된 공

공성과 효율성 및 합법성의 조합을 제대로 이해하고 우리의 현실에서 실행가능한 합의를 도출한다면 거버넌스의 '한국스타일' 창조가 불가능한 일은 아닐 것이다.

다시
국민행복을 생각한다

요즈음 국민들의 마음을 아프게 하는 대형 사고가 빈발하면서 국민행복의 필요성을 다시 절감하게 된다. 우리는 세계를 놀라게 한 대형사고를 통해 이번에도 경제성과나 한류를 통해 어렵사리 쌓아 올린 국가의 체통을 일거에 훼손했다. 세월호 침몰은 후진국형 참사라는 국내외 언론의 보도를 접하면서 그동안 한국이 이룩한 외형 성장의 화려한 모습이 얼마나 허망한 것인지를 깊이 성찰하게 된다.

박근혜 정부의 출범을 전후해 국내에서도 성장제일주의 사고를 탈피하려는 움직임이 포착됐다. 하지만 국민행복을 표방한 대안적 발전패러다임이 기초노령연금이라는 암초에 걸려 오도 가도 못하는 사이에 안전한 사회, 쾌적한 환경, 적정한 분배, 지역 간 균형 등에 대한 정부의 관심과 열의는 사그라졌다.

국민들이 느끼는 삶의 질과 직결된 국민행복은 그동안 북유럽을 비롯한 일부 선진국가들의 전유물로 간주되어 왔다. 하지만 국내외적으로 부탄과 네팔은 물론 라다크와 샹그릴라를 포괄하는 히말라야 스타일 국민행복특구의 비정상적으로 높은 행복도에 대한 관심이

고조되고 있다.

행복지수의 국가별이나 지역별 순위는 측정지표의 구성과 산출 방법에 따라 큰 차이가 존재한다. 상대적으로 객관화가 용이한 공공서비스 수준을 중심으로 지표를 구성할 경우 북유럽이나 대양주 지역이 강세이지만 주관적인 만족도에 초점을 부여할 경우 히말라야 지역이 압도적 우위에 있다.

공공서비스 수준을 중시하는 경제협력개발기구(OECD)의 '행복지수'는 주거, 소득, 일자리, 공동체 생활, 교육, 환경, 정치참여, 건강, 삶의 만족도, 치안, 일과 삶의 조화 등 총 11개 영역으로 구성되어 있다. 반면에 심리적 만족에 주목하는 부탄의 '국민행복(GNH)'은 건강, 시간활용, 생활수준, 공동체, 심리적 행복, 문화, 교육, 환경, 올바른 정치 등 총 9개 항목을 통해 산정한다.

히말라야 고지대에 자리한 부탄은 2013년 기준으로 인구 73만 명, 1인당 국민소득 2,863달러로 작고 저발전된 나라의 전형이다. 하지만 유럽 신경제재단(NEF)의 국가별 행복지수 조사에서 부탄은 국민의 97%가 "나는 행복하다"고 답변해 전 세계 1위를 차지했다. 반면에 우리나라는 같은 조사에서 143개국 중 68위라는 기대 이하의 저조한 행복도를 기록했다.

부탄의 국왕은 취임 이래 "국민소득(GDP)이 아니라 국민행복(GNH)에 기초해 나라를 통치하겠다"고 공언해 왔다. 부탄은 이웃 국가인 중국과 인도가 경제성장에 몰입하는 와중에도 심리적 웰빙, 생태계 보호 등 국민들의 행복을 증진하는 일에 주력해 왔다.

한편 OECD가 2012년 36개 회원국을 대상으로 조사한 행복지수에 따르면 한국은 63.2점(110점 만점)으로 하위권인 24위를 차지했다. 한국은 교육(6위), 정치참여(11위), 치안(12위) 등에서 선전한 반면에 주거(22위), 일자리(25위), 환경(29위), 건강(33위), 일과 삶의 조화(33위), 공동체 생활(35위) 등에서 부진했다. 참고로 호주(87.5점)가 1위를 차지했고 노르웨이, 미국, 스웨덴 등이 뒤를 이었다. 더불어 일본은 21위, 멕시코와 터키가 각각 35위와 36위로 최하위였다.

국민이 행복한 나라를 만들기 위해서는 먼저 시장의 과도한 욕심을 정부가 적절히 규제해야 한다. 따라서 안전중시형 기업활동이나 지속가능한 발전을 위한 정부의 관심을 재차 촉구해 본다. 또한 티베트 불교가 히말라야 국민행복특구의 성공요인으로 작용한 것처럼 우리도 관용과 자비를 통해 국민들의 응어리진 마음을 풀어주어야 한다. 이 점에서 과도한 경쟁을 조장하는 줄세우기 평가나 부자 열풍의 함정을 탈피해 여가나 공동체의 가치를 재인식하도록 유도해야 한다.

애국에서
애민으로

아버지 박정희 정부와 딸 박근혜 정부를 관통하는 국정운영의 핵심 코드는 애국이다. 우리는 정부의 선도적 역할을 중시한 발전국가의 전통에서 그다지 어렵지 않게 애국이라는 코드를 발견할 수 있다. 시장과 시민사회를 압도한 국가자율성과 능력을 토대로 산업화라는 시대의 사명을 성취하였기 때문이다.

박정희 정부는 출범직후 고도성장을 촉진하기 위해 자본을 포용하고 노동을 배제하는 지배연합을 구축하였다. 이 점은 1963년 동시에 출범한 경제기획원과 전경련이 혼연일체가 되어 고도성장을 관리한 사실을 통해 잘 나타난다. 당시 한국판 지배연합은 지대추구적인 남미와 달리 발전지향적이라는 점에서 성공의 필요조건을 구비하고 있었다.

폐쇄적 이너서클이나 포퓰리즘의 함정으로 국부가 유출되는 지대추구적 약탈국가와 달리 투자와 성장이 선순환되는 발전국가의 기풍은 국가경제가 서민경제에 '성장의 떡고물을 떨어트리는(trickle down)' 분배의 측면에서도 나쁘지 않았다. 이 점은 당시 정부가 계급으로서의 노동은 철저하게 배제하였지만 서민사회의 일원인 노동자와 농민에 기반해(embedded) 국가자율성을 발휘한 일을 통해 알 수 있다.

박정희 정부의 유산에서 자유롭지 못한 한국의 역대 정부들은 1987년 민주화의 혼란과 1997년 세계화의 시련을 거치면서 2013년 박근혜 정부의 출범으로 이어졌다. 대선기간을 통해 특유의 애국코드에 부가해 야권의 전유물인 복지공약까지 선점한 박근혜 후보는 전임 대통령의 실정 논란에도 어렵지 않게 정권재창출에 성공하였다. 이 점은 섣부른 대선불복 논란이 국민적 호응보다는 부메랑이 되어 야권을 위협한 사실을 통해 재확인된다.

하지만 취임초기 불거진 인사논란에도 불구하고 좀처럼 흔들리지 않는 확고한 지지기반하에서 1년차를 조용히 보낸 박근혜 정부는 이제 아버지의 집권 2년차에 해당하는 1963년을 연상시키는 공세적 자세로 전환하고 있다. 기획재정부와 전경련이 공동으로 연출한 민영화 쇼에 이어 탈규제 쇼가 연이어 개막되었기 때문이다.

공기업 민영화는 강철노조와 낙지사장 간의 사이비 담합구조를 깬다는 점에서 일견 비정상화의 정상화로 인식할 수 있다. 또한 탈규제는 싱가포르의 성공을 통해 알 수 있듯이 우리 사회의 미래인 청년 일자리 창출과 직결된 서비스 빅뱅을 위해 불가피한 측면이 있다.

하지만 이러한 당위성에도 불구하고 시장편향적 공공개혁을 표방한 박근혜 정부의 정책변화가 애민의 포기로 오인될 수 있다는 점에 유의해야 한다. 일례로 철도공사의 직원들은 대선당시 박근혜 후보를 당선시킨 주요 지지기반으로 작용했지만 철도노조에 대한 강경 대응이 이러한 구도를 급속히 약화시키고 있다.

특히 중산층 붕괴라는 위기상황에서 정부에 대한 서민사회의 신뢰가 약화될 경우 정권의 실패는 물론 '한국의 비극'으로 기록될 것이다. 더불어 우리는 독일이나 프랑스에 필적하는 강중국 대한민국의 위상을 확보하기 위한 험난한 여정에 되돌아가는 실수까지 더하게 될 것이다.

우리 국민대다수는 애국을 향한 박대통령의 열정을 좀처럼 의심하지 않는다. 국가를 위해 목숨을 걸었다는 아버지의 결단과 마찬가지로 여자의 행복까지 포기한 딸의 선택을 개인적 영달보다는 국가를 위한 헌신으로 이해하기 때문이다. 이 점은 박대통령의 확고한 애국코드에 눈맞추기를 거부한 야당이나 여당 내 비주류 세력과의 냉전이 계속되고 있는 사실을 통해서도 읽혀진다.

하지만 최근 연이어 표출된 민영화와 탈규제 논란은 국가를 위한 헌신은 몰라도 국민을 위한 헌신으로 보기는 어렵다. 따라서 급진적 정책변화에 앞서 서민사회를 되돌아보는 성찰의 시간을 마련하기를 주문해 본다. 또한 강경한 법치주의의 한계를 유연한 민주주의를 통해 보완하려는 전략적 신축성도 장착해야 한다.

원자력 안전과
정치적 소통

　우리나라는 1978년 고리1호기의 상업발전을 시작한 이래 전력생산에서 원전이 차지하는 비중이 계속 증가해 왔다. 권위주의 정부 시기에 시작된 원전의 건설은 과학기술의 발전과 전력생산의 효율에 근거해 정책의 합리성과 정당성을 모색해 왔다. 더불어 이명박 정부가 시작하고 박근혜 정부가 계승한 원전확대정책도 기존에 국가 원전정책의 토대를 제공해 온 정책담론에 근거하고 있다. 하지만 안전성에 토대를 제공해 온 과학기술 담론, 발전원으로서의 경제성에 주목하는 에너지 담론, 온실가스에 대응하는 청정원료로서의 환경담론 등은 시민사회의 거대한 도전에 직면하고 있다는 점에서 문제해결을 위한 험난한 여정을 예고한다.
　최근 우리나라에서 원자력 발전에 대한 위험이 사회적 갈등의 주요 이슈로 부각된 계기는 원자력 발전 그 자체보다는 원전이라는 이미 주어진 조건에서 파생된 폐기물의 매립장소를 찾는 문제였다. 이 문제의 해결방안을 찾기 위한 논란의 시작에서 경주 지역이 방사성 폐기물의 저장 입지로 최종 선정되기까지 우리가 주목해야 할 분석의 초점은 위험시설의 입지선정에 대한 거버닝 양식(mode of

governing)의 변화와 이를 유도하는 일련의 사회적 압력이다.

원자력 발전에 관한 거버닝 양식의 패턴은 DAD(decide-announce-defend)를 요체로 하는 관료적·기술엘리트적 접근에서부터 원자력 시설이 들어설 지역공동체의 의사에 기초한 자발적·숙의적 접근(voluntary deliberative approach)을 중시하는 방향으로 진화해 왔다. 이러한 변화는 우리 사회에서도 생태주의적 가치관의 확산과 민주주의 원칙의 재발견이라는 두 가지 유의미한 경향이 환경문제를 규정하는 주요 변수로 자리하게 되었음을 시사한다.

하지만 우여곡절을 경험한 다음에 경주에 비교적 낮은 수준의 방사능 폐기장이 확정되고 건설되는 지금까지도 방폐장 건설부지의 안전성과 유치과정에서 약속했던 경제사회적 보상에 관한 갈등이 지속되고 있다. 이 점에서 방폐장의 입지선정이라는 정부의 정책목표는 외견상 달성되었지만 방폐장을 둘러싼 정부의 정책대응이 성공적이냐의 여부는 여전히 논쟁의 대상으로 남아 있다.

원자력 시설의 입지를 둘러싼 정책갈등의 지속현상은 참여와 소통을 중시하는 숙의민주주의가 우리의 정책현실에서 정착하지 못하였음을 시사한다. 이에 부가해 이미 방폐장 건설이 시작되었음에도 불구하고 입지의 물리적 안전성 확보를 비롯해 과학기술적 대응 능력이 의문시되고 있다는 점은 원자력발전 전반에 대한 정부의 거버닝 능력이 아직 '충분조건'에 도달하지 못하였음을 시사한다.

특히 2011년 발생한 일본의 후쿠시마 원전사고는 원자력 발전에 대한 안전성 그 자체에 대한 회의뿐만 아니라 원전 사업의 이유가 되었던 경제성과 효율성에 대한 재성찰의 요구까지 사회적으로 확산시키는 계기가 되었다. 따라서 지금 나타나고 있는 신원전 정책은 비교적 '단순했던' 방폐장 입지선정의 경험을 훨씬 초월하여 원자력 발전 그 자체에 대한 기본 정책에 부가해 신재생에너지, 기후변화, 녹색성장 등은 물론 미래세대의 목소리까지 반영할 수 있어야 한다.

하지만 신원전 정책은 전통적인 합리모형의 논리와 정부를 포함한 원전정책의 지배연합 담론에 따른 실행이 이미 시작된 지금, '강행과 저항'이라는 기존의 대립항 구조 속에서 숙의와 소통과정이 매몰될 가능성이 더욱 커 보인다. 따라서 서로 상충되는 가치들과 정책의 논리들이 소통되고, 타협되며, 조정되는 거버넌스의 '부재'는 환경단체들이 꾸준히 제기해 온 원전의 '위험' 그 자체에 부가해 '거버넌스 실패의 위험'마저 부가할 개연성이 크다고 할 수 있다.

공적개발원조의
수원국에서 공여국으로

1948년 신생독립독가로 출범한 대한민국은 지난 반세기 동안 전 세계가 부러워하는 탁월한 발전성과를 창출하였다. 특히 한국이 그동안 이룩한 성취는 경제적 측면에 초점이 부여된 국부의 증진에 부가해 각기 복지와 문화에 주목하는 국질과 국격의 향상을 동반하였다는 점에서 높이 평가되고 있다.

발전행정의 견지에서 한국은 1948년에서 1979년까지 미국을 비롯한 서구 각국으로부터 공적개발원조 수혜국(수원국)을 경험하였다.

하지만 1980~90년대의 과도기를 거쳐 2000년대 중반 이후 본격적으로 원조 공여국(제공국)으로 변신하였다.

그렇다면 지난 반세기 동안 이룩한 경제사회발전 성과를 토대로 수입형 발전행정에서 수출형 발전행정으로 패러다임을 전환한 한국이 과거의 교훈과 현재의 경험을 결합해 채택해야 할 향후 공적개발원조의 진로는 무엇인가?

먼저 현실적 측면의 쟁점은 다음과 같다. 첫째, 정부의 주도적이고 합리적인 역할에 부가해 다양한 국내외 행위자들과 협력하는 방식으로 공적개발원조 활동을 추진해야 한다. 일례로 개발도상국가 원조활동에 상당한 노하우를 축적하고 있는 국내외 자선단체나 종교단체들과 협력적 거버넌스를 구축하는 일은 관련 활동의 활성화에 유리하게 작용할 것이다. 특히 개발원조행정의 관료화를 예방한다는 측면에서도 민간과의 협력강화가 지니는 의미를 강화시켜야 한다.

둘째, 공적개발원조의 실질적 성과를 제고하기 위해서는 개발효과성 담론에 기초해 원조대상국가 정부관계자나 국민들의 폭넓은 지지를 확보할 수 있어야 한다. 이는 다시 말해 원조가 단기적인 정치적 홍보나 경제적 과실에 치중하기보다 공여국의 중장기적인 이미지와 국격 향상에 기여할 수 있어야 한다는 것이다. 따라서 원조에 적극적으로 쾌척하는 여유와 더불어 문화, 환경, 보건, 인권 등 다방면에서 책임있는 행동을 보여주어야 한다.

셋째, 공적개발원조 활동의 부작용을 최소화하기 위해서는 합리적인 제도설계가 필요하다. 따라서 우리 정부도 원조기획활동의 일환으로 원조거버넌스의 설계와 변화에 보다 많은 관심을 기울여야 한다. 특히 최근 부각된 정부 3.0의 기조에 부응한다는 차원에서 기

획활동의 주체인 정부부처 간의 협력 강화를 통해 업무중복과 예산
낭비를 제거해야 한다. 일례로 부처 간 조정을 담당하는 국무조정실
이 중심이 되어 수혜국의 수요를 종합적으로 파악해야 한다.

다음으로 이론적 측면의 쟁점은 다음과 같다. 첫째, 미국의 발
전행정 수출에 미국 행정학계가 적극 동참한 것처럼 한국의 공적개
발원조도 행정학, 경제학, 지역개발학 등 국내 유관 학계의 지속적인
관심과 참여를 유도할 수 있어야 한다. 나아가 KOICA는 물론 수직
적 원조보다는 수평적 교류를 담당하는 한국국제교류재단의 전문가
파견활동에 관련 교수나 연구원을 활용하는 것도 필요하다.

둘째, 우리보다 앞서 공적개발원조에 참여한 23개 OECD 개발
원조위원회 국가들의 경험과 교훈을 보다 적극적으로 학습해야 한
다. 특히 우리의 과거 역사적 경험과 밀접한 관련성을 지니고 있는
미국과 일본의 사례를 체계적으로 분석하는 일은 향후 우리가 직면
할지 모르는 시행착오를 예방하는 첩경이다. 일례로 각기 정치적 측
면과 경제적 측면에 과도하게 치중한 1950년대 미국과 1980년대 일
본의 원조활동은 양적 활성화에도 불구하고 국제사회로부터 비난의
표적이 되었기 때문이다.

셋째, 우리나라가 강점을 가지고 있는 경제의 고도성장이나 농
어촌 개발에 특화된 발전행정 모델을 보다 적극적으로 활용해야 한
다. 양적 확대를 초월해 질적 고도화를 도모하는 방식으로 한국식
경제사회발전 모델의 보편성과 실용성을 강화해야 적은 비용으로 기
대 이상의 성과를 창출할 수 있기 때문이다. 가령 KOICA가 종래의
현금지원방식에서 탈피해 한국의 발전정신과 개발 노하우를 개발도
상국에 적극적으로 전수해 호평을 받은 사례가 여기에 해당한다.

　　결론적으로 우리나라의 국제개발원조는 양과 질 모두에서 개선의 여지가 존재한다. 하지만 2010년 국제개발협력기본법 제정과 OECD 개발원조위원회 가입을 계기로 기존의 부정적 인식은 점차 개선되고 있다.

　　특히 우리는 원조 수혜국에서 졸업한 이후 20년이 지나지 않아 공여국으로의 변신에 성공하였다는 점에서 향후 국제적인 발전경험의 공유와 확산활동에 크게 기여할 수 있는 잠재력을 지니고 있다. 이는 다시 말해 우리의 적극적이고 체계적인 노력 여하에 따라서는 공적개발원조를 주도하는 모델국가로 부상할 수 있음을 시사한다. 이 점에서 우리 정부가 원조수혜국의 만족을 중시하는 방향으로 공적개발원조의 패러다임 전환을 선도해 나가기를 기대해 본다.

시민단체에 대한
기대와 우려

　　한국 사회는 지금 중진국에서 선진국으로 넘어가는 과도기적 발전단계를 경험하고 있다. 하지만 선진국의 또 다른 척도인 중립적이고 포괄적인 이익을 추구하는 공익적 시민단체를 얼마나 많이 보유하고 있는가에 대해선 의문과 불안을 떨쳐버릴 수 없다. 경쟁지향적인 산업국가에서 분배지향적인 복지국가를 거쳐 선진국에 도달한 서구 각국에는 다수의 공익적 시민단체들이 존재한다. 사회주의에 대한 자본주의의 승리를 추구해 온 서구 국가들이 자신들의 약점을 최대한 보완하기 위해 기부, 자선, 복지 등을 표방한 이른바 '중간단체'를 앞세웠지만, 이들은 포괄적 이익을 추구하는 시민단체로 진화해 왔다는 점에서 그 의미와 역할을 과소평가하기 어렵다.

우리나라에서는 공익단체의 수련 과정인 자선단체를 거치지 않고 시민단체 단계로 곧바로 도약했다. 이러한 현상은 민주화의 선도자를 찾기 어려웠던 한국 사회의 절박한 요구를 반영했다는 점에서 단순히 시민단체들의 욕심이나 과오로 보기는 어렵다. 특히 시민단체는 정당과 더불어 '민주주의의 학교'라는 가치를 인정받고 있다는 점도 감안할 필요가 있다.

그럼에도 불구하고 우리나라 시민단체들의 정치적 행태는 좌우 색채를 막론하고 국민 다수의 기대와는 너무 멀어진 느낌이다. 한마디로 이념적 편향성을 표출하는 과정에서 정당과 구분이 어려운 지경으로 시민단체 간의 대립구도가 형성·강화되고 있기 때문이다. 일례로 보수단체와 진보단체 간의 집회가 동시에 경쟁적으로 개최되고 있는 우리의 현실은 정당정치를 보완하는 중재자로서의 시민단체의 중재적 역할이 급속히 약화되었음을 시사한다.

중앙 수준의 시민단체들이 이런 실정인데 지방의 시민단체들이 어떠할지는 불문가지다. 이념이나 단체의 이익을 위해 시민단체를 가장하는 수준을 넘어 개인이나 파벌 이익을 위해 시민단체를 이용하는 부도덕한 행위가 도처에서 일어나고 있다. 다수의 사이비 시민단체들은 '다수 시민의 의사'라는 명분이나 '시민단체'라는 이름으로 자신들의 이기적 요구를 포장하기에 급급하기보다는 먼저 자신들의 목표가 국민 다수의 이익에 얼마나 부응하는지를 냉철하게 자성해야 한다.

우리는 시민사회와 정부 간의 건설적 협력관계를 통해 국정운영
의 도약을 추구하는 '거버넌스' 패러다임의 시대를 맞이하고 있다. 하
지만 가두시위, 성명서, 집단이기주의 등과 같은 비통상적 시민참여
가 여전하다는 아이러니를 동시에 목격한다. 이는 시민단체의 정상적
인 역할 부재와 직결된 문제이다. 하지만 섣부른 양비론에 함몰되지
않고 건설적인 시민단체들을 발굴해 기부하고, 참여하고, 봉사하는
조용한 시민들이 점차 늘어나고 있다는 점에 위안을 삼아 본다.

시민사회가 주도하는
거버넌스의 활성화

시장이 주도한 미국(자유주의)과 시민사회가 주도한 유럽(합의주
의)에 비해 한국을 비롯한 동아시아 국가들은 정부가 주도한 경제사
회발전(개입주의)에 익숙한 편이다. 최근 들어 국내외적으로 시장 -
시민사회 - 정부가 공동으로 참여해 국정을 운영하는 협력적 거버넌
스 모델에 대한 관심이 커지고 있지만 시민사회가 절대적으로 빈약
한 우리의 입장에서는 단지 부러움의 대상일 뿐이다.

미국의 경우 시장이 상대적으로 강력하지만 정부와 시민사회
간 힘의 편차가 크지 않다는 점에서 지방의 하위정치(low politics) 영
역을 중심으로 거버넌스의 가능성을 모색해 왔다. 우리와 마찬가지
로 강한 정부의 전통을 가지고 있는 일본의 경우도 조용하지만 강력
했던 지방분권 전통을 토대로 공민활동이 활발하게 이루어져 왔다.

유럽의 경우 오랜 역사적 경험을 통해 시장－시민사회－정부 각각이 주도하는 발전의 공과를 경험하였으며 이 과정에서 공존의 지혜를 학습하였다. 절대국가로 대표되는 정부주도의 전통과 산업혁명이 시사하는 시장주도의 전통에 부가해 시민혁명은 시민사회의 발전을 촉진하는 계기로 작용하였다.

일찍이 산업혁명을 경험한 영국에서는 강력한 자유시장의 기풍을 토대로 부르조아 스타일 시민상이 정립되었다. 자본을 축적한 시민의 결집된 힘은 국왕을 굴복시킬 정도로 강력하였지만 철저한 자기통제를 통해 천민자본주의로 타락하는 비극을 회피할 수 있었다. 이 점에서 사익과 공이 또는 효율과 평등의 조화를 추구한 영국식 자본주의 전통은 상대적으로 빠르고 파괴적이었던 미국식 자본주의와 구별된다.

영국과 달리 산업자본의 발전이 지연된 프랑스에서는 절대국가와 무산계급 간의 대립이 격화되었고 대규모 유혈혁명과 연이어 빈발한 계급혁명으로 점철되었다. 하지만 계속되는 대립과 혼란 속에서 타협의 지혜를 학습하는 계기가 되었다. 일례로 19세기 중반 루이 나폴레옹의 집권은 지배계급과 피지배계급 또는 왕정과 공화정을 결합한 중재자 정부의 탄생을 의미했다.

중세 봉건영주의 전통이 강력했던 근대 독일에서는 신성로마제국의 울타리 안에서 준독립적인 도시국가의 발전이 촉진되었다. 영국이나 프랑스와 달리 강력한 절대군주제의 공과를 치열하게 경험하지 못한 독일에서는 종교와 문화가 결합한 교양시민이 출현하였지만 국민들의 고양된 공공의식에도 불구하고 통일국가의 출현은 지연되었다.

반면에 왕조국가의 전통이 강한 한국에서는 역사적으로 시민의 성장을 촉진하는 반전의 계기를 좀처럼 잡기 어려웠다. 양반은 지배계급의 일원으로서 체제유지에 급급한 존재였고 피지배계급도 자기주도적으로 힘을 결집하기는 어려웠다. 개항기 혼란의 와중에서 동학농민혁명이 발생하였지만 이마저도 외세의 개입으로 조기 진압되었다. 또한 미군정기의 노동운동은 강력한 냉전구도하에서 급속히 약화되었고 4.19 시민혁명의 고결한 꿈도 5.16 군사쿠데타로 인해 접어야 했다.

시민사회가 주도하는 승리와 변화를 역사를 통해 체감하지 못한 우리 국민들은 매우 빠르게 진행된 산업화의 와중에서 미국과 마찬가지로 돈되는 일이나 소소한 일상에 집착하는 이기적 개인으로 진화해 왔다. 1987년 6월항쟁으로 잠시 승리감에 도취하였지만 정제되지 못한 권리의 홍수가 시민사회의 안정적인 제도화를 견인하기에는 무리였다. 성인의 대다수가 자선활동과 봉사활동 및 시민단체를 생활의 일부분으로 경험하고 있는 서유럽과는 달리 우리는 뿌리치기 어려운 가족활동이나 종교활동 및 친목단체가 생활의 큰 부분을 차지하고 있다.

시장의 힘이 갑자기 커진 지금의 상황에서 시민사회의 계속된 약세는 정부정책의 중립성과 대표성을 위협하는 요인으로 작용할 개연성이 크다. 따라서 시민들의 무력감을 충전시키는 방향으로 지속적인 제도개선을 추구해야 한다. 시민들의 바른 말과 행동이 언제나 표출되고 증폭되는 공론장을 확충해야 할 뿐만 아니라 국가정보원 개혁 등 후퇴한 민주주의의 부활을 알리는 정부의 가시적 조치들이 선행되어야 한다.

정부관료제
잔혹사

동서고금을 막론하고 정부관료제는 권력을 가진 자나 일반 국민들로부터 그다지 인상적인 존재가 아니었다. 하지만 궂은 일도 마다하지 않으며 개입과 공공의 유전자를 각인시킨 정부관료제는 정치권력의 안정과 국민생활을 보호하는 보루의 역할을 수행해 왔다. 이는 관료제의 자율성과 전문성을 중시하는 과거제도가 왕조국가인 중국의 수·당 시절부터 존재한 사실을 통해 잘 나타나고 있다.

서양의 경우 그리스나 신성로마제국의 역사적 전통이 시사하듯이 동양에 비해 민주주의와 지방분권의 기풍이 강했던 관계로 법지와 개입성향인 관료제의 발전이 상대적으로 지연되었다. 참고로 16세기 근대 절대국가가 출현하면서 본격화된 서양의 관료제는 조세와 국방 분야를 중심으로 발전하였다. 당시 관방학이라는 명칭의 관료제 연구는 20세기 이후 현대 행정학의 모태가 되었다.

절대국가는 국왕에게 권력이 집중되는 일극체제를 탈피하지 못한 관계로 초창기 서양의 관료제는 국민의 공복이라기보다 국왕의 사복에 불과했다. 이 점은 관료의 충원이 매매(금전), 이권(지대), 상속(귀족), 연고(친분) 등을 매개로 한 정실주의(patronage) 방식을 채택한 사실을 통해 잘 나타나고 있다.

18세기 이후 산업화와 민주화를 추구한 근대화 혁명은 국가의 권위가 아니라 정당 간 경쟁이라는 새로운 권력배분방식을 제도화시켰다. 엽관주의(spoils)라는 새로운 관료충원방식은 선거를 매개로 한 주기적인 공직교체를 요체로 한다는 점에서 당시로서는 민주적이고

선진적인 제도였다. 하지만 정당의 색깔에 대한 과도한 충성이 공직
자 줄세우기와 전문성 저하라는 문제점을 표출시켰다.

이에 세계 각국은 20세기를 전후해 객관적 능력에 따라 관료를
임용하는 실적주의(merit) 전통을 확립하였다. 그리고 여기에 더해
젊고 유능한 인재의 공직입문을 촉진하기 위해 직업공무원제(career)
라는 안전장치를 부과하였다. 이로서 현대 정부관료제는 전문성과
효율성의 화신으로 때마침 경제사회 전반에 만연한 시장실패를 치유
하는 '만능의 해결사' 이미지를 구축할 수 있었다.

그러나 자율성, 책임성, 전문성을 요체로 하는 베버식 현대 관
료제의 신화는 지난 세기 말부터 다시 흔들리고 있다. 영미에서 시
작된 신자유주의가 세계화의 바람을 타고 확산되면서 기업식 정부에
자리를 양보하였기 때문이다. 이로서 현대 정부는 양적 축소는 물론
탈규제와 민영화의 압력에 직면하였다. 나아가 시장의 경쟁 기풍을
공직사회 전반으로 확산시키기 위해 고위공무원단, 개방형임용제,
전문가 특채 등을 활용해 공공(public)이라는 유전자의 변형을 시도
하고 있다.

물론 신우파가 주도한 변화시도가 그동안 경쟁과 개방의 무풍
지대에 안주해 온 관료사회의 체질 개선에 일정수준 기여할 수 있을
것이다. 또한 소극적인 대리인에서 헌신적인 청지기로의 이미지 변
화에도 유리하게 작용할 것으로 보인다. 하지만 탈규제와 민영화를
위해서라면 관료제의 소명의식은 물론 존재의의까지 깡그리 뭉개는
권력－자본 연합세력의 안하무인 행태로는 관료들의 동의는 물론
국민들의 호응을 얻기도 어려울 것이다.

진정으로 오래가는 공공개혁은 장관책임의 원칙을 토대로 관료

들의 자긍심과 자율성을 최대한 보장해야 한다. 영혼을 저당잡히고 눈치보기로 전환한 관료들을 암덩어리의 원흉으로 매도하며 험하게 다루라는 우리사회 일각의 주문을 따를 경우 정치권력은 산업자본의 충실한 도구에 불과하다는 마르크스의 경구를 재확인시키는 결과를 초래할 것이다.

따라서 새로운 개혁의 방향은 정치적 중립이라는 제한규정을 완화하는 방식으로 관료들의 기를 살려야 한다. 소통을 중시하는 관료들의 정치 감각은 나무가 아니라 숲을 보아야 하는 고위 관료는 물론 행정 현장에서 국민들의 높아진 눈높이에 다가서야 하는 일선 관료들에게도 필수적인 소양이다. 이 점에서 세월호 참사의 대책이 일선 해경조직의 약화나 엘리트 관료계층의 해체를 초래한다면 문제의 본질과 동떨어진 누군가의 횡재로 귀결될 개연성이 크다.

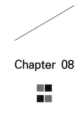

Chapter 08

우리스타일
파이키우기

'블루골드'
물 산업화 전략 있나

물은 전통적으로 공공재나 공유재의 성격이 강하기 때문에 누구나 보편적으로 이용 가능한 서비스로 간주돼 왔다. 하지만 산업화와 도시화가 심화된 19세기 중반 이후 물이 요금재나 사적재로 인식되기 시작하면서 물 산업화의 가능성이 모색되기 시작했다. 물의 산업화를 선도한 최초의 사례는 19세기 중반 상하수도 민간위탁을 도입한 프랑스였다. 이러한 정책 변화에 힘입어 베올리아, 수에즈 등과 같은 프랑스의 물 기업들이 세계 환경시장의 패권을 장악했다.

영국은 국유화에서 민영화로의 패러다임 전환을 추구한 1980년대 신자유주의 열풍 속에서 상하수도 민영화를 완성했다. 물론 영국

227

의 민영화는 광역화와 공사화라는 오랜 준비단계를 거쳤을 뿐만 아
니라 요금, 안전, 환경 측면의 부작용을 해소하기 위해 재규제 장치
를 마련하는 일에도 유의했다.

물론 완전한 사유화가 아니라 제한적 민간위탁을 채택한 프랑
스나 단계적이고 보완적인 시장 매각을 채택한 영국이 산업화의 혜
택만을 향유한 것은 아니었다. 요금과 직결된 기업의 이윤이 확보되
지 못한 상태에서 물 산업화가 촉진되기를 기대하기는 어렵기 때문
이다. 산업혁명의 혜택인 물질적 풍요를 국민들이 향유하는 상태에
서 이루어진 유럽의 물 산업화 사례와는 달리 남미의 경우 국민적
생활기반이 공고하지 못한 상태에서 졸속으로 추진한 민영화로 인해
과도한 요금 인상이나 수리권 독점과 같은 부작용을 경험하고 있다.

우리의 주력산업인 석유, 철강, 조선 등의 침체가 계속되면서 신
성장동력을 발굴하려는 정부와 기업의 고민이 깊어지고 있다. 이러한
현실에서 '블랙골드' 석유를 대체하는 '블루골드' 물의 가능성을 계속
외면하기도 어렵다. 건설, 제조, 운영을 포괄하는 광의의 물 산업은
전후방 연계효과가 큰 융복합 산업의 전형에 해당하기 때문이다.

우리와 유사한 발전 경험을 가진 싱가포르의 경우 이미 오래전
부터 물의 산업화 가능성에 주목해 왔다. 독립행정기구인 공공시설
원은 1995년 상수도에 부가해 담당하던 전기와 가스를 민영화하는
대신 2001년 환경부로부터 하수도와 저수지를 이관받아 총체적 물
관리 전문기관으로 부상했다.

이후 싱가포르는 수자원을 절약하고 이윤도 확보하는 누진적 요
금체계는 물론 다층적 집수방식, 하수와 우수를 결합한 중수도, 정보
통신 기반의 통합관리체계, 안전한 신생수를 앞세운 국민 홍보, 클러

스터를 활용한 연구·개발 투자의 활성화, 효과적 법제와 신중한 규제, 유능하고 대응적인 인력 양성 등과 같은 우수사례를 만들어냈다.

그렇다면 우리의 전략은 무엇인가? 먼저 상수도와 하수도를 통합해 범위의 경제를 구현해야 한다. 수량과 수질로 이원화된 주관부처는 물론 수도사업자인 한국수자원공사와 한국환경공단, 자치단체, 국내외 민간위탁업체 등은 제주특별자치도를 제외하고는 상하수도 통합관리라는 사명에 부응하지 못하고 있다.

국민이나 종사자들이 우려하는 급진적 민영화보다는 지방공사를 활용해 수계별 광역화를 선행하는 점진적 혁신을 통해 규모의 경제를 이룩해야 한다. 특별·광역시를 제외한 대다수 자치단체들은 규모의 측면에서 전문성과 완결성 확보에 애로를 경험하고 있다.

또 공공과 민간을 망라해 물 관리 주체들의 경쟁력 강화를 유도해야 한다. 물 산업의 경쟁력 강화를 위해서는 소수의 국가 공기업은 물론 직영기업 방식을 채택하고 있는 대다수 지방공기업도 자기혁신이 필수적이다. 특히 특별·광역시 지방공기업의 자율성을 강화하고 전문성을 유도하는 방식으로 의미있는 성과를 유도해야 한다.

나아가 프랑스의 베올리아, 영국의 템즈, 싱가포르의 다코 등에 필적하는 국내 물 기업의 수출경쟁력 강화를 위해서는 건설이나 제조에 편중된 현실을 탈피해 운영과 연구를 포괄하는 종합적인 수처리 또는 친환경 기업을 지향해야 한다. 따라서 클러스터, 연구기관, 대학 등을 활용해 기업을 육성하고 인재를 양성하는 한편 다양한 이해관계자들 간 협력적 거버넌스를 구축해야 한다.

산업단지의 조성과
국가경쟁력의 강화

산업단지의 성공적인 조성은 국가경쟁력을 강화하는 최고의 전략이다. 이러한 이유로 한국과 같은 신흥공업국가에서 특정한 산업입지나 업종 선택은 정부주도형 산업정책의 주요 이슈로 자리해 왔다. 이는 영국이나 미국과 같은 선발산업국가에서 시장의 자율적인 조정방식에 의해 산업단지가 발전된 사례들과 구별된다.

인류 역사를 통해 농업, 제조업, 서비스업 등 산업의 상대적 비중은 변화하였지만 규모, 범위, 밀도를 포괄하는 산업단지의 총체적인 경제효과는 계속 유지되어 왔다. 특히 제조업의 경우 경공업과 중공업은 물론 첨단산업에 이르기까지 산업단지를 활용한 연계효과의 구현이 산업의 성패를 좌우하는 핵심적 변수로 인식되고 있다.

국민경제의 발전을 촉진한다는 점에서 산업단지개발은 높은 수준의 공공성을 지니고 있다. 따라서 개별적 매입이나 환지보다는 전면매수를 요체로 하는 공영개발 방식을 채택하는 경우가 일반적이다. 더불어 산업단지개발은 택지개발과 달리 이윤이 배제된 원가분양주의 원칙을 채택하고 있다. 그러나 서비스빅뱅, 기업도시 등 경제활성화에 대한 과도한 몰입은 골프장이 포함된 복합리조트 개발이나 특정 기업의 배후부지 확장을 위해 공영개발권이 남발되는 부작용도 종종 표출시키고 있다. △△△레저특구, □□배후부지개발 등이 이를 반영하는 대표적 사례이다.

산업단지의 유형은 산업의 분류체계를 원용하는 경우가 일반적이다. 하지만 한국의 현실에 보다 적합하고 일반화가 용이한 산업단

지의 진화단계 유형을 도출하기 여기에서는 단지조성의 주체와 조성
단지(입주기업)의 규모에 주목하고자 한다.

 1960년대 이후 본격화된 우리나라의 산업단지 조성전략은 중앙
정부(국가공기업)가 단지조성을 주도한 대규모 수출산업단지(국가산업
단지), 지방자치단체(지방공기업)가 단지조성을 주도한 소규모 지역특
화단지(일반산업단지와 농공단지), 정부 간 관계와 기업 간 관계를 포
괄하는 관민협력체제(Public-Private Partnership: PPP)를 구현한 중규
모 혁신클러스터(첨단산업단지) 등으로 구분이 가능하다. 나아가 최근
에는 PPP를 표방하며 외견상 공공성이 담보된 주식회사형 제3섹터
의 형식을 취하고 있지만 실질적으로 민간 부동산개발회사와 차별화
가 어려운 특수목적법인(Special Purpose Company: SPC)들이 공영개발
을 주도하기 시작하였다.

 우리나라의 산업단지 조성전략은 역사적 견지에서 순차적 진화
단계를 가정할 수 있다. 1960~80년대 군사정부들이 채택한 대기업
중심의 수출지향산업화 전략은 단시일 내에 우리 경제를 양적으로
성장시켰지만 입지지역, 기업규모, 업종구성 등의 측면에서 불균형
을 초래하였다. 이에 1990년대 중반 이후 지방분권과 산업조화의 논
리를 앞세운 지역특화단지나 혁신클러스터에 대한 수요와 관심이 증
대하였다.

 박근혜 정부는 지역균형 발전과 지방분권 촉진을 위한 전략으
로 지역경제와 산업활력을 중시하고 있다. 특히 창조에 주목하는 새
로운 정책방향은 향후 지역연구기반의 강화에 기여할 것으로 전망된
다. 연구자나 기술자가 주도하는 창조산업의 활성화를 위해서는 집
적과 교류가 강조되어야 한다. 이를 반영하는 대표적 성공사례로는

찰스 다윈의 진화론을 가능케 한 학제 간 교류의 장으로서 '루나 소사이어티'와 스티브 잡스의 토이 스토리를 가능케 한 복합교류의 공간인 '픽사'를 들 수 있다.

따라서 창조경제 패러다임에 부응하는 산업단지 개발의 방향은 신성장동력의 선도자인 벤처사업가들이 반복해 도전할 수 있는 모험감수형 기업제도를 촉진하는 한편 창의적 아이디어가 사업화로 이어지도록 다양한 인프라와 통합 서비스를 제공해야 한다. 더불어 이러한 논리를 반영하는 창조경제 선진국의 벤치마킹 사례들은 창조인재·문화 육성형(캐나다, 호주), 벤처·창업생태계 육성형(이스라엘), 자본주도 육성형(미국, 영국, 프랑스), 창조산업·융복합 육성형(핀란드, 노르웨이) 등으로 유형화가 가능하다.

서비스산업의 육성과 도시마케팅의 활용

도시마케팅이란 시민, 기업, 방문객 등과 같은 표적집단의 욕구에 따라 도시의 경제적, 사회적 기능과 조건을 재구성해 이들의 수요와 이용을 극대화하려는 전략적 행위이다. 따라서 도시마케팅의 성공적 추진을 위해서는 전략기획의 관점에서 경쟁 도시들과의 비교를 통해 자신의 상대적 장단점에 대한 분석을 하고, 고객의 필요와 욕구를 확인한 다음, 이에 근거해 가장 적합한 정책수단을 동원해야 한다.

　최근 우리나라 지방자치단체들도 도시마케팅을 활용한 대내외 산업경쟁력 강화가 지니는 중요성에 주목하기 시작하였다. 세계화와 지방화의 심화 추세에 효과적으로 대응하기 위해서는 관광, MICE, 의료관광, 엑스포, 놀이공원 등과 같은 서비스산업의 활성화가 추상적인 도시이미지 제고는 물론 실질적인 도시경쟁력 강화와 직결된 문제로 인식되고 있기 때문이다.

　도시마케팅의 기원은 런던, 글래스고우, 빌바오 등 선진국의 주요 도시들이 제조업의 쇠퇴를 대치 또는 보완하기 위해 서비스산업의 육성에 초점이 부여된 장소마케팅이나 도시재생을 추진하는 과정에서 시작되었다. 더불어 선진국 도시들을 추격해 온 홍콩, 싱가포르, 방콕 등 신흥공업국 도시들의 적극적인 벤치마킹 전략도 도시마케팅의 전 세계적 확산에 기여하였다.

　물론 우리 도시들은 그동안 서비스산업보다는 제조업에 초점이 부여된 산업발전전략을 채택해 왔기 때문에 상대적으로 도시마케팅에 대한 인식이 약한 편이었다. 하지만 산업 전반의 연성화(soft)가 촉진되면서 도시마케팅에 관한 기존의 회의적인 태도가 급속히 변화하고 있다. 이 점은 도시마케팅을 전담하는 조직들이 광역자치단체를 중심으로 경쟁적으로 신설·강화되는 현상을 통해 잘 나타나고 있다.

　도시마케팅의 성공적 추진을 위해서는 기획단계에서부터 이해관계자 네트워크의 깊이와 다양성에 대한 통찰이 매우 중요하다. 특히 다양한 행위자 간에 어떤 양식의 조정이 이루어지느냐가 메가이벤트 성공의 열쇠이다. 세계박람회(EXPO), 올림픽 등과 같은 메가이벤트는 특정 행위자의 독자적 활동보다는 국제사회, 중앙정부와 자치단체, 기업, 시민단체 등 다양한 행위자 간의 협력적 조정양식이 구현될 때 성공확률이 높아진다.

더불어 행위자 간의 조정양식이 계층적인가, 시장적인가, 또는 네트워크적인가에 따라 메가이벤트의 효과성은 달라질 것이다. 행위자 간 조정양식은 유치단체의 상황적 맥락이 반영되어 있을 뿐만 아니라 이로부터 영향을 받는다. 따라서 우리는 국내외 다양한 유사사례들에 대한 비교분석을 통해 국제행사의 유치나 성공적 집행 및 사후활용을 위한 교훈을 학습해야 한다. 자신의 능력이나 외부의 상황을 간과한 주먹구구식 전략으로 단순히 유치에만 올인하는 후진적 행태는 과거로 남아야 하기 때문이다.

지역개발에서
지역경영으로

최근 선진국의 지역발전 패러다임은 중앙정부 주도하에 국토의 균형있는 발전을 추구하는 '지역개발' 패러다임에서 지역이 자기주도적으로 지혜와 자원을 활용해 지역발전을 도모하는 '지역경영' 패러다임으로 전환되고 있다. 이는 우리나라도 예외가 아니다. 지역경영 패러다임을 확산시키기 위해 중앙정부의 정책기조가 분권화와 광역화를 중시하는 방향으로 변화하고 있을 뿐만 아니라 이에 부응하는 지방 차원의 자구노력도 다양한 형태로 표출되고 있다.

참고로 노무현 정부의 지역경영이 분권화를 중시하였다면 이명박 정부의 지역경영은 광역화를 선호한 것으로 보인다. 노무현 정부가 중시한 지방분권의 3대 원칙으로는 지방정부와 시민사회에 대한 신뢰구축을 위한 선분권 후보완 원칙, 주민에 가까운 정부로 우선배분하는 보충성 원칙, 중·대단위 사무를 포괄적으로 이양하는 포괄성 원칙 등을 지적할 수 있다. 더불어 이를 구현하기 위한 정책대안으로 지역혁신체제, 혁신클러스터, 특화도시, 지역특구 등을 중시하였다. 한편 이명박 정부가 제안한 3차원 지역발전체제(4+α 초광역개발권, 5+2 광역개발 구상, 163개 기초생활권)는 자치단체의 경계를 초월하는 광역경제권의 구현을 통해 자원투입의 효율성과 산출성과의 극대화를 추구한다는 점에서 차별화가 가능하다.

더불어 미국의 경우 신연방주의 추세가 가속화된 1980년대 이후 지역경제의 활성화를 유도하기 위한 자구노력과 협력사례들이 다양한 형태로 목격되었다. 또한 유럽 각국은 상수도와 지역개발 등을 대상으로 한 공공서비스의 광역화를 통해 거버넌스를 구현하고 있다. 그러나 세계 각국의 분권화와 광역화 노력이 성공의 충분조건은 아니다. 일례로 남미의 경우 지방정부의 책임성이 전제되지 못한 상태에서 분권화를 추진하는 과정에서 자주적인 발전전략의 미흡, 인건비 등 경상경비의 급증, 도덕적 해이로 인한 지출 및 부채의 증가 등과 같은 다양한 시행착오를 경험하였다.

이처럼 국내외적으로 다양한 시도를 통해 강화되고 있는 지역발전 패러다임 변화의 이면에는 세계화와 지방화로 대표되는 포괄적 환경요인은 물론 중앙과 지방 간에 심화된 격차구조를 해소해야 한다는 다급한 현실 인식이 자리하고 있다. 따라서 이미 심각한 수준으로 경쟁력을 상실한 지역의 발전역량을 단시일 내에 회복하기 위해서는 새로운 발전의 구심점을 마련해야 할 뿐만 아니라 이를 활성화시키기 위한 중앙-지방정부 간 정책협력이 강화되어야 한다.

지역경영 패러다임의 논리를 반영하는 지방 차원의 정책대안과 제도기반은 지역PR, 지역축제, 경영수익사업, 지방공기업(직영기업과 공사·공단), 제3섹터(지방공사형과 주식회사형), 제4섹터(지방정부-지역주민 간 관계), 제5섹터(지방정부-지역기업 간 관계) 등으로 지칭되고 있다. 이때 각각의 유형들은 후자로 갈수록 지방정부의 개입범위가 축소되는 특징을 지니고 있는데 이는 로컬거버넌스의 구현가능성이 증대함을 의미한다. 특히 지방공기업은 중간지대에 위치하면서 인접 개념들을 포괄하는 광의의 개념으로 인식되기도 한다. 다시 말해 지방정부와 민간기업을 매개하는 지방공기업의 정체성은 다양한 수준의 협력관계를 포괄하는 거버넌스의 촉진요인으로 작용할 수 있다.

한편 다양한 이해관계자들 간의 협력을 중시하는 지역경영(지역산업정책)의 제도화 노력과 병행하여 새로운 정책도구를 개발하는 일에도 주력해야 한다. 일례로 지역의 자생적이고 내생적인 발전을 중시하는 지역경영의 활성화를 유도하기 위해서는 지역기업이나 주민들에게 가까운 존재인 지역금융기관의 역할을 강화시킬 필요가 있다. 특히 담보능력이 취약한 벤처기업, 주민단체 등이 새로운 지역발전의 주역으로 등장하는 현상에 대한 지방정부 차원의 적극적인 대처가 요구된다.

이와 관련하여 일본의 지역금융기관들이 대규모 공공투자사업에 주로 활용되던 프로젝트 파이낸싱(project financing) 개념을 응용해 지역의 자금을 지역의 영세 중소기업에게 환류시키는 지역신용금고(community credit)를 고안한 사실에 주목할 필요가 있다. 또한 지

역금융기관들이 단순한 자금공급자로서의 역할을 초월해 지역진흥
프로젝트의 성공적 완수와 관련된 경영기술 지원·자문자의 역할을
수행하고 있다는 점도 시사적이다.

나아가 우리나라도 벤치마킹한 일본의 구조개혁특구는 '지방이
선도하는 일본의 부활전략'이라는 의미를 부여할 수 있다. 이 제도는
'규제강도는 전국적으로 통일성을 확보해야 한다'는 사고체계에서
'지역의 특성에 따른 규제강도의 차이를 인정한다'라는 발상의 전환
에 기초한다. 그리고 구조개혁특구는 과거의 개혁전략인 정면공격·
중앙돌파형(우정민영화, 특수법인개혁 등)과 구별되는 일종의 게릴라
전략이라고 할 수 있다. 결국 이러한 특구 제도는 지방에 대한 권한
이양을 전제한 상태에서 개선, 경쟁, 준비, 가속 등과 같은 효과를
산출하고 있다.

녹색성장의 구현과
자치단체장의 리더십

녹색성장이란 기후변화·에너지·지속가능발전 등을 기능적으
로 통합하는 신성장동력의 창출을 의미한다. 특히 상호 간에 모순되
는 환경과 성장 간의 선순환을 중시하며 녹색기술과 산업 육성, 산
업구조의 녹색화, 청정에너지 개발 등을 통해서 경제성장과 삶의 질
개선을 추구하는 개념이다.

이처럼 저탄소 녹색성장을 중시하는 흐름은 지구온난화에 부응

하는 세계적 추세이자 우리 중앙정부나 지방자치단체도 예외가 아니다. 특히 자치단체 수준에 부합하는 녹색성장의 논리는 생태도시(ecological polis), 창조도시(creative city), 농업재생(agri renaissance) 등에 대한 관심을 통해서도 잘 나타나고 있다.

하지만 최근 우리 자치단체에서 표출된 녹색성장의 열풍은 새로운 기회와 더불어 위협으로 인식할 필요가 있다. 자신의 강점과 약점에 대한 냉철한 인식을 결여한 상태에서 이루어지는 무리한 정책추진은 꿈만 있고 실천력이 없는 백일몽(白日夢)이나 꿈도 없이 일만 벌이는 악몽(惡夢)으로 귀결될 개연성이 크기 때문이다.

이에 여기에서는 우리나라 녹색성장의 선구적 사례로 평가되고

표 6 남해군 자치단체장별 녹색성장정책 비교

	김두관 군수	하영제 군수	정현태 군수
재임기간	1995. 7. 1 ~ 2002. 4. 12	2002. 7. 2 ~ 2007. 12. 6	2008. 6. 5 ~ 2014. 6. 4
재임성과	- 환경시범 지자체로 　지정 - 잔디품종개량 국제 　교류 - 전원마을 시리즈 구상 - 스포츠파크 조성 　(2000년) - 월드컵 선수단 전지 　훈련 캠프 유치	- 전원마을 조성의 　다변화 - 남해안 관광벨트사업 　유치 - 사천과 창선 간을 연결 　하는 연육교 개통 - 힐튼리조트 개장 　(2006)	- 환경농업자치단체 　구상 - 대도시에 친환경 농축 　산물 직판장 설치 구상 - 환경시설 교육장 구상 - 신조선산업 단지조성 　(2009)
평가	- 녹색성장의 전도사	- 녹색성장의 토대 강화	- 녹색성장의 계승자

있는 경남 남해군의 사례를 중심으로 정책의 성패요인을 검토하는 기회를 마련하고자 한다. 남해군에서 녹색성장이 태동한 시점은 1995년 민선 자치시대의 개막으로 거슬러 올라간다. 특히 김두관, 하영제, 정현태 민선군수로 꾸준히 이어진 노력을 정책일관성 측면에서 검토하는 일은 남해군 녹색성장의 전모를 파악하는 일과 직결된 문제이다.

남해군이 선구적으로 녹색성장을 추진한 배경에는 1973년 남해대교의 개통이 크게 작용하였다. 남해대교의 개통으로 많은 사람들이 남해군을 찾게 되면서 관광의 중요성이 부각되었기 때문이다. 남해군의 정책방향이 관광객 유치에 초점을 부여하면서 자연스럽게 녹색성장에 부합하는 정책들을 고민하기 시작하였다. 무공해 관광휴양산업을 육성하기 위해 스포츠파크 조성을 추진하였고, 이에 필요한 잔디품종개발이 스포츠 경관산업 구상으로 이어진 것이다. 또한 경관을 훼손하고 악취를 유발하는 환경기초시설의 단지화 구상이 자원순환의 강화로 이어지게 되었다. 나아가 당초 잔디품종개량을 위해 시작한 독일과의 교류가 테마형 문화마을 구상과 결부되면서 독일동포 귀향마을인 전원마을 조성의 활성화로 나타났다.

먼저 스포츠 경관산업(롤잔디 재배)은 우리나라에서 처음으로 시도되는 사업으로 초기 시행착오를 겪기도 했지만 결국 스포츠파크 사업 등으로 녹색산업을 확장하는 계기가 되었다. 이 사업의 핵심 성공요인은 정책의제설정과정에서 나타난 김두관 군수의 명확한 정책목표 제시라고 할 수 있다. 물론 다른 요인들도 작용했지만 군수 취임 이전에 준비된 의제와 녹색산업 육성과 관련한 명확한 목표를 제시함으로써 그 이후의 과정들이 원활이 이루어질 수 있었다.

다음으로 MBT(Mechanical Biological Treatment) 시설의 도입은 기존 CO_2 배출 방식인 소각방식에서 친환경적 방식으로 전환하는 시설로서 CO_2 배출량 저감은 물론이고 자원재활용 측면에서 높은 효율성을 보이고 있는 시설이다. 이 사례가 중요한 의미를 갖는 것은 MBT시설이 당시 국내에서 처음으로 시도되는 사업이었다는 점과 주민기피시설의 설치가 주민들과의 협력을 통해서 이루어졌다는 점 때문이다.

그리고 독일마을이 다른 지자체가 추진하는 테마마을 조성과 다른 것은 전국에서 선도적으로 시도된 사업이라는 점과 실제 독일 교포들의 정착을 통한 마을조성 사례라는 점이다. 특히 독일마을 조성이 가져온 효과 중 하나는 관광산업의 활성화라고 할 수 있다. 바로 인접한 원예예술촌을 비롯해 나비박물관, 수목원 등을 결합한 관광패키지 개발을 촉진하였기 때문이다.

한편 남해군 녹색성장 사례는 다음과 같은 몇 가지 함의를 제공한다. 첫 번째는 녹색성장정책은 정책의제설정이 매우 중요하다. 녹색성장이라는 다소 모호하고 형용모순적 개념의 정책을 추진하기 위해서는 정책의 명확한 개념정립이 선행되어야 한다. 이때 단체장의 역할이 매우 중요한데 정책추진의 강력한 의지와 명확한 목표를 설정하는 것은 정책의제설정에 대단히 유의미한 일이라고 할 수 있다.

두 번째는 녹색성장 정책이 갖는 정책진화적 특성을 들 수 있다. 스포츠 경관산업, MBT시설 도입, 독일마을 조성사업 등은 새로운 정책의 진화를 가져왔다. 뿐만 아니라 독일마을 조성사업조차도 스포츠 경관산업의 진행과정에서 나타난 사업으로 녹색성장 정책은 단일 사업으로 끝나는 것이 아니라 다른 사업으로의 진화 및 확산되는 특성을 갖는다고 할 수 있다.

세 번째는 기존의 산업에서 발생되는 문제점을 해소하는 방안도 녹색성장이 될 수 있다는 것이다. 즉, 소각방식에서 MBT시설로의 전환은 엄청난 부가가치를 창출하지는 않지만 CO_2 감축이라는 성과를 도출하는데 이 또한 녹색성장의 중요한 가치라고 할 수 있다.

네 번째는 녹색성장에서 공무원의 역할에 주목할 필요가 있다. 새로운 사업에서 오는 위험과 재정부담은 민간부문의 참여에 한계로 작용한다. 그러므로 초기에는 공공부문에서 일종의 '격발효과(trigger event)'의 역할이 필요하다. 그리고 이를 선도하기 위해서는 공무원의 전문성 확보가 전제되어야 한다.

작은 정부론의
오해와 진실

크고 강한 절대국가에 대한 공포와 반성을 반영하는 작고 약한 야경국가(작은 정부론)의 기원은 18~19세기를 풍미한 자유시장의 창시자인 아담 스미스나 사회계약설의 주도자인 존 로크 및 보수주의를 선도한 에드먼드 버크로 거슬러 올라간다. 그리고 20세기 이후 작은 정부론은 정부개입이 초래하는 '노예의 길'과 결별할 것을 경고한 하이예크를 경유해 공공선택론과 신공공관리로 이어지고 있다.

아담 스미스는 시장의 자율적 조정기제를 통해 인간의 탐욕이나 사치와 같은 개인의 이기적 행동이 어떻게 보다 나은 공공의 이익이라는 바람직한 사회적 결과를 가져올 수 있는지를 보여주었다. 또한 사회계약설을 선도한 존 로크는 개인에게 부여된 자연권 사상을 극대화시키는 방식으로 지배자의 절대적인 힘과 권위에 대한 방파제를 구축하였다.

세계적인 개발경제학자인 엘버트 허시먼 교수는 세상을 조롱한 보수의 지배논리를 역효과(Perversity), 무용(Futility), 위험(Jeopardy)이라는 세 가지 논리로 구분하였다. 우선 역효과 논리에 주목한 에드먼드 버크는 프랑스 대혁명이 공공의 선을 구현한 것이 아니라 공포정치나 계급갈등과 같은 부작용을 초래한 일에 주목하였다. 또한 무용의 논리를 중시한 토크빌은 "모든 것을 현재와 같은 상태로 유지하고 싶다면 모든 것이 바뀌어야 한다"는 시칠리아 격언을 원용해 프랑스 대혁명의 결과물들이 과거에도 이미 존재한 진부한 것이라고 평가했다. 나아가 위험의 논리를 신봉한 보수주의자들은 19세기 보통선거권의 확대라는 변화의 기풍을 잠재우기 위해 무리본능, 미개한 다수, 집단적 충동 등과 같은 원색적 비난을 주저하지 않았다.

20세기 이후 큰 정부론은 가난과의 전쟁을 수행하는 과정에서 강화되었다. 유럽은 물론 미국에서까지 복지국가를 앞세운 진보주의자 논리가 득세하자 보수주의자들은 가난한 사람들에 대한 배려가 더 많은 빈자들을 양산하는 역효과와 복지국가의 혜택이 저소득층이 아니라 중산층에게 집중된다는 무용론에 주목했다. 일례로 유럽의 실업률이 미국에 비해 높은 이유는 50%에 육박하는 실업급여에 기인한다는 것이다. 더불어 하이예크는 개인으로서 인간의 자유의지가 개입적인 공동체의 요구에 선행해야 한다는 점을 들어 복지국가의 위험성을 환기시켰다.

이 점에서 '인간은 정치적 동물'이라는 아리스토텔레스의 지적은 공동체적 삶을 통해 인간의 진정한 가치가 구현될 수 있다는 점에서 공공성을 중시하는 현대 진보주의자 관점과 맥락이 연결되어 있다. 또한 공직자 선출방법으로 제비뽑기를 채택한 그리스의 공공성(형평성)은 직업 관료나 엘리트 지배가 일상화된 현대 사회의 집권성(계급성)과 구별된다. 특히 독재 정부나 디지털 통제사회는 시민에 대한 탄압을 자행한다는 점에서 공공성에 대한 위협이 된다. 이와 관련하여 한병철 교수는 투명사회 담론에 내재된 획일화와 폭력성에 주목할 것을 제안하였다.

20세기 후반 미국의 신보수주의자 진영은 공공선택론과 신공공관리를 앞세워 존슨 대통령의 '위대한 사회' 정책기조가 실질적 성과보다는 관료조직의 성장으로 귀결되고 말았다는 무용론을 제시하는 방식으로 위력을 발휘했다. 일례로 파킨슨의 법칙, 예산극대화 경향, 대리인인 관료의 기회주의적 행태, 이익집단에 의한 관료포획, 기업식 정부의 확산, 성과관리의 강화 등은 큰 정부 무용론을 설파한 대표적 논거이다. 하지만 최근 행정학의 새로운 경향으로 부각된 탈신공공관리론의 재집권화와 재규제, 신거버넌스론의 협력과 소통, 신공공서비론의 봉사와 헌신 등이 공공성의 중요성을 다시 부각시킨 사실에 주목할 필요가 있다.

선진적 관리기술의
적극적 벤치마킹

기업식 정부를 중시하는 최근의 공공개혁 추세를 감안할 때 전략기획, 팀제, TQM, 6시그마 등과 같은 기업의 선진적인 관리기법에 대한 벤치마킹은 다소간의 부작용에도 불구하고 앞으로도 계속 강화될 것이다. 물론 공공부문과 민간부문 간의 차이로 인해 기업의 관리기술을 직접적으로 도입하기 어려운 경우도 있다. 하지만 최근 양 부문 간의 경계선이 계속 약화되고 있다는 점에서 부분적 수정보완을 전제로 한 벤치마킹에는 무리가 없을 것으로 보인다.

특히 치열한 시장경쟁에서 생존한 기업들의 성공비결을 학습하는 일은 우리 정부의 경쟁력 향상에 크게 기여할 것이다. 일례로 Peters와 Watermann은 미국의 43개 성공기업(best-run company)에 대한 사례분석을 토대로 강력한 리더십, 가치의 공유, 명확한 비전, 조직몰입, 조직문화의 변화 등을 '우수한 관리의 10계명'으로 제시하기도 했다.

하지만 신공공관리가 중시하는 기업식 정부의 이상은 효율성과 경제성에 초점이 부여되어 있다는 점에서 불가피하게 정부의 전통적 가치인 합법성이나 민주성을 약화시키는 결과를 초래하게 된다. 따라서 민간부문의 관리기법을 적용함에 있어 합법성과 민주성을 반영하는 보완장치들을 마련하는 일에도 유의하여야 한다. 일례로 공공서비스의 민영화를 추진하면서 서비스의 질을 유지하기 위해 안전, 요금 등에 관련된 재규제 대안을 병행하여 부과하는 일이 여기에 해당한다.

한편 공공서비스의 민영화를 추진하는 과정에서 시민주도의 토론과 참여를 보장하는 방안도 유용하다. 이때 토론과 참여란 공공서비스에 관한 정책결정에 시민들이 참여하는 것을 의미하며, 이러한 과정에서 공공서비스의 공급자들의 책임성과 성실성을 확보할 수 있다. 나아가 각국의 시민단체가 주도적으로 참여하는 국제적 네트워크의 구축을 통해 공공성 확보노력을 강화하는 것도 유용한 방안일 수 있다.

더불어 미국의 공공개혁이 추구해 온 주요 목적이 "관료제를 대통령을 후원하기 위한 원천으로 활용하고, 정치적 중립성의 토대 하에서 법과 정책을 합리적이고 효율적으로 집행하도록 촉진하며, 관료제에 대한 대통령의 정치적 통제권을 강화하여, 미국적 민주주의(Madisonian democracy)와 미국 정치가 추구하는 헌법상의 목적에 관료조직을 조화시키는 데 있다"는 점에 주목할 필요가 있다. 실제로 미국의 공공개혁에서 위의 네 가지 목적들은 어느 시대나 중시되어 왔다.

참고로 1787년 메디슨의 주도하에 제정된 미국헌법의 주요 목표는 "개인의 자유 보장, 선거를 통해서 선출되는 공화정과 책임있는 정부의 촉진, 사익을 추구하는 집단이나 분파들에 의해 공익 또는 다른 사람들의 이익이나 자유가 침해되지 못하도록 제한하는 것" 등이다. 이러한 목표를 확보하기 위해 헌법에는 새로운 정부의 구성에 관한 몇 가지 원칙들이 포함되었다. 그 가운데 중요한 것은 권력분립과 견제와 균형의 원칙인데, 이들은 모두 서로 다른 정부부처 간의 정치적 권력을 제한하는 중요한 장치로 간주되어 왔다.

자치경영을 통한
실질적 지방분권의 강화

전통적으로 우리나라의 지방자치는 민주성 구현에 초점을 부여해 왔다. 권위주의 정부의 등장과 더불어 단절된 지방자치의 전통을 회복하는 일에 최고의 우선순위가 부여되었기 때문이다. 하지만 이러한 지방분권의 기조는 최근 들어 효율성을 중시하는 방향으로 급격히 전환되고 있다. 그리고 이러한 추세는 미국의 신연방주의나 일본의 삼위일체개혁을 통해 알 수 있듯이 전 세계적 현상으로 부각되고 있다.

재정난의 시대를 맞이하여 우리 자치단체들도 손쉽게 거두어 써버리는 전통적 행정상을 탈피하기 위해 노력하고 있다. 다시 말해 예산의 가치(value for money)에 대한 재인식을 토대로 자치경영 패러다임으로 지칭되는 재정수입의 다각화를 위해 부심하고 있다. 그리고 이를 반영하는 구체적 수단과 관련하여 복식부기의 도입이나 원가계산의 강화가 주목을 받고 있다.

지방에서 불고 있는 최근의 경영화 논의는 산출과 성과를 중시하며, 이를 위한 전략개념으로 기업가적 마인드의 고양과 공공서비스 공급체계의 다원화를 추구하는 것으로 요약된다. 나아가 신공공관리의 이상 구현과 직결된 경영화 논의는 궁극적으로 로컬거버넌스의 활성화를 선도하는 촉매제 역할을 담당할 것이다.

따라서 자치단체 경영사업의 전도사로서 지방자치단체장은 "기회포착과 제도형성능력, 인재발굴, 지구력, 공정한 보상체계의 확립, 거시적 안목, 관료제와 의회와의 원만한 관계, 실현가능성의 추구"

등과 같은 변혁적 리더십의 덕목들을 내면화시키는 일에 주력해야
한다.

나아가 자치단체장이 발휘하는 기업가적 리더십을 조직전반으
로 확산시키기 위해서는 "서비스 제공자들 간의 경쟁 활용, 시민들
에 대한 권한부여, 산출에의 초점, 목표와 사명의 중시, 고객중심적
사고, 예방조치의 강화, 재정수입원의 다각화, 참여관리의 확대, 시
장기제의 적극적 활용, 문제해결 지향적 사고" 등과 같은 기업가적
정부의 10대 원칙을 준수해야 한다.

Chapter 09

우리스타일
공공개혁

진짜 '정무직' 관료,
그들의 트라우마는?

정부관료제는 시대와 사회의 요구에 따라 방점의 이동이 있었지만 태생적으로 국가가 채택한 헌법적 가치를 표현할 세 가지 능력을 요구받는다. 국가의 운영원리가 되는 제도와 규칙이라는 원칙(principle)에 방점을 두는 집행가적 정부, 제한된 자원을 효율적으로 사용하여 성과(performance)의 극대화를 추구하는 기업가적 정부, 그리고 소통(communication)과 공감의 정무적 기능을 수행하는 정치가적 정부이다. 그런데 우리는 세월호의 침몰과 함께 이 세 가지가 남김없이 침몰한 대한민국을 지켜보았다.

이 과정에서 고위공직자들이 보여준 몰상식한 행위들과 소위 사회지도층 인사들이라는 사람들의 막말에 이르러 국민들은 넋을 놓아버리고 말았다. 또한 참사의 본질에 해당하는 낙하산 논란이나 유착의 고리가 속속 밝혀지면서 국민적 분노가 증폭되었다. 더불어 일상의 평범한 국민적 정서에서 괴리된 대리인들의 천박한 권력의 맨살을 목격하면서 허약한 민주주의의 '주인'들은 절망했다.

그런데 고작 여기저기서 흘러나오는 진단은 그들에게 정무적 감이 부족했다는 것이다. 정무적 감? 부끄러운 권력의 속살을 그대로 둔 채 그저 '포장을 못한 죄'로 밖에 들리지 않는다. 대리인에게 주어진 권력의 본질에 대한 성찰은 없고 그저 권력을 쥐어준 임명권자에게 폐를 끼친 요령 없는 행동만을 탓하는 것 같다. 나아가 문제의 본질을 우회하거나 또 다른 희생양을 양산하려는 조짐마저 보이고 있다.

일상의 아침, 피폐해진 마음을 추스르고 뚜벅뚜벅 '관료제' 안으로 출근하는 축 처진 어깨의 공직자들에게 애써 시선을 두어본다. 직업윤리를 토대로 명예를 중시하는 공직사회의 하루하루가 이렇게 위태롭게 이어지고 있다. '침몰'한 국가도 언젠가 인양이 될 터이고 또 관료도 그곳에 여전히 있을 것이라면 이 상태가 오래 지속되어서는 안 된다. 하지만 출발은 어디에서, 무엇부터일까?

우리는 명예와 희생을 중시하는 청지기형 관료의 전형을 일상에서 만날 수 있다. 구조현장에서 안타깝게 순직한 소방관이나 격무에 시달리며 이 골목 저 골목으로 발품을 파는 사회복지 공무원을 비롯해 행정의 최일선에서 국민들과 부딪혀가며 자신의 '주인'이 누구인지 몸으로 체화해가는 공무원, 그들에게서 진짜 '정무적 감'이 무엇인지를 발견할 수 있다. 자신들에게 권력의 한 자리를 준 임명

권자의 눈치를 살필 줄 아는 그러한 정치적 감으로 만들어지는 감각
이 아니다.

분노한 피해자 유가족을 막고 섰지만 흐르는 눈물로 유가족과
소통하던 경찰관의 얼굴에서 느낄 수 있는 그런 것이다. 울부짖는
소리가 들리면 본능적으로 불구덩이로 뛰어드는 수많은 우리 사회의
소방관들, 넉살 좋은 말을 듣고 있자면 가족인 것으로 착각할 만큼
수급자들의 자존심을 고려할 줄 아는 사회복지 공무원들처럼 국민들
과 소통하고 감정노동까지 감수하며 터득한 진정한 '정무적 감'을 지
닌 공직자들이 많다.

이들에겐 자신의 주인들이 '미개한' 국민도, '짐승'같이 울부짖는
존재도 아니다. 단지 섬기고 지켜야 할 '주인'일 뿐이다. 가만히 기다
리는 승객에게 탈출방송을 하기보다 회사보고에 더 안달하던 선원들
처럼, 국가 행정의 '조타실'에서 평생 국민을 내려다보다 '주인'에게
충성의 시선을 보내는 눈치마저 상실하였다. 고 박지영 승무원, 고
양대홍 사무장이 목숨으로 바꾼 것, 자신들의 '주인들'을 끝까지 지
키려했던 직업윤리, 그것이 바로 고귀한 목숨의 희생으로 알려 준
'정무감각'이다.

그런데 지금 그들이 위험하다. 자신의 상관들이 보여준 부끄러
운 권력의 '맨살'로 인해 씻기 힘든 트라우마를 경험하고 있다. 그들
도 역시 피해자이지만 가해자라는 죄책감에 시달린다. 그들 역시 치
유와 회복이 필요하다. 그들은 아직 무너지지 않고 남아있는 '국가제
도'이며 신뢰의 구명줄이기 때문이다. 언젠가 우리를 '주인'으로 섬기
는 참된 '대리인'으로 만날 희망이 있기 때문이다.

성과평가는
공공개혁의 진정한 출발점이다

　매년 봄이 되면, 각 공공기관들은 경영평가를 준비하느라 분주해진다. 중앙정부의 공기업이나 준정부조직(산하단체)들은 물론 지방자치단체의 투자기관인 지방공기업도 예외가 아니다. 다만 그동안 경영평가의 무풍지대였던 각종 재단, 연구소, 센터 등 지방자치단체의 산하기관들도 2016년 관련 법령이 통과되면서 경영평가 대상으로 편입되었다.

　중앙이나 지방의 공공기관을 대상으로 한 경영평가는 효율편향적인 줄세우기 평가라는 논란에도 불구하고 해당 기관의 발전은 물론 공공재정의 안정에 기여해 왔다. 더불어 최근에는 효율과 통제를 탈피해 평가제도 전반의 균형을 추구하는 공공이나 자율에 대한 관심도 증가하고 있다.

　이 점에서 주기적인 성과평가의 논리는 공공부문의 깃털에 해당하는 각종 공공기관을 넘어 지방자치단체나 중앙정부의 몸통까지 확산되어야 한다. 물론 지방자치단체나 중앙정부는 업무의 다양성과 포괄성을 요체로 한다는 점에서 객관적인 성과지표의 개발이 상대적으로 어렵다. 하지만 이러한 어려움에도 불구하고 갑인 자신은 통과의례식 성과평가와 생색내기식 인센티브로 버티면서 을인 공공기관의 분발을 독려하는 것은 정의의 문제를 떠나 도리가 아니다.

　우리는 과도한 성과평가가 지나친 경쟁의 폐해를 초래할 수 있음을 우려해 왔다. 반면에 성과평가의 빈곤이 초래할 공무원들의 상대적 퇴보를 더 이상 방치하기도 어렵다. 매년 외부전문가들의 엄정한 성과평가로 단련된 공공기관 직원들은 조직은 물론 개인의 경쟁력에서도 공무원들을 압도하고 있다.

일례로 서울특별시 구단위 시설관리공단 직원들은 저임금과 격무에 시달리면서도 공공서비스 향상을 위해 부심하고 있다. 특히 주차나 체육시설의 경우 비정규직 인력이 다수 배치되어 고객만족의 강화에 매우 불리한 여건이다. 이러한 상황에도 불구하고 공단은 각종 교육이나 주기적인 점검을 통해 평균점수 80점대 중반이라는 상당히 높은 수준의 만족도를 유지하고 있다.

신공공관리를 반영하는 민영화나 탈규제가 이념적 편향성 논란에 쉽싸이는 경우가 많지만 성과평가는 이러한 논란에서 상대적으로 자유로운 공공개혁의 진정한 출발점이다. 특히 국민들의 정서나 한국적 문화와도 부합하고 공무원들의 자기희생을 촉진하는 기회이기도 하다.

지금은 많이 퇴색하였지만 우리나라 공직사회에서도 상사는 물론 동료나 부하 직원들까지 인사평가에 참여하는 다면평가라는 제도가 활용된 적이 있다. 물론 인사평가로서의 다면평가는 한국적 현실에서 당초의 목표를 달성하지 못한 것으로 보이지만 성과평가에 다면평가의 원리를 활용하는 방안을 검토할 필요가 있다.

우리나라는 공공기관 경영평가를 외부 전문가들에 의존하고 있다. 하지만 이제는 평가제도나 기법에 대한 인식이 공공기관 전반으로 확산된 상태라는 점에서 을의 위치에 있는 공공기관 직원들을 갑의 위치에 있는 공무원 조직을 대상으로 한 성과평가에 참여시키는 방안을 고려할 수 있다. 더불어 감사와 평가의 중복논란을 제거하기 위해 공공기관 경영평가에 상급기관 감사인력을 참여시켜 감사와 평가의 중복을 최소화시키는 방안도 신중하게 검토할 필요가 있다.

이러한 정책제안들은 성과평가에 대한 피로감을 최소화시키는 방식으로 성과평가의 유용성을 계속 확보할 수 있다는 점에서 가치가 있다. 특히 새로운 평가방식의 도입은 자율성을 전제로 하는 성과평가의 본질에도 부합한다는 점에서 추가적인 의미를 부여할 수 있다.

한국식 신공공관리의
형성과 진화

21세기의 개막을 전후해 국내에서는 지난 40년간 우리 정부의 성격을 규정해 온 발전국가 패러다임을 넘어서는 새로운 대안모색 작업을 진행해 왔다. 이 과정에서 가장 빈번하게 등장한 개념이 민주정부와 더불어 작은 정부이다. 효율성 제고에 초점이 부여된 작은 정부는 1980년대 이후 영국, 뉴질랜드, 북유럽 등 복지국가의 위기를 경험한 선진 각국의 행정개혁을 통해 우리에게도 잘 알려진 개념이다.

복지국가와 발전국가는 형평과 효율이라는 상반된 목표에도 불구하고 정부의 적극적인 개입을 요체로 한다는 점에서 높은 수준의 유사성을 지니고 있다. 이러한 이유로 선진국의 작은 정부 개념은 자연스럽게 우리 정부의 미래상과 직결된 문제로 간주되어 왔다. 하지만 우리나라는 복지 분야를 중심으로 공공서비스의 폭과 범위를 확장해 온 선진 각국과 달리 국가 성립 이래 과도할 정도로 작은 정부를 계속 유지해 왔다는 사실에 주목할 필요가 있다.

일반적으로 정부의 성격은 양적 기준(규모: 작은 정부와 큰 정부)과 질적 기준(능력: 약한 정부와 강한 정부)에 의해 규정된다. 정부성격에 관한 두 가지 기준을 원용할 때 발전국가를 표방해 온 우리나라의 역대 정부들은 최소한의 예산으로 최대한의 성과를 추구한 효율지상주의 정권, 즉 작고 강한 정부의 전형으로 평가된다. 하지만 발전국가는 계급적 이해관계를 왜곡했을 뿐만 아니라 사회참여와 부패통제에 대한 국민적 여망을 회피하였다는 점에서 치명적 약점을 지니고 있다.

이에 김영삼 정부를 전후하여 발전국가의 위기를 해소하기 위해 공공개혁을 지속적으로 추진해 왔다. 작은 정부 또는 기업식 정부로 통칭되는 새로운 행정개혁의 방향은 세계화와 국가경쟁력으로 대표되는 새로운 시대명제에 부응하는 한편 그동안 왜곡된 국정운영의 정상화를 유도한다는 점에서 긍정적으로 평가된다. 하지만 발전국가의 유산이 잠재된 상태에서 우리나라의 공공개혁은 북유럽과 유사한 현대화와 시장화의 중간 수준에 머무르고 있는 것으로 보인다. 그렇다면 지금까지 이룩한 공공개혁 성과를 토대로 양과 질을 동시에 담보하는 새로운 도약의 조건은 무엇인가?

첫째, 공공개혁에 내재된 다양한 목표와 진화 경로를 수용해야 한다. 영미국가를 중심으로 태동한 신공공관리는 효율과 봉사라는 양대 목표의 구현에 주력해 왔다. 하지만 최근 들어 신공공관리의 부작용에 대한 인식이 확산되면서 참여나 분권이 지니는 중요성에 대한 인식이 확산되고 있다.

둘째, 작은 정부에 대한 맹목적 집착을 탈피해 일정부분 큰 정부의 불가피성을 인정해야 한다. 과거 발전국가 패러다임하의 역대 정부들이 추구한 짜내기 방식의 요소집중 전략은 단기간의 고속성장에 유리하지만 중장기적인 성장동력을 창출하기는 어렵기 때문이다. 취약계층의 절실한 요구를 회피하는 편협한 자세로는 국민화합은 물론 미래의 발전을 기약하기 어렵다.

셋째, 강한 정부의 오류를 시정하기 위해서는 상호협력을 중시하는 거버넌스 패러다임의 본질에 적극 부응해야 한다. 발전국가 이후에도 우리 정부는 국가자율성에 의존하는 과거의 국정운영방식을 좀처럼 탈피하지 못하고 있다. 따라서 앞으로 정부는 시장이나 사회와의 새로운 균형을 유도하고 중재하는 입장에서 외견상 약하지만 실질적으로 강한 정부를 추구해야 한다.

변화관리의 선도자인
공무원의 역량개발

정부를 둘러싼 대내외 환경변화에 효과적으로 대처하기 위해서는 관료제 차원의 대응역량 제고와 병행하여 공무원 개개인의 준비를 강화시켜야 한다. 최근 공무원들은 시민의 지식수준 증대, 공공서비스에 대한 높은 기대, 무한경쟁에 살아남을 수 있는 정책대응역량 강화 등과 같은 새로운 요구에 직면해 있다.

이러한 도전에 부응하기 위해 세계 각국은 새로운 기술과 기법을 도입하는 동시에 공직사회를 개혁하고 구조적으로 변화시키는 일에 박차를 가하고 있다. 그러나 이러한 노력에 대해 많은 학자들은 새로운 기술의 도입을 통해 얻을 수 있는 행정의 효율성 증대 효과는 20%에 불과하고, 나머지 80%는 동기부여, 리더십, 관리기법의 개선을 통해 얻을 수 있다고 언급한 바 있다. 따라서 공직구조를 유연화·탄력화하고, 구조조정을 실시하는 동시에 공무원의 근무환경, 보수구조, 퇴직대비책 등과 같은 인적자원관리를 동시에 병행해야 할 뿐 아니라, 공무원 스스로도 공익실현의 책임자이자 민간부문 갈등의 조정자로서의 역할을 충분히 인식해야 한다.

일부 학자들은 도덕적 대리인(moral agent)으로서의 헌신적인 공무원 상을 중시한다. 정부실패를 강조하는 공공선택이론의 영향으로 전세계적으로 민영화의 바람이 불고 있지만, 민영화는 공공서비스 공급의 안정성과 부패의 유발가능성 측면에서 심각한 문제를 야기하고 있다. 이에 공직윤리를 강화하여 공익의 수호자 또는 국민의 청지기로서 공무원이 행정의 주축이 되어야 한다는 주장이 힘을 받고 있다.

참고로 이를 반영하는 구체적 방안으로는 "세계화된 지식정보사회"에서 행정발전의 핵심적 요소인 공무원 교육훈련 방식을 개선해야 한다. 교육훈련은 항상 사회적 변화와 요구에 부합해야 하며, 공무원 교육훈련 역시 급속히 발전하는 지식의 습득에 중점을 두어야 한다. 일례로 원격교육은 탄력적인 교육시간, 높은 지리적 접근성뿐만 아니라 필요할 때에 필요한 내용을 교육받을 수 있고, 강사와 피교육자 간의 수직적 상호작용이 가능하다는 점에 주목할 필요가 있다.

성과지향적
조직관리 기풍의 강화

전통적으로 우리나라의 행정은 조직·인사와 예산을 담당하는 중앙부처가 관련 자원들을 권위적으로 배분하는 통제중심의 관리방식을 채택해 왔다. 따라서 각 기관들은 자신의 고유한 환경적 특성에 적합한 다양한 행정수요에 탄력적으로 대응하지 못했다. 하지만 최근 들어 자율과 책임을 중시하는 성과지향적 관리방식이 확산되면서 권한부여(empowering)의 폭과 범위가 확대되고 있다.

자율을 허용하되 성과를 평가하여 책임을 묻는 것이 신공공관리가 추구하는 관리기법의 핵심이다. 책임은 단순히 외부의 성과를 보고하고 외부에서 아무런 조치도 취하지 못하는 것이 아니라 성과평가의 결과에 따라 이익과 불이익을 주는 방식으로 책임을 지도록 하는 개념이고, 자율은 무엇을 목표로 해야 하는가를 지시하지만 어떻게 하는가의 여부에 대해서는 간섭하지 않는 것을 의미한다.

한편 이를 반영하는 대표적인 사례로는 우리 지방자치단체에서 실시하고 있는 총액인건비제를 들 수 있다. 또한 중앙부처에서 실시하고 있는 책임운영기관의 취지도 같은 맥락에서 이해할 수 있다. 더불어 앞서 제시한 각각의 제도들은 현재 지방에서 중앙으로 또는 중앙에서 지방으로 점진적인 확산 과정을 거치고 있다.

나아가 효율성과 공공성 간의 조화를 추구하는 영국의 'Best Value 평가'의 원칙에도 주목할 필요가 있다. 신공공관리를 반영하는 성과관리의 일반적 원칙은 3E, 즉 경제성, 효율성, 효과성이다. 그러나 영국 블레어 정부의 성과관리체계인 Best Value는 이러한 세

개의 E만으로는 공공부문의 성과를 충분히 측정할 수 없다는 인식하에 형평성(Equality), 감정이입(Empathy), 생태(Ecology) 등을 포괄하는 개념인 윤리(Ethic)의 "E"를 추가하였다. 이 점에서 Best Value는 성과관리의 이해관계자 모델(stakeholder model)로 지칭되고 있다.

정부구조의 적정화를 통한 대응성 제고

정부 조직구조의 재설계(restructuring)에 대한 관심은 환경변화에 대한 조직의 대응력 제고와 직결된 문제이다. 이를 반영하는 구체적 대안으로는 먼저 다운사이징(downsizing)의 논리를 반영하는 중앙정부의 부처 통폐합이나 지방자치단체의 합병을 지적할 수 있다. 하지만 일본의 구조개혁 사례를 통해 알 수 있듯이 상징적 효과에 그친 중앙부처 통폐합이나 지방자치단체의 도산위기를 초래한 삼위일체개혁(보조금 축소, 교부세 삭감, 세원 이양)의 부작용에 대한 인식이 확산되면서 조직구조의 적정화(rightsizing)를 중시하는 방향으로 관심이 전환되고 있다.

다음으로 관료제 조직구조의 대표적 병리현상인 수직적 계층구조를 완화시키는 기업형 팀제의 도입을 지적할 수 있다. 팀제는 당초 치열한 경쟁환경에 직면한 기업조직이 사업부제를 강화하기 위한 목적으로 도입하였지만 최근에는 우리 정부조직에서도 중시되고 있다. 하지만 계층제적 조직문화가 온존한 한국의 현실을 고려할 때 실질적인 제도화에는 다소의 시일이 소요될 것이다. 하지만 팀제는 성과지향적 조직문화를 구축한다는 공공개혁의 목표와 직결된 문제라는 점에서 전면적인 후퇴를 주장하기에는 무리가 있다.

또한 규제행정에서 서비스행정으로의 패러다임 변화도 정부조직 개편의 핵심적 이슈이다. 공공서비스의 안정적 공급은 정부규제의 적정선 유지와 더불어 현대 정부에게 부과된 핵심적 과제이다. 물론 이러한 목표와 관련하여 우리나라도 예외가 아니다. 과거 한국경제의 고도성장기를 전후해 안정적 경제관리를 위한 정부규제의 강도결정 문제에 관료나 학자들의 관심이 집중되었다. 하지만 1990년대 이후 정부운영의 기조가 성장에서 긴축으로 전환되기 시작하면서 상대적으로 정부규제보다는 공공서비스의 가능성에 대한 인식이 급속히 확산되고 있다. 따라서 국민 위에 군림하는 자원배분자 또는 규제자의 역할을 탈피해 정부의 역할과 기능을 서비스 행정역량을 강화시키는 방향으로 재편해 나가야 한다.

전자정부를 활용한
파급효과의 극대화

전자정부(electronic government)란 정보통신기반에 기초하여 행정서비스를 효율적이고 효과적으로 창출·제공하는 미래지향적 정부를 의미한다. 전자정부는 행정기관의 입장에서 행정서비스 전달비용의 절감은 물론 행정의 투명성과 신뢰성 제고에 기여한다. 또한 박근혜 정부가 제시한 '정부 3.0'이라는 정책기조를 통해 알 수 있듯이 국민들에게는 민원인의 편의 제고와 행정서비스에 대한 접근성을 제고한다.

이러한 전자정부의 대표적 구현사례로는 다운사이징을 통한 조직의 간소화와 분권화, 인트라넷을 활용한 중간층 제거, 전자문서의 표준화를 통한 종이없는 사무실 구현, 전사적 자원관리를 활용한 행정비용 절감, 지식관리시스템을 활용한 창의업무 확대, 전자적 정보공개를 통한 공유문화 확립, 인증기반의 강화를 통한 행정처리의 신뢰성 제고, 통합데이터베이스를 활용한 거래비용 축소, PDA를 활용한 이동행정의 활성화 등을 지적할 수 있다.

나아가 전자정부의 구현은 국가 전반의 지식정보화를 촉진하는 계기로 작용할 수 있다. 예컨대 네덜란드는 전국토를 디지털 통신망으로 무장된 유럽의 삼각주로 만들자는 목표 아래 디지털 델타 계획을 추진하고 있다. 아일랜드도 자국을 전자와 물류의 세계적 중심지, 즉 글로벌 콜 센터로 전환시킨다는 계획 아래 글로벌 크로싱 프로젝트를 추진하고 있다. 싱가포르도 Sinapore One, 맨 파워 21 등 다양한 전략을 구사하며 아시아의 두뇌 중심으로서의 위상 강화를 꿈꾸고 있다.

더불어 새로운 지식정보기술은 정부의 기능과 성과를 보다 면밀히 평가하는 과정에서 나타날지도 모르는 공직 내부의 저항과 인력·자원의 부족을 해결할 대안으로 등장하고 있다. 부연하면 먼저 국민들에게 보다 나은 서비스를 제공함에 있어 걸림돌로 작용하는 정부 간·정부와 민간 간·사회집단 간의 다양한 이해상충을 조정하기 위한 새로운 관리기법의 도입을 가능케 한다. 다음으로 정부의 효율성 증대, 절차 간소화, 부패 척결 등 21세기 새로운 정부의 형태로 각광받고 있는 전자정부의 조속한 구현을 위해 정보통신기술의 발전은 필수적인 요소라 할 것이다.

그러나 급격한 기술발전의 속도에 정부가 신속히 대응하는 것은 매우 어려운 문제이며, 새로운 기술의 맹목적인 도입은 바람직하지 않다는 지적에도 유의해야 한다. 특히 신기술 도입에 따른 비용효과분석이나 도입에 따른 부작용의 해소대책이 마련되지 못한다면 전자정부의 정당성은 약화될 우려가 있다. 더불어 전자정부의 수준을 정확히 파악하는 성과평가기법 개발, 공무원들의 거부감과 불안감 해소 등 조직내부의 장애요소를 극복하는 일에도 유의해야 한다.

공공기관 개혁의
논리와 방향

공공기관으로 통칭되는 공기업과 준정부조직(산하단체)의 개혁을 위해서는 민영화의 환상을 자제하는 냉철한 판단이 요구된다. 국가 전반의 경기침체와 고용불안이 가중되고 있는 우리의 현실에서 정부나 지방자치단체에 대한 양적 축소가 어려운 것과 마찬가지로 공공기관도 공공성에 존립의 근거를 두고 있기 때문이다. 그럼에도 불구하고 공공기관의 높은 인건비 비중을 고려할 때 중장기적으로 점진적 인력조정방안은 준비해야 한다.

이러한 이유로 최근 공공개혁의 초점은 인력보다는 예산을 긴축하는 방향으로 이루어지고 있다. 일례로 높은 인건비 비중을 줄이기 위해 기타경비를 감축하는 공기업이나 산하단체의 자구노력이 확산되고 있다. 또한 정부가 소유한 공기업의 지분을 부분적으로 매각하거나 공기업이 소유한 자산이나 기금을 정리하려는 시도에도 주목할 필요가 있다. 참고로 우정민영화에 실패한 일본의 경우도 우리나라와 유사한 패턴의 대응방식을 보여준 바 있다.

특히 신공공관리로 대표되는 시장의 경쟁논리를 수용함에 있어서는 다음과 같은 전제조건들에 대한 신중한 검토가 요구된다. 첫째, 민간부문이 공공부문보다 효율적인지에 대한 확인이다. 동기, 유인, 수입원, 공공관계 등 많은 부분에서 차이가 나는 두 영역을 동일한 방식으로 비교하는 것은 무리가 있기 때문이다.

둘째, 시장논리의 기본 가정인 경쟁에 대한 재검토가 필요하다. 시장의 논리 속에는 이미 경쟁이 갖는 우월성이 전제되어 있다. 하지만 현재 우리가 인식하는 경쟁은 정부에 의해 관리되거나 규제된 경쟁에 불과하다. 또한 자본주의의 내재적 속성인 소득격차 때문에 경쟁이 제한적일 수밖에 없다는 점에도 유의해야 한다.

셋째, 행정책임이나 윤리에 대한 재검토가 필요하다. 고객은 자기가 선호하는 상품(공공서비스)을 구입하는 데에만 관심을 기울일 뿐 해당 기업(정부)의 장래를 위해서 시간과 노력을 소비하지 않는다. 이에 비해서 시민은 정부의 고객이 아니라 주권자이자 소비자이기 때문에 단순히 공공서비스를 소비하는 고객과 달리 보다 적극적으로 정부의 의제를 설정하는 역할을 담당한다는 점에 착안해야 한다.

결국 공공기관에 대한 외부주도의 급진적 개혁이 어려운 현실에서 새로운 변화의 초점은 공공성과 효율성의 조화를 추구하는 자율적 경영합리화를 촉진해야 한다. 이를 위해서는 전문성을 갖춘 유능한 최고관리자를 확보해 운영상의 자율성을 최대한 부여하여야 한다. 물론 자율성 부여와 병행하여 책임성 확보 차원에서 정부가 주도하는 성과평가를 부과하는 것이 바람직하다.

공공성 위기의
실상과 대책

공공개혁의 대상인 공공부문(공공성)의 축소와 확대를 둘러싼 논쟁은 국내외적으로 오래된 보편적인 이슈이다. 자유시장론(정부실패론)자들은 경제활성화를 유도하는 민영화와 탈규제에 주력하는 반면에 정부개입론(시장실패론)자들은 경제민주화와 직결된 사회통합이나 고용안정에 주목해 왔다.

일반적으로 '공공'이란 특정한 공적기관을 의미한다. 즉 행정부, 의회, 법원 등과 관련된 사항과 이들이 행하는 모든 활동이 공공의 범주에 포함된다. 따라서 공공이라는 개념과 대비되는 민간이라는 개념은 기업과 관련된 활동이라는 의미를 지닌다. 나아가 양자 간의 경계선에는 공공과 민간이 혼재된 제3부문(준정부조직과 비영리단체)이 존재한다.

더불어 공공은 종종 불특정 다수의 사람들에게 공통적으로 관계되는 사항을 의미하기도 한다. 특히 재화나 서비스의 사용 측면에서 공공이란 사적사용에 필수적 속성인 배제성(excludability)이 적용

표 7 공공부문의 개념과 범위

넓은 의미의 공공부문			좁은 의미의 민간부문
좁은 의미의 공공부문		넓은 의미의 민간부문	
전통적 정부조직	준정부조직	공공의 기능을 하는 비영리 민간조직	시장
중앙정부, 지방정부	공기업, 공공기관	공익단체, 민간비영리복지기관, 시민단체, 종교단체, 위탁형 공공기관	이윤을 추구하는 기업

출처: 정무권·한상일(2003)

되지 않는 영역을 말한다. 이를테면 공공서비스나 공공재 등이 전형
적인 사례라고 할 수 있다. 그러나 배제성이 적용되지 않는 재화의
종류와 범위를 명확하게 설정하기 어렵기 때문에 공공성을 정태적으
로 판단하기는 어렵다.

따라서 공공성에 대한 재인식은 구조적 측면은 물론 상호작용
적·비판적 측면을 고려할 수 있어야 한다. 특히 공공영역의 활성화
를 위해서는 참여와 토론으로 대표되는 소통의 강화를 통해 특정 집
단의 여론조작을 사전에 예방해야 한다. 나아가 공공성의 제도화는
사회구성원들이 동의하는 문제, 사회구성원들의 자발적인 협동, 권
력의 차이가 극소화된 계약, 모두에게나 어느 상황에서나 공평하게
적용되는 투명한 계약, 규제와 간섭을 최소화시키는 방식으로의 위
임, 개혁과 변동이 가능한 제도 등과 같은 조건을 구비해야 한다.

요즈음 시장의 경쟁논리를 중시하는 신공공관리가 확산되면서
공공성 또는 공적 관심사에 관한 담론이 쇠퇴하고 있다. 이러한 공

공성 위기의 원인과 관련하여 해이크는 공사간 차이의 탈색, 사회경
제적 역할의 위축, 서비스 수혜자의 협소화, 책임성 조건의 악화, 공
공신뢰 수준의 약화 등과 같은 추세에 주목할 것을 제안하였다.

첫째, 공사부문 간 구분의 약화는 경쟁과 효율성을 중시하는 기
업적 가치가 공공부문을 잠식하기 때문에 발생하고 있다. 일례로 새
로 도입된 성과관리는 공공관리자들로 하여금 미리 설정된 생산성
목표에 초점을 기울이도록 촉구하지만, 그러한 관리목표를 넘어서
변화하는 시민들의 필요와 기대에 대한 대응성을 약화시키고 있다.
즉, 기업적 관리방식은 결과지향적(result-oriented)이지만, 공공서비
스에서 기대되는 사람지향적(people-oriented) 행동과는 일치하지 않
을 수도 있는 것이다.

둘째, 공공서비스의 공공성이 유지되려면, 공공서비스가 특정한
계층이나 집단이 아니라 다양한 사회집단의 필요와 요구에 부응해야
한다. 이런 점에서 공공서비스의 목표는 공동의 복지(common public
well-being) 혹은 모든 시민들의 복지를 추구한다는 원칙에 토대를
두어야 한다. 하지만 1980년대 이후, 공공서비스의 기본적인 목적이
시민들의 권리실현에서 효율성과 경쟁에 토대를 둔 경제적 목적을
달성하는 것으로 변화되었다.

셋째, 공공서비스의 수혜자를 정의하는 전통적인 기준은 시민
(citizen) 개념과 시민권의 원칙이었다. 하지만 기업식 행정문화가 확
산됨에 따라 서비스 공급자가 고객(customers)으로 재정의되고 있다.
이러한 고객지향적 모형은 민간부문의 공급자와 수요자 간의 금전적
교환관계를 가정한 것으로, 사회적 혹은 공익보다 개인의 협소한 이
기심을 추구하도록 조장할 우려가 있다. 일례로 고객헌장은 지불능

력이 있는 서비스 이용자를 위한 것이며, 저소득 계층의 필요에는 상대적으로 무관심한 편이다.

넷째, 공공서비스에 대한 새로운 도전은 민간부문과의 파트너십 혹은 연합에 의해서 제기된다. 민관파트너십은 공공과 민간 간 거래의 투명성(transparency) 약화, 민간기업의 이익을 위한 공공재원의 활용가능성, 민간의 책임성 확보를 위한 공공통제의 약화 문제 등을 제기한다. 또한 책임성의 약화에는 정부의 역할이 직접적인 생산자에서 간접적인 규제자로 전환되는 현상이나 권한부여의 확대에 따른 관리적 재량권의 확충도 크게 작용하고 있다.

다섯째, 공공서비스에 대한 신뢰는 시민의 신뢰에 부가해 내부자인 공무원들의 신뢰도 포함된다. 먼저 공공서비스에 대한 시민의 신뢰는 국가별로 편차가 있지만 전반적으로 약화되는 추세에 있다. 다음으로 공무원 자신들의 신뢰수준도 위험수위에 도달하고 있다. 우리나라 공무원들의 직무만족도가 저하하고 있을 뿐만 아니라 미국을 비롯한 주요 선진국의 경우 이직률도 우려스러운 수준이다.

따라서 공공성의 위기를 항구적으로 극복하기 위해서는 공사 구분에 대한 이론적 재검토, 취약계층에 대한 정책적 배려와 기회 제공, 막연한 시장우월론에 대한 재검토, 자율성과 책임성의 조화를 추구하는 조직재설계, 불필요한 공공비판의 자제, 상황적 맥락의 중시, 이념적·국제적 요인의 고려 등이 지니는 중요성에 주목할 필요가 있다.

정부는 예산을
어떻게 다루어 왔는가

국민과 기업이 낸 세금으로 조성한 예산의 적정한 배분을 통해 그 가치를 극대화시키는 일은 현대 정부가 부여받은 가장 핵심적인 사명이다. 이는 품목별 예산제도, 성과주의 예산제도, 주민참여 예산제도로 이어지는 현대 예산제도 진화단계를 통해서도 잘 나타나고 있다. 각기 통제, 관리, 참여에 초점이 부여된 세 가지 예산제도들은 행정학의 세 가지 접근방법인 법적 접근, 관리적 접근, 정치적 접근과 매칭(matching)이 가능하다.

19세기 말 유럽과 미국에서 고도로 전문적이고 중립적인 관료제 행정이 중시되면서 등장한 최초의 현대적 예산제도는 지출의 합법성을 확보하는 일에 최고의 우선순위를 부여하였다. 즉, 당시 상대적으로 강력했던 법치주의 기풍하에서 품목별 예산제도가 촉진되었음을 시사한다.

품목별 예산제도는 예산 계정을 정부의 개별적 조직이나 기능에 사용되는 구체적인 지출품목에 따라 분류하는 제도이다. 지출계정은 봉급, 물건비, 자본설비 등 지출의 대상에 따라 분류되며, 지출대상은 다시 품목으로 세분되는데, 봉급을 예로 들면 월급, 임시월급, 초과수당 등으로 구분이 가능하다.

품목별 예산제도는 행정부에 대한 입법부의 재정통제를 강화하는 수단으로 등장했다. 이 제도는 대부분의 현대국가에서 채택하고 있으며 예산의 가장 근본적인 형태로 남아있다. 왜냐하면 품목별 예산제도가 지출의 정확성과 합법성을 통제하는 가장 유효한 예산제도

이기 때문이다.

한편 20세기 중반 재정난의 시대를 맞이하여 미국 예산제도의 초점은 관리적 효율성을 중시하는 방향으로 전환되기 시작하였다. 이는 다시 말해 투입(input)이나 과정(process) 중심에서 산출(output)과 성과(output)를 중시하는 방향으로 예산제도의 관심사가 변화하였음을 의미한다.

성과주의 예산제도는 예산을 주로 사업별·활동별로 나누고 이를 다시 세부 사업으로 나눈 다음, 업무단위의 원가와 업무량을 산출하여 편성하는 제도이다. 미국에서는 1940년대와 1950년대에 전성기를 이루었고 우리나라에서도 1962년도와 1963년도에 일부부처 일부사업에 성과주의 예산을 시험적으로 적용하였으나 1964년도부터 이를 폐기하였다. 하지만 성과주의 예산제도의 지향점은 기획예산제도(PPBS), 목표관리제도(MBO), 영기준예산제도(ZBB), 정부성과관리법(GPRA) 등을 추가로 발굴하는 방식으로 계승되고 있다.

특히 미국에서는 1993년 제정한 GPRA을 토대로 연방정부는 물론 주정부 전반에서 성과관리의 기풍이 부활하고 있다. 이러한 추세에 부응하기 위해 한국에서도 성과지향적 예산제도에 대한 관심이 증가하고 있다. 일례로 2000년부터 농림부 농촌개발국, 법제처 법제기획관실 등 16개 시범사업기관을 중심으로 성과주의 예산제도의 단계적 도입을 추진하고 있다.

나아가 요즈음 우리 지방자치단체에서는 예산과정 전반에 대한 주민들의 참여를 허용하는 주민참여 예산제도가 활성화되고 있다. 일례로 국내에서는 은평구가 모바일 투표를 활용해 주민참여 예산제도를 시행하고 있다. 은평구는 각 동마다 두 개씩 의제를 내고, 1인

5표를 행사하는데 자기 동에 2표를 몰아줘도 나머지 3표는 공익에 부합하는 의제에 투표하도록 유도하고 있다.

따라서 주민참여 예산제도의 논리는 단순히 자치단체를 초월해 일반회계만 300조원이 넘는 중앙정부 예산에도 도입하는 것이 바람직하다. 특히 우리나라는 세계최고 수준의 정보화 또는 모바일 기반을 갖추고 있다는 점에서 직접민주주의의 활용가능성이 상대적으로 높은 것으로 평가되고 있다.

■■
■

외국의 경험을 학습한
한국식 파이만들기

한국식 권위주의의
종말을 보며

　세습된 부와 권력이 연출한 조현아 전 대한항공 부사장의 '땅콩 회항'과 박근혜 대통령의 비선농단은 흡사 적색거성과 마찬가지로 수명을 다한 한국식 권위주의의 비극적 종말을 고하는 상징적 사례이다. 한때 '한국식 민주주의' 또는 '아시아적 가치'로 지칭되며 칭송과 조롱을 동시에 경험한 한국식 권위주의의 기원과 본질은 매우 다층적이고 복합적이다.

　일반적으로 민주주의와 대비되는 권위주의의 특성은 공화국과 왕국, 공공성과 효율성, 애민과 애국, 자치와 억압, 팀제와 계층제, 개인주의와 집단주의, 서양과 동양 등으로 대비가 가능하다. 따라서 한국식 권위주의의 기원은 왕조, 유교, 일제, 전쟁, 안보, 성장, 독재, 재벌, 동원, 충성, 학벌, 극우 등과 밀접한 관련성을 지니고 있다.

한국 사회와 경제 전반에 폭넓고 깊숙이 자리한 억압적 권위주의 통치는 현대판 신분제와 기득권 보호라는 비정상적 담합구조를 조장했다. 더불어 공정경쟁을 도외시한 성장연합 특유의 패거리 문화도 권위주의 확산과 유지에 일조했다. 특히 최근 폭로된 박근혜 정부의 국정농단은 비선 실세를 앞세워 재벌과 한류를 결합한 신종 유착관계로 밝혀지고 있다.

한때를 풍미한 한국식 권위주의의 별칭은 관료적 권위주의, 발전국가, 권위적 자본주의 등이었다. 박정희 정부의 영구집권 구상과 직결된 관료적 권위주의 체제란 자본주의(성장)를 위해 민주주의(분배)를 포기하는 불균형 발전전략의 전형에 해당한다. 더불어 우리나라는 관료적 권위주의의 원조인 중남미 방식에서 출발해 정부 주도로 급속한 수출지향산업화를 추진하는 과정에서 노동을 배제하고 재벌을 편애하는 산업질서를 확립시켰다.

일본이 시작하고 한국, 대만, 홍콩, 싱가포르 등을 경유해 중국까지 이어진 동아시아 발전국가의 무용담은 세계화와 정보화라는 격랑 속에서 급속히 약화되고 있다. 물론 재도약에 성공한 싱가포르와 경제대국으로 부상한 중국의 선전이 동아시아의 영광을 수호하는 보루이지만 양국은 국가 규모와 가치 모두에서 극단적 변칙사례에 해당하기 때문에 우리의 새로운 진로모색과 직결되기 어렵다.

후발산업화의 선구적 사례인 20세기 초반 독일과 일본은 물론 20세기 중반 구소련 스탈린과 북한 김일성의 경제기적을 통해 알 수 있듯이 국민행복과 괴리된 짜내기 방식의 고도성장은 외부의 도전과 내부의 모순을 극복하기 어렵다. 이는 20세기 후반 정부 주도로 고도성장을 이룩한 아일랜드와 이스라엘도 예외가 아니다.

그렇다면 권위로 점철된 구시대의 유산과 확실히 단절하는 민주 한국의 차세대 비전과 전략은 무엇인가? 먼저 차세대 정부는 성장과 분배는 물론 계층, 성별, 지역, 산업구조, 기업지배구조 등을 포괄하는 균형발전의 이상에 적극 부응해야 한다.

다음으로 대통령 탄핵과 연계된 정략적 권력구조 논쟁을 탈피해 문제의 본질과 직결된 형평, 정의, 공감, 소통, 헌신, 공개, 청렴, 윤리, 생태 등을 요체로 하는 공공마인드 강화에 주력해야 한다. 특히 국정의 실패가 국민적 불행을 가중시키는 과오를 반복하지 않기 위해 다음 대통령의 인격과 역량을 보다 철저히 검증해야 한다.

마지막으로 차세대 발전전략은 소수의 이익보다는 다수의 행복에 최고의 우선순위를 부여해야 한다. 따라서 행복국가의 구현과 직결된 핵심성공요소인 복지, 풍요, 품격, 안전, 환경, 공동체, 조합, 만족, 여가, 예술, 체육, 배려, 공존 등의 가치를 극대화해야 한다.

범죄와의 전쟁 vs 가난과의 전쟁

2016년 20대 총선을 앞두고 치열하게 대립하던 여야의 공천작업은 공히 절묘한 나눠먹기로 귀결됐다. 어찌되었건 인물 경쟁에 초점이 부여된 초반 레이스를 마친 상태에서 총선의 관심은 이제 정책

경쟁으로 이동할 것이다.

하지만 한국의 역대 총선은 대선이나 지방선거에 비해 정책 차별화가 이루어지지 못한 것이 사실이다. 견제와 균형을 중시하는 대통령중심제에서 국회의원들은 대통령과 마찬가지로 국민의 대표이지만 소선거구제에 발목이 잡혀 지역 현안에 몰입해 왔기 때문이다. 더욱이 이번 선거는 매니페스토 캠페인이나 시민단체의 낙선운동까지 잠잠한 상태이다.

국내외를 막론하고 선거라는 치열한 정책경쟁의 장에서 보수와 진보가 내세운 전가의 보도는 성장이라는 상수에 부가해 각기 안보와 복지에 초점이 부여된 '범죄'와의 전쟁과 '가난'과의 전쟁이라는 양대 변수였다. 이는 정책이 실종된 최악의 선거라는 평가를 받고 있는 이번 총선에서도 기존의 대립구도가 여전히 유효하다는 사실을 통해 잘 나타나고 있다.

여당의 공천파동이 마무리되자 박근혜 대통령은 개성공단 폐쇄를 전후한 일련의 안보위기와 관련해 "북한의 도발 가능성에 유의하는 정치권의 각성과 분발"을 주문했다. 이는 현재 권력의 안정적 유지와 직결된 총선전략과 관련해 대통령의 칼이 외부의 범죄자를 확인시키며 여론을 환기시키려는 목적성이 있어 보인다.

한국의 역대 보수정권은 고비마다 내외부를 망라한 '범죄'와의 전쟁을 통해 유권자들의 표를 결집해 왔다. 자신들의 주요한 권력기반인 군대와 경찰을 앞세워 내부의 잠재적 범죄자(반대자)들을 소탕하거나 북풍을 활용하는 방식으로 단골 보수는 물론 복지 욕구가 잠재된 서민들의 표심을 봉쇄했던 것이다. 이른바 돈 안 드는 선거공약과 안정적 국정운영이라는 두 마리 토끼를 잡았던 것이다.

　일여다야(一與多野)로 짜인 선거구도에서 성장과 안보를 결합한 여당의 고공행진에 맞서야 하는 야당은 복지는 물론 평화나 노동에 초점이 부여된 플러스 알파 정책을 발굴해야 한다. 하지만 경기침체기로 복지재원의 조달도 여의치 않은 상태에서 평화나 노동에 대한 과도한 몰입은 중도로의 외연 확장을 방해하는 정체성 논란을 유발한다는 점에서 야당의 고민이 시작된다.

　따라서 제1야당인 더불어민주당이 선도할 역동적 대응전략은 국내외 유사사례에 대한 학습에서 시작해야 한다. 먼저 1950년대 미국은 소련과의 체제 경쟁에서 승리하기 위해 매카시즘과 군산복합체로 대표되는 강경 보수노선을 중시했다. 하지만 존슨 정부는 1960년대 이후 외부의 적보다는 흑백갈등과 같은 내부의 암을 치유하려 '가난'과의 전쟁을 시작했다. 최근에는 의료보험 확대정책을 표방한 오바마가 존슨의 전통을 계승하고 있다.

　다음으로 불리한 정치지형에도 불구하고 정권을 창출하고 유지했던 역대 진보정부의 경험을 재발견해야 한다. 우선 김대중 정부를 통해서는 DJP 연합의 단계별 로직을 학습하는 방식으로 국민의당이나 정의당과의 연대를 모색해야 한다. 또 노무현 정부를 통해서는 '국회의 세종시 이전'과 같이 유행을 덜 타는 지방분권이나 정부혁신 공약을 재활용해야 한다.

　한편 우리는 사담 후세인과 오사마 빈 라덴을 제거하기 위해 시작한 미국판 범죄와의 전쟁이 이슬람국가(IS) 세력의 약진으로 귀결된 과오를 되풀이하지 말아야 한다. 따라서 김정은 제거에 집착하는 보수편향적 봉쇄전략은 속도 조절이 요구된다. 더불어 우리가 추구할 '가난'과의 전쟁은 정파적 이해관계를 초월해 국민 행복의 관점에서 증세의 정당성을 확립하는 한편 복지망국론을 불식시키는 전방위 보완대책을 마련해야 한다.

미래지향적 국민통합과
국가혁신을 기대하며

헌법재판소는 2014년 12월 통합진보당 해산에 이어 2017년 3월 박근혜 대통령 탄핵을 인용하는 방식으로 한국 정치의 극좌와 극우에 대한 정치적 결단을 행사하였다. 이러한 판결은 이념에 민감한 한국적 정치지형에서 국민의 일부를 충분히 납득시키기 어려웠다는 점에서 다소 아쉽다. 하지만 그때나 지금이나 판결에 내재된 헌법수호라는 대의명분에 정면으로 역행하기는 어렵다. 따라서 향후 국민통합과 국가혁신을 선도하는 우리 정치권의 일대 각성과 분발을 기대해 본다.

탄핵 이후를 준비하는 우리 정치권은 헌법재판소에 의해 극우와 극좌가 인위적으로 제거된 상태에서 대선을 치르게 될 것이다. 따라서 국민통합과 국가혁신이라는 명제에 부응하기 위해 대선에 임하는 정당들은 세대와 지역 및 계층이라는 분열적 대립구조와 최대한 거리를 두어야 한다. 사실 대통령 탄핵을 둘러싼 찬반 집회의 핵심에도 우리 사회의 주요한 갈등인자들이 '강대강'으로 맞서고 있기 때문이다.

새로 조성된 대선판은 과거에 비해 상당히 평평해진 편이다. 이른바 남북분단 상황이라는 특수성에 기인하는 '기울어진 운동장' 논란을 불식시킬 정도이다. 향후 한국정치에서 좌우의 극단은 정의당과 자유한국당이 포진할 것이다. 양극단의 정당들은 왜소한 당세나 탄핵 책임론에 비추어 집권가능성은 낮지만 대선 완주를 통해 각기 이념과 지역에 초점이 부여된 정체성 유지에 주력할 것이다. 따라서 박대통령 탄핵국면의 실질적 주역이자 중도통합을 표방한 더불어민주당과 국민의당 및 바른정당의 선전을 기대해 본다.

박대통령 탄핵안이 인용된 주요 원인은 헌법재판소의 판결문에 나와 있듯이 비선실세 최순실의 국정농단에 대한 실질적 책임을 물은 것이다. 그동안 탄핵을 반대하는 박대통령의 변호인단들은 문제의 본질을 흐리기 위해 재판부 구성과 같은 절차상의 하자나 치정관계로 표출된 우발적 사건의 희생양으로 몰아가며 박대통령을 비호했다. 하지만 최순실 국정농단은 '클레오파트라의 코' 높이를 둘러싼 상이한 해석처럼 일회성의 우발적 사건이 아니라 방조, 무능, 태만 등이 지속적으로 누적된 당연한 결과이다.

그렇다면 박대통령이 퇴진한 상태에서 우리가 추구할 국가혁신의 방향과 내용은 무엇인가? 먼저 대통령 선거에 앞서 제기된 국가혁신의 쟁점은 제왕적 대통령제의 폐해를 해소하는 분권형 대통령제로의 헌법개정이다. 하지만 이러한 주장은 60일로 제한된 대선일정의 시급성이나 정파간 이해관계로 인해 실현되기 어렵다.

사실 제왕적 대통령제의 폐해는 통치구조의 변경이나 비례대표제의 도입보다 높아진 국민들의 눈높이에 부응하는 차기 정부의 진실하고 민주적인 행태를 통해 새로운 정치문화로 승화되는 것이 바람직하다. 법률, 조직, 규칙 등과 같은 가시적 제도의 변화보다 결정적인 영향력은 문화, 관행, 규범 등과 같이 비가시적 제도에 기인하는 경우가 많다. 우리는 그동안 법규가 존재하지만 지키지 않고 조직을 만들었지만 제대로 작동하지 않는 경우를 너무나 자주 목격해 왔기 때문이다.

결국 대한민국의 미래를 좌우할 제도혁신의 성패는 박근혜 대통령의 실패를 반면교사로 상정하는 국민들의 올바른 선택과 차기 정부의 혁신역량에 의해 좌우될 것이다. 또한 정부에 대한 신뢰저하를 만회하려는 공무원들의 자기혁신과 분발도 필수적이다. 나아가 새로 출범할 정부를 후원하는 국민적 지지의 강화는 사드배치나 국민행복과 같은 대내외 난제를 현명하게 극복하는 원동력으로 작용할 것이다.

한국적 발전의 단계와
참발전의 지향

1948년 정부수립 이후 한국적 발전의 경로는 매우 역동적으로 변화하였다. 지난 5백년간 경제발전(산업화)과 정치발전(민주화)이 안정적으로 상승효과를 발휘한 서구의 발전패턴(근대화)과는 달리 현대 한국호는 출범 직후부터 정치편향적 국가가 산출한 부작용에 직면하였다. 시민사회나 시장에 비해 과대성장한 국가가 왕조시대의 유산인 가산제, 당파제 등과 결부되면서 좀처럼 국정운영의 안정성과 효과성을 확보하기 어려웠기 때문이다.

이 점에서 박정희 정부가 정립한 발전국가의 전통은 당시 산적한 산업화 과제들을 정부주도하에 신속히 해결하였다는 점에서 당대의 도약으로 간주할 수 있다. 물론 당시 정부는 복지, 노동, 환경, 인권 등 민주주의의 핵심적 가치들을 훼손하였다는 점에서 왜(歪)발전의 한계를 표출하였다. 하지만 국가자율성과 능력, 기획과 조정, 성과와 실용 등 발전국가의 특징들은 한국적 발전의 출발점이자 미래지향적인 재활용의 단서이다.

현대 국가의 성패는 거시적인 구조(환경)나 미시적인 행위(역량)보다는 중범위적인 제도에 의해 좌우되는 경우가 많다. 이때 제도는 크게 '보이는' 공식적 제도와 '보이지 않는' 비공식적 제도로 구분된다. 특히 보이지 않는 제도는 수면 아래의 빙산처럼 공식적 제도의 운영과 작동에 거대한 기초를 제공한다. 이 점에서 '주의(ism)'나 '관행' 등으로 표현되는 '보이진 않지만' 제도화된 패턴들에 유의해야 한다.

이에 여기에서는 한국적 발전을 성찰할 수 있는 하나의 연속적인 틀로 계층주의, 평등주의, 시장주의, 공동체주의 등을 제안하고자 한다. 이렇게 본다면 한국적 발전을 규정해 온 제도적 맥락은 발전국가 시절의 계층주의를 지나 1987년 민주화로 대표되는 평등주의와 1995년 세계화로 대표되는 시장주의를 경유해 향후 우리가 개척할 공동체주의로 구분이 가능하다.

민주화와 세계화라는 격동의 장을 맞이해 그동안 발전국가를 구성했던 정부―시민사회―시장 간의 위계적 배열은 재조정 압력에 직면하였다. 먼저 성장의 과실을 나누려는 분배욕구가 분출되고 개인주의가 확산되면서 우리 사회의 유교적 전통인 위계적 질서에 대한 도전이 제기되었다. 더불어 사회의 투명성과 정부에 대한 신뢰가 저하되자 사회계층별로 상이한 요구가 제기되었고, 이 와중에 정부 정책의 기반인 공식적 제도(법령)가 마치 '누더기'처럼 무력화되는 현상이 발생하였다.

다음으로 발전국가의 주도자로서 정부의 우월적 지위가 신자유주의의 확산에 따라 오히려 시장에 의해 경로의존적으로 '재학습'되고 지위가 '이전'되자 사자가 떠난 밀림에서는 '재벌경제'라는 시장의 위계가 더욱 강화되었다. 이러한 조건에서 공정경쟁과 동반성장의 가치를 실현하려는 정부의 정책목표는 재벌의 경제력 집중과 고용없는 성장의 제약 속에 종종 갇히고 만다. 이는 참발전을 지향하는 발전 이후의 기획이 어떠한 시장질서를 구축할 것인가에 대한 사회적 합의가 쉽지 않음을 예고한다.

결국 우리가 지향하는 참발전은 공동체주의라는 전제하에 발전국가의 미덕을 되살려야 한다. 과거 우리가 정립한 국가능력의 신화를 재연하지 못한 상태에서 고착화된 갈등구조를 극복하거나 혁신적인 정책의제를 제시하기도 어렵기 때문이다. 따라서 정부의 역할은 결단코 참발전을 위한 항해의 '돛'과 '닻'임에 분명하다.

하지만 정부가 선도할 참발전은 우선 절차의 측면에서 일방주의를 탈피해 타협과 소통을 중시하는 거버넌스 방식에 기초해야 한다. 또한 내용의 측면에서 영미의 창의혁신 역량, 유럽의 포용적 정치제도, 중남미의 보편적 공공서비스 등을 학습해야 한다. 나아가 '새로운 기획안'의 제도화는 일정 기간의 과도기가 필요하지만 국민적 인식의 수준에 따라 부침(浮沈)을 보이며 재구성될 것이다.

굿 거버넌스의
새로운 동향과 전략

미국 사회에서 '큰 정부'는 금기어나 다름없다. 건국의 아버지들이 3권분립과 연방제 및 양당제를 활용해 권력분산을 추구한 일도 이와 무관하지 않다. 공화당 로널드 레이건은 1981년 '정부는 문제의 해법이 아니라 문제 그 자체이다'라고 했다. 민주당 빌 클린턴은 1996년 '큰 정부의 시대가 끝났다'고 선언했다. 이러한 노력의 결과로 월가의 금융산업과 실리콘밸리 정보기술산업이 붐을 이뤘지만 일자리의 실종으로 촉발된 중산층의 몰락을 막기는 역부족이었다(손제민, "샌더스와 역사의 큰 흐름", 경향신문, 2016.04.13자).

2007년 6월 출범한 영국 브라운 정부는 세계화와 국가경쟁력이라는 화두에 부응하기 위해 무역산업부 명칭을 '비즈니스, 기업 및 규제개혁부'로 개편하는 한편 재계 대표들을 중심으로 산업경쟁력 강화를 위한 특별위원회를 구성하였다. 또한 규제행정에서 서비스행정으로의 패러다임 변화에 부응하기 위해 교육, 주택, 의료 등과 같은 핵심 공공서비스의 분야별 개혁방안을 제시하였다. 나아가 영국의 공직사회에 활력을 불어넣기 위해 그동안 도입한 개방형 임용제, 책임운영기관, 강제경쟁입찰제 등이 다양한 강점에도 불구하고 책임성의 혼란을 유발한다는 점에 주목하였다.

2016년 5월 올랑드 대통령이 이끄는 프랑스 사회당 정부가 높은 실업률을 끌어내리기 위해 마련한 노동법 개정안을 하원 표결 없이 통과시키는 등 경제정책의 우회전 속도를 더욱 높이고 있다. 하지만 주 35시간 근로제 도입에 앞장선 마르틴 오브리 전 노동부 장관이 노동법 개정에 반대해 사회당 모든 당직에서 물러나는 등 당 내부의 반발이 거세다(문화일보, 2016.05.11자).

칸트는 세계의 영구적 평화를 위한 구상에서 '목적의 나라 (Kingdom of Ends)'라는 이상을 제시한다. 세계의 진정한 평화를 이루기 위해서는 이 세계가 '수단의 나라'가 아닌 '목적의 나라'가 되어야 한다는 것이다. 이 목적의 나라에서는 그 어느 인간도 결코 '수단'으로 취급하지 않는다(강남순, "칸트와 어버이연합", 경향신문 2016.05.03자).

선거와 정치가 모든 문제들을 해결할 수 있다고 생각하지는 않는다. 그러나 분명한 것은 서구와 유사한 효율적이고 포용적인 정치 제도를 일궈내지 못한다면 우리 사회의 미래가 암담하다는 점이다. 나라를 풍요롭게 하는 부국(富國)과 국민을 자유롭게 하는 민주주의 모두 중요한 가치다. '부국 없는 민주주의' '민주주의 없는 부국'으로는 선진국이 될 수 없다(김호기, "20대 총선의 다섯 가지 코드", 한국일보, 2016.04.07자).

서비스산업과 지식산업은 규제개혁을 앞세운 미국의 경쟁력이 압도적이다. 월가와 실리콘밸리에 포진한 모건 스탠리, 구글, 아마존, 애플 등 미국의 혁신기업들이 세계를 호령하고 있기 때문이다. 이에 유럽은 신성장동력에서 앞서가는 미국을 따라잡기 위해 규제개혁보다 산업정책을 중시하고 있다.

먼저 제조업 강국 독일 산업계의 고민은 디지털 분야의 저조한 경쟁력이다. 이에 독일 정부는 2013년 '산업화 4.0'을 표방하였다. 이를 반영하는 사례로는 정부조직, 대기업, 중소기업, 연구기관 등이 플랫폼을 운영하고 있다(강정수, "창조경제와 디지털 포석" 한겨레신문, 2014.11.27.자). 더불어 최근에는 자본 4.0에 부응하는 노동 4.0의 모색작업도 활발하게 이루어지고 있다.

다음으로 영국은 산업혁명의 영광을 간직한 제조업 도시들을 창조산업의 메카로 재편하는 일에 주력하고 있다. 대도시 런던은 구역별로 테마를 선정해 테크시티, 금융시티, 문화시티 등을 표방하고 있을 뿐만 아니라 리버풀, 쉐필드 등도 적극적으로 도시재생에 나서고 있다.

나아가 서유럽의 강소국들은 농업의 경쟁력 강화를 위해 융복합 산업으로의 전환을 추구하고 있다. 와이너리 사례를 통해 알 수 있듯이 6차산업으로 지칭되는 농업기반의 융복합산업은 스위스, 오스트리아, 덴마크 등이 주목하고 있다.

그렇다면 앞서 제시한 각국의 경험이 우리에게 주는 교훈은 무엇인가? 우선 신성장동력을 위해서는 규제개혁이 만능이라는 편향적 사고를 시정해야 한다. 또한 대기업에 일방적으로 의존하는 거버넌스 체제는 다양하고 불확실한 경쟁환경에서 위험하다는 점이다. 나아가 신성장동력이 단순히 첨단기술이나 서비스 산업의 전유물이라는 인식을 전환해야 한다.

일선 대민행정의 지속적 혁신

일본 지방자치의 대표적 혁신사례로는 이즈모시 이와쿠니 데쓴도(岩國哲人) 시장의 스토리를 들 수 있다. 1991년 이즈모(出雲) 시청은 일본 최우수기업으로 선정돼 화제가 됐다. 지방자치단체로서는 처음으로 소니, 도요타, 시세이도, 인텐도, 기린맥주 등 일본을 대표하는 대기업들과 함께 '베스트 기업 9'으로 선정되고 최우수 마케팅상을 수상하였다(이와쿠니 데쓴도 저, 정재길 역, 1992). 이후 이즈모시는 국내외를 망라한 벤치마킹 대상으로 급부상하였고 1993년 "마누라 자식 빼고 다 바꿔라" "놀아도 좋으니 남 뒷다리만 잡지 마라" "불량은 암이다" 등을 표방하면서 변화경영를 중시한 삼성전자 이건희 회장 일행이 방문하기도 했다.[1]

당시 이즈모 시는 시마네현(島根県)에 있는 인구 8만의 중소도시에 불과했다. 메릴린치의 부사장 출신으로 쇠락하는 시의 부흥을 위해 시장으로 초빙된 이와쿠니는 '행정은 최대의 서비스 산업이다'는 슬로건을 내세웠다. 시민들의 진정에 대해서는 '검토', '전향적으로 생각해 보겠다'는 어정쩡한 답변은 하지 못하도록 한 것이다. 이 밖에 그는 '신나게 쉬고 신나게 일하자', '주말에도 행정서비스를 제공한다', '관혼상제는 참석하지 않는다' 등을 제안하는 방식으로 시청 직원들을 일본 최강의 공무원 집단으로 만들었다(김은희, "1989년 일본 이즈모市, 2014년 대한민국 제주도", 헤드라인 제주, 2014.03.24자).

1991년 지방의회에 뒤이어 1995년 부활한 우리나라 민선 자치단체의 성공사례로는 전남 장성군을 들 수 있다. 민선 군수 취임 후

---

1) 1987년 그룹 회장으로 취임했으나 좀체 모습을 드러내지 않던 이건희 회장은 1993년 경영 전면에 나서면서 그해 임직원들을 해외로 불러 500시간 넘게 토론하는 강행군을 벌였다. 당시 6월 7일부터 독일 프랑크푸르트 캠핀스키호텔에서 쏟아낸 이 회장의 질타는 신경영을 상징하는 말로 지금도 회자되고 있다. 세계적 베스트셀러 '히든 챔피언'의 저자 헤르만 지몬 독일 지몬-쿠퍼앤드파트너스 설립자는 "삼성은 지난 신경영을 표방한 지난 20년 동안 경이로운 진보를 보여줬다"고 평가했다(한국경제, 2013.06.05자).

닷새 만에 김흥식 군수는 복잡한 결재 라인을 축소하기 위해 팀제를
도입하였다. 또한 무사안일주의와 적당주의, 복지부동, 보신주의로
대표되는 행정문화를 개선하기 위해 지식행정을 표방하면서 공무원
의식개조를 추구하였다. 그가 기업 경영의 경험을 살려 가장 강화한
분야가 기획과 홍보, 그리고 교육 기능이었다.

장성군민들에게 높게만 느껴지던 관공서의 문턱은 사라져 갔다.
군청이 1998년에 제정한 '민원인 10대 권리장전'이 변화를 체감할
수 있는 대표적 사례이다. "법으로 풀지 못하는 거야 어쩔 수 없겠지
만, 사람이 할 수 있는 일은 최선을 다해 도와주더군요. 저로서는 행
정에 전혀 불만이 없습니다." 이러한 경험이 계기가 되어 장성군에
공장을 지은 한 중소기업 사장은 투자유치 홍보대사를 자임하고 나
섰다(양병무, 2005).

행정구청을 폐지한 부천발 행정체제 개편은 행정의 효율화와
함께 무엇보다 주민편의 증진에 초점을 부여하고 있다. 그렇다면 부
천시 행정체제 개편으로 주민 입장에서는 무엇이 어떻게 좋아질까?
첫째, 당연히 행정처리 단계가 줄어들게 된다. 둘째, 주민생활과 직
결되는 생활·복지 민원들이 지금보다 훨씬 더 빨리 처리된다. 셋째,
구(區) 청사는 시민공간으로 활용하게 된다. 넷째, 기존 3개에서 10
개의 생활권역별로 주민편의시설이 조성되어 쾌적한 주거환경을 누
릴 수 있게 된다.

부천시의 행정체제 개편에 언론은 물론 각 지자체, 학계에서도
많은 관심을 보이고 있다. 기존의 틀을 벗고 새로운 옷으로 갈아입
는 '혁신(革新)'에는 다소 진통과 혼란이 따를 수 있다. 남은 기간 주
도면밀한 준비와 완벽한 로드맵을 통해 부천발 행정개혁을 성공적으

로 이루어냄으로써 타 지자체의 행정개혁 신호탄이 될 수 있길 기대
해본다(김만수, "부천發 행정체제 개혁, 위민 행정의 본보기", 경인일보
2016.04.18자).

행정제도의 우수성이
국가경쟁력의 원동력

기업식 정부를 추구하는 세계 각국의 관리혁신은 주로 인사와
조직 및 재무분야을 중심으로 이루어지고 있다. 영국이나 미국이 선
도해 온 관리혁신은 최근 들어 강소국을 대표하는 싱가포르나 스위
스의 성과가 눈부신 편이다. 각종 국가경쟁력 순위평가에서 꾸준히
상위권을 차지하고 있기 때문이다.

특히 우리와 유사한 발전경험을 지니고 있는 싱가포르는 유능
한 인재와 신속한 절차 및 강력한 문화를 토대로 명품행정의 이미지
를 정립해 왔다.2) 적합성과 효과성을 유지하는 굿 거버넌스는 행정
의 역동성을 시사한다. 따라서 정부는 미래의 발전을 예측하고, 지속
적으로 학습하며, 제기된 현안에 대한 사고방식을 쇄신할 필요가 있
다. 즉, 정부 정책의 성공을 위해 미리 생각하기, 다시 생각하기, 두
루 생각하기를 안정적으로 제도화시켜야 한다(Neo & Chen, 2007: 12).

---

2) 싱가포르 정부관료제의 성과를 좌우한 핵심 변수는 문화를 비롯해 사람(변혁적 리더십
과 유능한 공무원), 절차(규제의 간소화와 업무의 정보화), 역량(다층적 문제해결과 순
환적 정책과정) 등을 들 수 있다.

그림 1 싱가포르의 역동적 거버넌스 체계

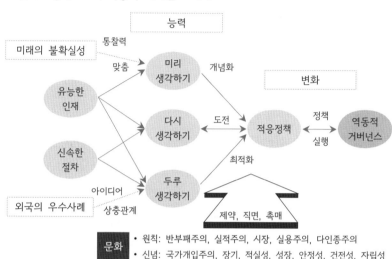

출처: Neo & Chen(2007: 13)

따라서 싱가포르 스타일 명품행정은 정부가 미래를 준비하기 위해서 미리 생각하는 것이고, 새로운 아이디어와 혁신이 기존 정책에 통합되도록 다시 생각하는 것이며, 해외의 우수사례를 국내의 정책요구를 충족시키기 위해 차용하는 것이다.

일반적으로 정부는 기업에 비해 역동적이고 창의적이지 못한 존재로 간주된다. 이를 개선하기 위해 싱가포르 정부는 건국 초기부터 1990년대 중반 영미에서 태동한 신공공관리와 유사한 방식으로 기업식 정부의 구현에 주력하였다. 이는 다시 말해 동아시아 발전국가와 영미식 신자유주의 간의 선택적 친화력을 시사한다. 실제로 싱가포르는 정부의 역동성과 창의성을 담보하기 위해 기업들의 전략기획, 조직인사, 성과평가 등을 적극적으로 벤치마킹하였다.

나아가 싱가포르의 발전을 선도한 공공부문의 우수한 능력은 민간엘리트에 상응하는 충분한 보수제공, 경제성장률과 연계한 성과급 지급, 시험보다는 전문성을 중시하는 특채제도, 민간부문과의 활발한 인사교류, 부정부패에 대한 무관용 정책, 중앙공무원교육원을 활용한 사례교육 등에 기인한다.

결국 창의적 신발전국가의 별칭인 명품행정의 출현은 행정의 우수성을 좌우하는 창의성과 혁신성을 요체로 한다. 특히 최근에는 국내외적으로 유망 수출품목으로서 우수행정사례의 세계화에 대한 관심이 커지고 있다. 우선 싱가포르는 2006년 통상산업부와 외교부 주도로 싱가포르협력기업(SCE: Singapore Cooperation Enterprise)을 설립해 자국의 우수행정사례를 해외에 수출하고 있다. 또한 한국의 행정자치부도 2016년부터 주한 외교사절과 외신을 상대로 우수행정사례를 적극적으로 소개하고 있다. 그리고 서울특별시는 싱가포르와 유사한 공공서비스 해외진출 전담기구를 설립해 도시철도, 상수도, 지능형 교통망 등의 해외진출을 도모할 예정이다.

한편 우리나라는 인사행정의 혁신을 위해 다양한 노력을 경주해 왔다. 2014년 말 인사혁신처를 출범하고 삼성에서 인사를 담당하던 이근면 처장이 임명되자 분야별 전문가 양성방안, 특별승진제 도입, 민관 쌍방 인적자원 개방, 공직자 가치상 재정립 등과 같은 급진적 혁신이 추진되고 있다. 하지만 동시에 인사행정의 급격한 변화를 우려하는 목소리도 커지고 있다(서울의소리, 2015.03.12자).

하지만 이러한 우려에도 불구하고 2016년 6월 국가공무원법 개정안은 직무성과평가제를 토대로 특별승급 또는 저성과자 조치방안을 도입하였다. 또한 공무원이 준수할 공직가치로 애국심, 책임성, 청렴성 등을 명시했다. 인사혁신처는 당초 개정안을 입법예고하면서 애국심, 민주성, 청렴성, 도덕성, 책임성, 투명성, 공정성, 공익성, 다양성 등 9개 공직가치를 담았다. 하지만 개정안에는 3가지 가치만 적시함으로써 보수편향성을 노정한 것으로 보인다.

글로벌 경쟁 시대를 맞이하여 각국은 변화와 혁신을 위한 인재 양성에 박차를 가하고 있다. 프랑스는 국립행정학교(ENA)에서 대졸자, 공무원, 전문가 등 100여명을 선발해 2년 이상 교육시키며 최고의 공직자를 배출한다. 싱가포르 역시 우수한 고교생을 국가장학생으로 선발해 공무원대학에서 공직 가치와 직무능력 등을 함양시키고, 핵심 인력으로 만드는 핵심공무원단제도를 운영하고 있다. 따라서 우리 정부도 선발된 인재를 세계 최고의 공무원으로 육성하는 전략을 마련해야 한다(황서종, "조선 초계문신 제도와 국가인재원" 서울신문 2015.01.01자).

외국의 발전경험을 학습한
한국의 발전전략

20세기 후반을 풍미한 신자유주의 열풍하에서 신중상주의를 추구한 동아시아 발전국가의 약화는 가중되었다. 하지만 각기 민주화와 자유화를 앞세운 시민사회나 시장의 불신에도 불구하고 정부에 주목하는 발전국가의 유용성을 전면적으로 부인하기도 어렵다. 이에 본서는 계층주의에서 출발해 평등주의와 시장주의를 거쳐 공동체주의를 지향하는 한국적 발전의 궤적에 근거해 한국호의 미래를 조망하고자 한다.

한국을 비롯해 동아시아 발전국가들은 거버넌스 역량의 강화차원에서 영미 경쟁국가와 중남미 해방국가는 물론 유럽 합의국가에 대한 벤치마킹을 추진해 왔다. 신제도주의를 반영하는 경로의존적 진화논리에 따르면 동아시아 국가들의 벤치마킹 전략은 자신의 강점을 유지한 상태에서 약점을 보완한다는 의미를 지니고 있다. 따라서 경쟁 모델의 장점에 대한 점진적 수용은 동아시아 발전국가에 내재된 기존 특성들과의 정합성에 최고의 우선순위를 부여하여야 한다. 정합성이 결여된 단편적 주장들의 나열과 조합만으로는 통합 모델의 취지에 부응하기 어렵기 때문이다.

한국은 기술혁신보다 기술학습형 수출지향산업화를 통해 국부창출에 성공하였다. 하지만 안정적 국부유지를 위해서는 기술혁신에 초점이 부여된 영미 경쟁국가에 대한 벤치마킹이 요구된다. 또한 한국은 국부에 비해 상대적으로 국가경쟁력이 떨어지는 국질이나 국격을 제고하기 위한 벤치마킹도 요구된다. 이 점에서 복지에 기초한 국민들의 삶의 질 제고는 물론 연대에 입각한 대외원조에 적극적인 북유럽이나 중남미가 유용한 참고사례이다.

한편 이론적 측면에서 영미 경쟁국가와 중남미 해방국가는 각기 자유시장과 세계체제를 중시하는 극도의 행위편향성과 구조편향성을 노정해 왔다. 반면에 발전국가의 초기 모델인 일본형 개입국가와 유럽형 합의국가는 상대적으로 정부개입에 친숙한 다양한 제도의 역할에 주목하는 중범위 지향성을 표출해 왔다. 따라서 영미나 남미

에 대한 벤치마킹은 상대적으로 제도 방법론에 친숙한 중범위 지향
적인 논리나 특성에 집중하는 것이 바람직하다. 이는 각기 행위와
구조에 초점이 부여된 영미와 중남미의 장점들을 한국의 현실에 곧
바로 적용하기는 어렵기 때문이다.

상대적인 통합의 용이성 측면에서 영미의 경우 자유시장을 중
시하는 시장근본주의 견해를 탈피해 상대적으로 제도 방법론에 친숙
한 경제적 제도주의 구현사례들을 벤치마킹하는 것이 유용하다. 특
히 진화경제학에 기초한 기술혁신이나 거래비용이론에 근거한 재규
제 등이 우선적인 고려대상이 될 수 있다. 역으로 중남미의 경우 세
계체제를 혐오하는 종속이론의 극단적 자립노선에 주목하기보다 상
대적으로 실용적인 공공서비스의 보편성이나 환경보존에 초점을 부
여하는 것이 바람직하다. 종속이론의 구조편향성을 탈피해 실용주의
노선에 주목하는 방식으로 정책과 제도의 수용성이 증대하기 때문이
다. 나아가 서유럽의 경우 동아시아와 유사한 개입주의와 공동체주
의의 전통을 지니고 있다는 점에서 보다 용이한 벤치마킹이 가능하
다. 이 점에서 경제민주화, 거버넌스 등 좌와 우를 절충하는 실용주
의적 정책혼합에 주목할 필요가 있다.

결국 통합모델로서 굿 거버넌스의 재구성 작업은 계층제나 시
장보다는 거버넌스의 관점에서 접근하는 것이 유용하다. 더불어 정
부의 새로운 역할과 기능에 대한 모색작업은 행정과 정책의 통로인
제도에 주목하는 것이 유용하다. 이때 신제도주의를 반영하는 제도
는 '보이는' 공식적 제도와 '보이지 않는' 관행들로 구성된다.

1. 영미식 발전전략의 적용가능성 모색: 기술혁신과 재규제

일국의 지속적인 국부증진을 위해서는 노동, 자본, 기술로 대표되는 경제성장의 3대 변수를 효과적으로 관리할 수 있어야 한다. 특히 초기 발전단계에서는 3가지 성장변수의 시장실패 현상을 극복할 수 있는 정부의 적절한 개입이 수반되어야 한다. 일례로 한국 정부는 1960년대 산업화를 시작한 이래 경공업에 필요한 저가 노동력 확보를 위한 도시화, 중공업에 필요한 막대한 자본조달을 위한 신용할당, 첨단산업의 독창적 기술력 확보를 위한 산학협력 등에 초점을 부여해 왔다.

이러한 정부주도의 적극적 산업정책을 통해 한국 경제의 발전전략은 점차 추격형에서 선도형으로 전환되었다. 선도형 경제의 구현을 위해서는 민간주도의 기술혁신은 물론 자금조달이나 인력충원이 전제되어야 한다. 물론 민간주도의 경제관리 기조에도 불구하고 정부의 간접적인 지원과 규제는 필수적이다. 일례로 미국 정부는 자국의 기업들이 국제적인 기술경쟁력을 확보하도록 하기 위해 국책연구기관을 활용한 기초기술의 기반강화와 민간응용에 정책의 우선순위를 부여하고 있을 뿐만 아니라 기술혁신을 저해하는 독과점 기업의 출현을 억제하기 위한 재규제에도 주목해 왔다.

따라서 우리 정부도 기술혁신을 주도하는 벤처기업의 활성화를 위한 기반을 조성해야 한다. 일례로 실패한 벤처기업에게 재도전의 기회를 제공해야 할 뿐만 아니라 성공한 벤처기업이 대기업의 손쉬운 먹이로 전락하는 일이 없도록 보호장치를 마련해야 한다. 하지만 우리의 지적재산권 보호는 미국은 물론 싱가포르나 독일에 비해 미흡하고 10대 재벌이 경제에서 차지하는 비중이 75%에 달해 공정한 경쟁의 활성화를 기대하기 어렵다는 점에 주목할 필요가 있다.

전통적으로 한국을 비롯한 신흥 추격국가들은 기술혁신보다는 노동이나 자본을 일시에 집중하는 요소투입 방식으로 고도성장을 이룩하였다. 이 점에서 구소련이나 일본도 예외가 아니다. 이들 국가는 한때 경제기적을 구가하였지만 기술혁신에 기반한 지속적인 성장동력을 확보하지 못하면서 극심한 경기침체에 허덕이고 있다. 이에 우리나라도 과거 일본의 성공을 모방한 응용기술 중심의 기술학습 전략에서 원천기술 중심의 기술혁신 전략으로 전환을 시도하고 있다.

일본의 소니가 1953년 트랜지스터를 개발한 벨연구소와의 라이센싱 계약을 토대로 소형 라디오 개발에서 시작해 가전왕국을 구축했던 것과 마찬가지로 한국의 삼성은 CDMA 기술을 개발한 퀄컴과의 라이센싱 계약을 토대로 애니콜 신화에서 시작해 스마트폰의 강자로 부상한 경험을 지니고 있다. 하지만 새로운 도전과 창의를 발휘하지 못해 소니의 몰락이 현실화된 것과 마찬가지로 삼성의 미래를 낙관하기 어려운 것이 오늘의 현실이다.

결국 선진국의 기술보호정책이 강화되고 첨단기술의 생명주기가 단축된 새로운 현실하에서 한국을 비롯해 치열한 생존경쟁에 직면한 대다수 개발도상국가의 정부와 기업도 신성장동력의 확보를 위한 기술혁신에 주력하고 있다. 참고로 한국의 정부와 기업은 정부출연 연구개발사업이나 기업의 연구비 확대를 통해 소기의 성과를 이룩하였다. 또한 특정 산업에 특화한 지역혁신클러스터가 기존의 국가혁신체제를 보완하는 제도적 장치로 부상하고 있다. 산학협력을 요체로 하는 지역혁신클러스터는 오송과 대구의 첨단의료는 물론 산청과 영주의 한방약초에 이르기까지 다양한 형태로 확산되고 있다.

한편 동아시아 발전국가들은 전통적으로 정부주도의 경제관리와 기간산업의 국유화를 통한 국가경쟁력 강화에 주력해 왔다. 이를 반영하는 대표적 사례가 포항제철, 한국통신, 인천공항 등을 공기업 방식으로 설립해 세계적인 경쟁력을 확보한 경우이다. 하지만 한국의 공기업화 전략도 1980년대 이후 확산된 전세계적인 민영화 추세 하에서 급격히 변화되고 있다.

일반적으로 민영화는 민간의 전문성과 경쟁의 미덕을 활용하여 효율성 제고가 가능할 뿐만 아니라 주인있는 경영을 통한 대응성 제고와 소비자의 선택권이 강화라는 측면에서 민주성 강화에도 기여할 수 있다. 하지만 민영화는 민간독점과 민간부패로 인한 효율성의 저하가능성과 더불어 공공성과 책임성 저하라는 민주성 측면의 부작용도 발생한다는 점에서 신중한 선택이 요구된다.

이러한 민영화 찬반논쟁과 관련하여 최근 우리나라에서 공항, 수도, 철도, 도로 등과 같은 공공서비스의 민영화가 쟁점으로 부상하였다. 정부는 해당 분야의 경쟁력 강화를 위해 민영화가 요구된다는 주장을 제시하고 있지만 요금이나 안전을 우려한 시민들의 반대에 직면해 있다. 이점에서 영국이나 미국에서 일상화된 재규제 방안을 사전적, 사후적 안전장치로 고려해야 한다.

2. 유럽식 발전전략의 적용가능성 모색: 경제민주화와 거버넌스

한국의 경제민주화는 발전국가 모델이 약화되고 정치민주화가 시작된 1987년 체제의 등장 이후 시작되었다. 일본에 비해 내부적 요인이 강했던 한국의 경제민주화 정책은 고도성장기 재벌의 공과에 대한 논쟁을 토대로 점진적인 개혁을 추구하는 것이었다. 따라서 김영삼 정부 이래 역대 정부의 출범 초기에는 선거공약의 준수 차원에서 순환출자, 금산분리, 안정성장3) 등이 강조되었지만 집권 중반기를 지나면서 개혁의 추진의지가 급격히 약화되는 그네타기(swing) 현상이 반복적으로 재발하였다. 이는 발전국가의 특성에 기인하는 경로의존이 경제민주화의 제도화를 억제해 왔음을 시사한다.

한국에서 사회정의의 구현과 직결된 경제민주화가 지연되고 있는 주요 원인으로는 정부의 재벌편향적 제도형성을 견제할 수 있는 공론장의 역할이 유럽은 물론 일본에 비해서도 취약하기 때문이다. 따라서 경제민주화의 성공적 완수를 위해서는 정부는 물론 노동조합이나 시민단체를 활성화해 재벌에 대한 압력의 강도를 강화시켜야 한다. 나아가 거버넌스의 관점에서 유럽에서 제도화된 노사정 대타협 방식을 지향하는 것도 바람직하다. 하지만 이러한 방안은 타협문화가 약한 한국의 현실에서 실효성을 지니기 어렵다. 노동과 자본 모두 진영 내부의 갈등으로 인해 대표성을 확보하기 어려울 뿐만 아니라 타협안의 도출이 가능하더라도 실행력을 담보하기 어렵다.

경제민주화 정책기조가 확산되면서 재벌은 중소기업 동반성장, 청년고용 확대, 비정규직 문제 해결, 사회공헌, 골목상권 보호 등 5개 분야에서 자율적인 개선을 시도하고 있다. 일례로 현대자동차가

---

3) 한국 경제는 1960년대 이후 30년간 지속된 고도성장기를 통해 7% 내외의 고도성장을 이룩하였다. 재벌이 주도한 한국경제의 고도성장은 인플레이션으로 고통받는 경제적 약자들의 희생을 토대로 한 것이다. 따라서 물가를 관리해 약자를 보듬는 4~5%대의 안정성장이 성장과 복지의 조화와 직결된 문제이다.

비정규직을 정규직으로 전환하거나 삼성이 고졸과 저소득층을 대상
으로 취업의 문을 확대한 일이 여기에 해당한다. 하지만 이러한 노
력에 대한 국민들의 평가는 아직 냉담한 편이다.

　이처럼 재벌에 대한 국민들의 부정적인 인식은 과거 성장 위주
의 경제체제에서 굳어진 관행들에 대한 근본적인 개선요구와 직결된
문제이다. 하지만 재벌체제의 폐해를 시정한다는 목표달성에 급급해
순환출자와 같은 제도개선이나 총수일가에 대한 행위규제를 강화하
기도 어렵다. 이러한 방안은 재벌개혁이라는 협소한 목표달성에는
유리하지만 기업의 사기저하를 유발해 산업경쟁력의 약화라는 부작
용을 유발할 우려가 있기 때문이다.

　따라서 중소기업 고유업종 지정이나 공정거래법과 같이 보다
일반적인 제도를 활용한 개혁전략이 필요하다. 더불어 대표적 산업
정책론자인 장하준 교수가 지적한 바와 같이 자본시장 통제, 노동권
강화, 인수·합병 규제, 내부자 거래 처벌 강화, 파생금융상품 규제
강화 등도 기업의 장기투자 유도에 효과적이다.

　우리나라는 초기 산업화 단계에서 경제성장과 불평등도의 저하
라는 성과를 이룩한 바 있다. 특히 일본은 이러한 전통을 최근까지
도 비교적 잘 유지하고 있다. 그러나 한국은 유신체제의 등장과 산
업화의 심화를 계기로 정부(정치)·기업의 유착관계, 재벌 주도의 수
직적 하청 계열화, 지역편향적 산업경제구조 등을 초래하였다. 일례
로 한국은 IT·자동차·석유화학·철강 등 핵심 4개 업종의 순이익이
산업 전체의 절반에 달했다. 그리고 이들 산업은 수도권과 영남권
일부에 집중되어 있을 뿐만 아니라 비용우위의 단기적 전략을 구사
하면서 납품업체 쥐어짜기, 벤처기업에 대한 약탈, 문어발식 사업확

장, 계열사 일감 몰아주기 등을 자행하고 있다.

이 점에서 경제민주화에 대한 최근의 열망은 실질적 민주화 또
는 발전국가의 재정립과 직결된 문제이다. 부연하면 1987년 이후의
민주화는 절차적 민주화에 불과하기 때문에 경제정의 관념에 부합하
는 실질적 민주화가 필요하다는 것이다.

하지만 경제민주화는 과도한 정부개입을 수반할 경우 사회주의
의 실패나 정부규제의 폐해를 재연시킬 우려가 있다. 따라서 경제민
주화 정책의제는 재벌 규제와 중소기업 유인이라는 이분법적 구도를
초월해 국민들의 삶의 질 개선과 직결된 서민경제 활성화에 초점을
부여해야 한다. 더불어 불황형 경제위기 해결의 요체인 서민들의 가
처분소득을 늘려 내수활성화를 유도하기 위해서는 재정정책, 금융정
책, 중소기업정책, 노동정책, 복지정책, 조세정책 등을 아우르는 종
합적 처방대안을 준비해야 한다.

3. 중남미식 발전전략의 적용가능성 모색: 서민생활과 지속가능발전

한국을 비롯한 동아시아 발전국가들은 생산요소의 집중과 수출
지향 전략에 의존하는 방식으로 고도성장을 이룩하였다. 이러한 발
전전략은 단시일 내에 국부를 창출하는 일에는 유리하지만 환경보존
과 사회통합 친화적인 지속가능발전의 측면에서 심각한 문제를 지니
고 있다. 따라서 1992년과 2012년 브라질 리우에서 '지속가능발전
세계정상회의'를 개최할 정도로 지속가능발전에 높은 관심을 표명해
온 중남미 국가의 경험에 주목할 필요가 있다.

최근 탄소배출의 가속화에 따른 기후변화 문제가 쟁점으로 부상

하면서 대체에너지의 개발과 활용에 초점이 부여된 녹색성장이 중시
되고 있다. 이 점에서 우리나라는 미국과 더불어 대표적인 녹색성장
의 후진국이다. 에너지 과소비형 산업구조와 자가용 중심의 교통체계
가 지속되고 있기 때문이다. 반면에 남미 국가들은 환경친화적 녹색
산업과 대중교통 중심의 교통체계를 구축해 왔다. 일례로 채소와 같
은 식료품을 자급하는 쿠바 아바나시의 도시농업이나 브라질 꾸리찌
바시의 대중교통 환승체계는 이를 반영하는 대표적인 사례이다.

과거 우리나라에서 추진된 녹색성장의 추진사례가 4대강 사업
이다. 4대강 사업은 자전거도로를 비롯해 녹색성장의 주요 이슈들을
포괄하고 있지만 대규모 토건사업의 또 다른 모습에 불과하다는 비
판을 받아 왔다. 특히 4대강 여기저기에 건설된 보의 건설을 둘러싼
존폐 논란은 한국의 현실에서 녹색성장 패러다임의 확립이 지난한
과제임을 시사한다. 더불어 한국은 자원의 부족과 높은 인구밀도로
인해 중남미와 유사한 친환경 노선을 채택하기에 다소 무리가 있다
는 주장에 대해서도 유의할 필요가 있다.

한편 신사회주의를 표방한 중남미 주요 국가들에서 목격된 광
범위한 빈민구제정책은 공공서비스의 보편성 강화 측면에서 의미를
지니고 있다. 유럽을 비롯한 선진각국의 복지정책이 실업해소에 초
점을 부여하는 일하는 복지로 전환되고 있는 시점에서 중남미의 정
책대응은 나름의 확실한 정체성을 확보하고 있기 때문이다. 따라서
우리가 기존의 상징적인 복지확대 전략에서 실질적인 복지국가 전략
으로 이행하기 위해서는 국민의 의지를 결집해 정부의 정책형성을
유도할 수 있어야 한다.

물론 중남미의 진보적 정부에서 구현된 복지확대 전략을 우리나

라에서 구현하는 일은 결코 용이한 과제가 아니다. 쿠바나 베네수엘라
가 자랑하는 무상의료를 한국적 방식으로 실현하기 위해서는 개인, 기
업, 정부 모두가 적어도 30% 이상 인상된 의료보험료를 감수해야 한
다.4) 이는 기존에 정립된 무상의료 찬반구도를 감안할 때 실현가능성
이 약한 편이다. 하지만 최근 중산층 붕괴에 따른 보상심리로 인해 국
민들의 복지확대 요구가 강해지고 있다는 점에도 주목할 필요가 있다.

나아가 보다 저렴한 복지전달체계를 구현하는 일은 복지확대의
가장 현실적인 접근방법이다. 큰 정부를 유발하는 정부의 직접적 개
입보다는 작은 정부를 약간 상회하는 중복지 수준의 복지혼합 방식
의 개입을 통해 점진적으로 복지국가를 추구하는 것이 전략적으로
유리하다. 이 점에서 최근 부상한 사회투자 개념을 적극적으로 활용
할 필요가 있다. 이때 사회투자란 정부의 제한된 복지역량을 보완하
기 위해 큰 사회를 대표하는 자생적 해결기제인 사회적 기업이나 비
영리단체의 활성화를 유도할 필요가 있다는 것이다.

사회적 기업이나 비영리단체의 활성화를 유도하기 위해서는 정
부의 초기 금융지원이 필수적이다. 따라서 정부가 직간접적 방식으
로 사회투자 금융기관들을 지원해 마중물 효과의 확산을 유도하는
것이 바람직하다. 이 점에서 베네수엘라의 소액금융사업은 시사하는
바가 크다. 더불어 시민단체나 군대를 활용한 자원봉사의 제도화도
복지비용의 절감에 기여한다는 점에서 선택적인 활용이 요구된다.

---

4) 이상이(2011)는 건강보험료 30% 인상을 통해 조성가능한 14조원의 추가재원을 활용해
   비급여 항목의 대폭축소, 병원진료비의 90% 이상 보장, 본인부담금 100만원 상한제,
   저소득층과 중소영세사업장의 보험료 감면을 통한 의료 사각지대를 해소 등이 가능하
   다고 주장하였다.

1. 정치경제학의 계보

최근 부각된 세계화 추세하에서 득세한 주류경제학자들은 정부와 기업 간의 상호관계를 중시해 온 전통적 정치경제학들과 달리 정치와 경제를 분리시키는 연구경향을 산출하였다. 시장의 경쟁논리를 중시하는 이러한 연구경향은 정부의 정당성에 대한 도전이자 정치와 사회를 초월하는 경제제일주의 관념의 급속한 확산을 시사한다. 이에 여기에서는 학문분과 간의 융합과 교류를 중시하는 행정학의 일반적 기풍은 물론 신제도주의의 학제적이고 실용적인 성격에 주목하면서 정치경제학(정부기업관계론)의 재정립 방안을 제시하고자 한다.

현대의 정치경제학을 대표하는 모형은 진보적·개입적인 사회민주주의와 보수적·자율적인 신자유주의라는 양극에 부가해 중도와

통합을 지향하는 신제도주의 및 각기 상대적으로 진보(개입)와 보수
(자율)에 가까운 신중상주의와 케인스주의라는 5가지 모형으로 유형
화가 가능하다. 이러한 5가지 모형들은 시기적 · 지리적으로 상이한
환경을 토대로 정립되었다는 점에서 단선적인 비교에 무리가 있지만
여기에서는 비교연구의 특성을 고려해 횡적 일반화를 시도하였다.

16~17세기 근대 국민국가의 탄생 직후에 출현한 정치경제학의
원형은 중상주의였다.1) 반면에 18~19세기 산업혁명의 확산은 자유
주의(고전주의)를 정립하는 계기로 작용하였다. 한편 20세기 이후 중
상주의와 자유주의는 새로운 환경변화에 부응하기 위해 신중상주의
와 신자유주의로 재편되었지만 각기 시장실패라는 개입논리와 정부
실패라는 방임논리를 둘러싸고 치열한 논쟁을 전개하였다는 점에서
기본적인 의미와 특성을 유지하였다.

20세기 초반을 전후해 발생한 독일과 일본의 압축성장을 토대
로 태동한 신중상주의는 정부주도의 전략, 기획, 권위 등을 중시하였
다는 점에서 시장주도의 균형, 경쟁, 질서 등을 중시한 신자유주의와
대비된다. 신중상주의는 독일 역사학파의 민족주의를 계승한
Gerschenkron(1962)과 Weber(1922)의 주도하에 이론화되었다. 선발
산업국가에 대한 후발성(backwardness)의 격차가 정부개입의 강도를

1) 중상주의는 16~17세기 보뎅, 콜베르 및 페티 등과 같이 重金主義(bullionism)를 신봉하
는 학자들에 의해 시작되었다. 국부의 증진과 직결된 금은을 확보하기 위해서는 수출
을 장려하는 대신에 수입을 제한하는 보호무역주의 정책을 최선의 방법으로 간주하였
다. 따라서 관세, 식민지 등 보호무역주의를 구현하기 위한 강력한 정부개입을 추구하
였다. 중상주의는 18세기에 들어와 국가에 의한 인위적 질서보다는 자연적 질서의 회
복을 추구한 케네 등 중농주의자들의 비판에 직면하였다. 중농주의는 농업만이 생산적
이라고 주장하는 한계를 표출하였지만 중상주의와의 논쟁을 통해 18세기 후반 아담 스
미스가 주도한 자유방임주의(고전주의)로 넘어가는 가교 역할을 수행한 것으로 평가된
다(류석진·한영빈, 2008: 121).

결정한다는 거센크론의 주장은 이후 거센크로니안 개발경제학으로
이어지고 있다. 또한 합리적인 정부관료제의 선도적 개입을 중시
하는 신중상주의는 1970~80년대 행태주의가 풍미한 미국 사회과
학계에서 국가의 부활을 이끌어 낸 Skocpol(1969), Haggard(1985),
lkenberry(1986) 등과 같은 네오베버리안 국가주의자들에 의해서도
계승되고 있다.2) 반면에 개별 국가의 특수성보다는 시장 원리의 보
편성을 중시하는 신자유주의는 20세기 중반 당대를 풍미한 강력한
개입국가의 기풍에 반발한 Hayek(1960)의 주도로 이론화되었다.
1920년대 독일 프라이부르그 대학을 중심으로 오이켄(W. Euken), 뢰
프케(W. Röpke) 등이 주도한 이론형성 초기까지만 해도 단순히 자유
방임의 이상을 희구하는 재야 학자들의 외로운 목소리에 불과했던
신자유주의는 제2차 세계대전 이후 관련 학자들의 논의무대가 미국
으로 옮아가면서 화려한 부활을 준비하게 된다. 1970년대 양차에 걸
친 석유위기를 계기로 신자유주의를 표방한 Friedman의 통화주의를
비롯해 Feldstein의 공급경제학, Lucas의 합리적 기대론 등이 제안한
처방책들이 세계경제질서를 좌우하는 새로운 기준으로 자리잡았기
때문이다.

또한 20세기 중반 각기 대공황과 세계대전의 부작용을 치유하
기 위해 제시된 케인스주의와 사회민주주의는 보완 또는 상황이론의
성격을 지니고 있다는 점에서 각기 신자유주의, 신중상주의와 선택
적인 친화력을 지니고 있다. 더불어 케인스주의와 사회민주주의는

2) 막스 베버를 계승한 네오베버리안(Neo-Weberian) 국가론은 혁명이론을 연구한 Skocpol
(1969)을 비롯해 국가주도의 지배연합이론을 창안한 Haggard(1985)와 국가자율성 개념
의 연장선상에서 국가능력이론을 발전시킨 Ikenberry(1986) 등에 의해 활성화되었다.

각기 경제편향과 정치편향이라는 태생적 차이점에도 불구하고 상대
적으로 융합지향적인 정치경제학을 표방한다는 공통점을 지니고 있
다. 그리고 20세기 중반 인상적인 경제성과를 창출한 양대 지주라는
점에서도 유사점을 지니고 있다.3) 나아가 케인스주의와 사회민주주
의가 추구한 복지국가(서유럽)의 이상은 신중상주의가 표방한 발전국
가(동아시아)의 이상과도 개입적 경제관리의 측면에서 선택적 친화력
을 지니고 있다.4)

　　케인스주의로 지칭되는 거시경제학의 틀을 설계한 Keynes(1936)
는 확장적 재정·금융정책도구를 활용해 전후 25년간 인상적인 경제
성과를 산출하였지만 서구의 고도성장세가 위축된 1970년대 이후
신자유주의를 계승한 통화주의자들에게 자리를 양보하였다. 하지만
시장경제의 틀을 유지하는 한도 내에서 정부가 적극적으로 경제에
개입해야 한다는 케인스의 사고는 신고전파 통합을 주도한
Samuelson을 비롯해 전략적 무역정책을 중시한 Krugman, 정부주도
구제금융의 당위성을 설파한 Bernanke 등과 같은 케인지안들로 이

3) 20세기를 대표하는 개입주의 이론은 경기 조절자로서의 정부를 표방한 케인스주의, 복
지국가의 건설자로서의 정부를 표방한 사회민주주의, 전지전능한 기획가로서의 정부를
표방한 공산주의 등으로 구분이 가능하다. 이때 정부개입의 강도는 시장순응을 표방한
케인스주의가 가장 약한 반면에 시장역행을 추구한 공산주의가 가장 강하다. 더불어
정치적 타협과 협상에 의한 시장조절을 추구한 사회민주주의가 중간 수준에 해당한다.
이 점에서 개입의 최고봉인 공산주의는 방임의 최고봉인 자유주의와 대조가 가능하다.
4) 선진국 중심으로 전개된 개입과 방임 논쟁과 병행하여 상대적으로 높은 수준의 국가자
율성을 발휘한 개도국 진영 내부에서도 개입의 양과 질에 관한 논쟁이 제기되었다. 선
발산업국가에 대한 후발성의 수준이 정부개입의 강도를 좌우한다는 거센크론의 산업추
격 논리는 후발산업국가 전반의 개입적 성격을 설명하기에 유리하다. 하지만 20세기
중반 개입주의를 표방한 라틴아메리카의 실패가 표출되면서 산업정책의 논리는 역사의
전면에서 일시 후퇴하게 된다. 그러나 1960년대 이후 동아시아 국가들의 성공적인 경
제운영은 본격적으로 국가에 대한 관심을 촉진시키는 주요 계기로 작용하게 된다. 이
른바 정부개입의 양에 부가해 질이 담보된 새로운 성공사례가 등장한 것이다.

어지고 있다. 반면에 사회민주주의로 지칭되는 조합주의적 정책결정 모형의 체계화는 Schmitter(1977)의 주도하에 이루어졌다. 나아가 노사정을 대표하는 정점조직(peak organization)들 간의 협상을 근간으로 하는 사회조합주의(민주조합주의)는 1980년대 이후 다원화 · 복잡화된 새로운 정책현실에 부응하기 위해 산업별로 전문화시킨 중간조합주의를 제안한 Cawson(1995), 부문별 정책네트워크의 활성화를 주창한 Rhodes & March(1992), 사회민주주의를 재편한 제3의 길을 표방한 Giddens(1998) 등이 제시한 중범위 지향적인 정책모형들로 진화하고 있다.

이 점에서 상대적으로 중립적인 신제도주의는 적어도 방법론적 측면에서 개입지향적 정부주도 논리와 자율지향적 시장주도 논리를 매개하는 삼자비교의 기준점 역할을 수행할 수 있다. 사회민주주의와 신중상주의가 거시적인 구조 방법론을 선호하는 반면에 케인스주의와 신자유주의는 행위 방법론에 근거하고 있기 때문이다. 한편 구조와 행위를 매개하는 제도 방법론의 체계화는 March & Olsen (1989), Williamson(1975) 등의 주도하에 이루어졌다. 나아가 중범위 관점을 중시하는 제도 방법론의 활성화는 최근 신제도주의를 계승한 3가지 분파인 Hall의 역사적 제도주의, North의 경제적 제도주의, Meyer & Rowan의 사회적 제도주의 등을 중심으로 이루어지고 있다.

서구라는 현실적인 맥락에서 볼 때 대공황과 세계대전으로 대표되는 20세기 초반과 중반은 케인스주의와 사회민주주의가 주도하였지만 1970년대 석유위기를 계기로 새로운 전환기를 맞이하게 된다. 당시 서구 선진각국이 경험한 경제위기(스태그플레이션)의 해결책이 케인스가 주창한 총수요관리정책(실업 해소)보다는 프리드만이 고

표 8 정치경제학의 계보

모형 비교기준	사회민주주의 (조합주의)	신중상주의 (국가주의)
의미와 키워드	형평, 타협, 환경	전략, 기획, 권위
학문분과와 방법론	정치학과 사회학 편향성(구조)	
대표적 구현사례	중북부 유럽 전반 (독일, 스웨덴, 프랑스 등)	동아시아 전반 (일본, 한국, 대만 등)
정책결정방식	노사정 타협	정부주도 기획
강화될 정책분야	복지, 환경정책	산업정책
정부개입의 강도	매우 강함	다소 강함
시장자율의 크기	매우 작음	다소 작음
적소와 영향력	보편성과 이념성	추격기에 활용되는 특수한 이론
초기 선도자	Schmitter	Gerschenkron, Weber
후기 계승자	Cawson(중간조합주의), Rhodes(정책네트워크), Giddens(제3의 길)	Skocpol(국가자율성), Haggard(지배연합), lkenberry(국가능력)
주요 정책수단	국유화, 재규제, 근로장려세제, 지속가능발전, 보호무역, 산업안 전규제, 보편적 서비스(정부가 염 가로 제공하는 교육과 의료) 등	정책금융, 선별적 세제혜택, 정 부보조금(무역·고용·기술 장려 금), 기관형성(중앙기획기구, 무 역협회), 준보호무역(고시 등 비 관세장벽)

안한 총공급관리정책(인플레이션 억제)에 부여되면서 그동안 수면하게
잠재되어 있었던 자유시장의 기풍이 신자유주의로 부활하였기 때문
이다. 탈규제, 민영화, 작은 정부 등으로 대표되는 신자유주의 정책
도구들은 1980년대 대처와 레이건의 주도하에 영미국가를 풍미하였
으며, 1990년대 중반 WTO체제 출범을 계기로 심화된 세계화를 계
기로 서유럽은 물론 개발도상국가 전반으로 급속히 확산되었다. 물
론 일본과 한국으로 대표되는 동아시아 발전국가들은 1990년대 초

신제도주의 (절충주의)	케인스주의 (수정자본주의)	신자유주의 (시장근본주의)
지속, 규칙, 협력	창출, 혁신, 행동	균형, 경쟁, 질서
학제성과 행정학(제도)	경제학과 경영학 편향성(행위)	
서유럽과 동아시아 강소국 (아일랜드, 덴마크, 싱가포르 등)	제2차 세계대전 직후 영국 (1950~60년대 선진국으로 확산)	석유위기 이후 미국 (세계화에 따라 범지구적 확산)
경로의존과 거버넌스	제한적 시장개입	시장의 자율조정
융합, 실용정책	총수요관리정책	경쟁정책
보통	다소 약함	매우 약함
보통	다소 큼	매우 큼
일반성과 중립성	불황기에 활용되는 특수한 이론	보편성과 이념성
March & Olsen, Williamson	Keynes	Hayek
Hall(역사적 제도주의), North(경제적 제도주의), Meyer & Rowan(사회적 제도주의)	Samuelson(신고전파 통합), Krugman(국가경쟁력), Bernanke(구제금융)	Friedman(통화주의), Feldstein(공급경제학), Lucas(합리적 기대론)
협력적 정책네트워크(분야별 정책 공동체), 사회자본, 지역, 혁신체제(클러스터), 제3섹터, 형용모순(생산적 복지, 녹색성장)의 조화로운 해결	확장적 재정·금융정책(유효수요 자극과 실업해소), 준자유무역(GATT) 또는 관리무역(Super 301), 기술혁신, 기업가 정신(야성적 충동)	방어적 금융정책(인플레이션의 통제), 신공공관리(기업식 정부), 민영화(사유화와 민간위탁), 탈규제, 자유무역(WTO, FTA 등)

반까지 신중상주의 산업정책의 전성기를 구가하였다는 점에서 서유럽이나 여타 개발도상국가들과는 구분된다.

　한편 세계화를 반영하는 신자유주의의 전성기는 1997년 동아시아 금융위기와 2007년 미국의 서브프라임 주택담보대출(sub-prime mortgage) 부실파동을 계기로 또 다른 전환의 기로에 직면한 것으로 평가되고 있다. 이점은 신자유주의의 맹주를 자처해 온 미국에서조차 확장적 재정·금융정책이 부활한 사실을 통해 잘 나타나고 있다. 나아가 케인스의 부활은 미국의 도요타 때리기 열풍이 시사하듯이

국가경쟁력 강화를 모토로 한 미국식 산업정책의 부활까지도 예상할
수 있다.

　　정치경제의 새로운 모형을 추구하는 미국의 도전은 세계 각국
으로 하여금 기존의 모형들을 절충하는 신제도주의의 가능성을 탐색
하도록 자극할 개연성이 크다. 일례로 아일랜드와 싱가포르로 대표
되는 강소국들은 조합주의(국가주의)와 시장주의(의제시장)를 실용주
의에 기초해 절충한 성공신화를 구현한 바 있기 때문이다. 또한 김
대중 정부가 표방한 생산적 복지나 이명박 정부가 표방한 녹색성장
도 이러한 절충 노력의 일환으로 파악할 수 있다. 물론 신제도주의
를 각기 좌와 우를 대표하는 여타 정치경제모형들과 동등한 입장에
서 비교하기에는 다소 무리가 있다. 하지만 미래의 변화추이에 관한
비교연구의 기준점으로서 절충적 현상유지 시나리오가 요구된다는
점에서 신제도주의의 가치를 발견할 수 있다. 또한 신제도주의 논리
와 방법론에 기초한 거버넌스 패러다임이 좌와 우를 절충하는 대안
적 논리로 급속히 확산되고 있다는 점에도 유의할 필요가 있다.

2. 발전이론의 유형화

　　다양한 발전모델들은 이론적 차이점에도 불구하고 특정한 국가
(군)들의 발전현실을 보다 거시적 측면에서 보편적 시각으로 접근하
거나 아니면 미시적 측면에서 특수한 것으로 파악하느냐에 따라 다
음과 같은 네 가지 유형으로 분류가 가능하다.

　　첫째, 보편적 구조·문화의 관점에서 접근할 때 개별국가의 발
전은 후진국에서 선진국으로 이행하려는 보편적 욕망에 기초하여,

개별국가를 둘러싼 거시적 구조가 특정 시점에서 개별국가로 수렴되는 과정 속에서 발전을 바라본다. 발전의 정치경제적 제약 측면을 설명하려는 시도는 자본주의에 대한 마르크스적 관점이든 미시적 행위자에 기초한 고전적 시장주의 진영이든 개별국가의 발전에 영향을 미치는 것은 자본주의와 반자본주의라는 거시적 담론이나 구조라는 지배적인 세계질서의 틀 속에서 해석하려는 경향을 가진다.

전자의 경우 Wallerstein(1974)이나 Evans(1995)가 제시한 세계체제론과 종속적 발전론이 대표적인 사례이다. 후자의 경우는 파급효과나 수렴가설을 중시하는 전통적인 자본주의적 근대화론을 들 수 있다. 이러한 시각에서 개별국가의 발전은 분석단위로서 '세계체제'나 '자본주의 체제'라는 틀 안에서 설명되며 개별국가의 능동적이고 적극적인 발전행위가 크게 부각되지 못하게 된다. 역사의 종말(Fukuyama, 1992)이나 자유주의의 종말(월러스타인 저, 강문구 역, 1998)과 같은 텍스트들에서 보듯 자본주의와 반자본주의 진영 모두 개별국가의 발전이 각 이론의 역사적 보편성을 얼마나 수용하고 있는가, 또는 국가 주변의 구조적 질서의 변화에 어떻게 연동되어 있는가에 의해 결정되어진다고 보는 시각을 지닌다.

특히 서구의 자유주의적 관점에서 동아시아의 현재를 바라보려

표 9 발전에 대한 다양한 접근방법

	보편적	상대적
구조 · 문화 (거시, 메타)	자본주의적 근대화 종속적 발전과 세계체제론 사회자본	유교(네트워크)자본주의 아시아적 가치
제도 · 행위 (중범위, 미시)	신고전이론 경제적 제도주의	발전국가론 역사적 제도주의

는 시도는 신자유주의가 넘쳐나던 최근까지도 비교적 활발하게 이루
어지고 있다. Putnam(1993), Fukuyama(1995) 등의 연구에서 나타나
듯이 개별국가의 정치발전이나 경제발전을 일종의 '문화적 보편성'
속에서 바라보려는 시도이며, 분석단위도 보다 사회적인 현상에 집
중한다. 이러한 연구진영의 분석수준 또한 자본주의 경제발전을 넘
어 민주주의, 신뢰, 웰빙(well-being) 등 보편적인 인류의 사회적 삶
의 문제로 승화시켜 발전을 보다 보편적인 용어로 조작화하려는 경
향을 보인다.

둘째, 한국이 속한 동아시아의 거시문화적 특성에 주목하여 보
다 상대적인 문화의 관점에서 접근하는 시각이 있다. 아시아적 가치
론, 유교자본주의, 네트워크 자본주의 등 동아시아가 가진 가치와 문
화가 서구와 다르다는 관점에서 발전을 설명한다. 과거 베버가 서구
가 이룩한 경제사회 발전의 문화적 토대로 본 "프로테스탄티즘"과
마찬가지로 동아시아 각국이 산출한 경제발전의 토대로 유교적 윤리
관을 제시하는 논거이다. 즉, 높은 교육열과 성취동기, 권위와 조화
에 대한 존중, 검소하고 근면하며 공동체주의를 지향하는 가치관 등
이 고도성장의 토대라는 것이다. 이러한 시각에서 보면 한국의 발전
국가가 누린 상대적 자율성, 조합주의적 국가의 통치양식 또한 유교
문화의 위계적 질서 속에서 보다 원활하게 확보할 수 있다는 측면으
로 해석이 가능하다.

하지만 동아시아에서 공통적인 유교문화가 어떻게 동아시아 각
국의 상이한 경제사회 발전의 양식과 관계되는지에 대해서는 설명의
불완전성이 존재한다. Tu(1996)는 이 점에서 유교문화를 단선적인
'주의(ism)'로 보는 것보다는 동아시아 각국의 사회 속에서 연계되어

나타나는 다양한 양식에 보다 주목해야 한다고 말하고 있다. 그러나 여전히 문화결정론적 설명의 한계를 넘지 못할 수 있다는 점과 역사적으로 강한 경로의존성을 가지고 있는 유교문화가 동아시아 각국에서 어떻게 근대화 이후 '수입된 제도'들과 다양한 발전의 양식을 구성해 냈는지는 여전히 불명확하다.

셋째, 보편적 제도·행위의 관점에서 발전국가를 자본주의 자유시장의 원리를 담고 있는 제도로 설명하려는 노력들을 들 수 있다. 이 진영에서는 근대화론의 관점에서 발전국가의 형성과 운영을 신고전주의적으로 파악함으로써 자유시장의 원리를 해치지 않았음을 강조한다. 즉, 발전국가에서 형성된 제도와 시장은 개인의 합리적 선택을 촉진하는 방향으로 작용했으며, 이와 같은 개인의 합리적 이익추구행위가 자유시장에서 원활히 교환되어 합리적 선택이라는 결과를 가져왔고 이것은 다시 집합적 합리성으로 형성되어 발전의 동력으로 작용했다는 것이다. 일본의 발전국가를 설명한 Samuels(1987) 역시 일본의 경제계가 일본의 국가기구로부터 누린 상당한 자율성을 발전국가의 주요한 발전기제로 파악하고 있다. 이와 같은 관점에서 보면 한국의 수출지향적 또는 외부지향적 산업화전략은 자본주의 발전의 방식에 있어서 예외적인 시장형성전략이 아니라는 것이다.

따라서 발전국가 시기 한국 정부의 시장개입은 '1원 1표'의 경제원리나 시장의 자율조절능력에 근거해 작동했던 '보이지 않는 손'을 해칠 만큼의 '보이는 손'이 아니었다는 점을 강조한다. 이와 같은 관점에서 한국의 경제발전은 시장원리의 보편적 결과이며, 제도적 측면에서 보더라도 고도성장기의 정부개입은 정부실패의 가능성을 성공적으로 관리하였기 때문에 가능했다는 것이다.

넷째, 상대적 제도의 관점은 고전적인 발전국가의 원형과 직결된 시각이다. Johnson(1982)은 일본의 경제발전사례를 연구하면서 서구와 구별되는 독특한 제도적 배열과 국가의 경제개입을 발견하고 이를 개념화하며 발전국가 논의를 주도하였다. 발전국가이론에 따르면 한국의 고도성장원인은 정부와 시장이 일련의 제도적 배열에 따라 긴밀히 연계되어 있을 뿐만 아니라 서구의 경험과 달리 국가의 경제발전전략을 제도적으로 내재화한 통치된 시장(governed market)에 주목하는 방식으로 발전국가 이론을 정교화시켰다.

이처럼 일본의 사례를 토대로 형성된 발전국가이론은 이후 국가개입의 '양'이 아니라 '질'을 중시하는 방향으로 진화하였다. 이 과정에서 국가와 시장에 존재하는 연계적 제도의 독특성을 강조하게 된다. 하지만 이와 같이 일군의 동아시아 국가들로부터 서구에 비해 상대적으로 독특한 제도적 특성을 발견하며 나타난 발전국가의 개념은 특수성이 해체되는 순간 국가의 경제발전에 대한 역할을 지속시킬 수 없게 된다. 즉, 발전국가로서의 제도적 독특성을 유지할 수 있는 국가의 내적, 외적인 정치, 사회적 동력을 잃어버릴 경우 발전국가는 지속성 측면에서 취약해질 개연성이 크다.

3. 행정이 추구하는 가치

행정이 추구하는 가치는 궁극적 목적에 해당하는 본질적 가치와 궁극적 목적을 달성하기 위한 2차적 목적에 해당하는 수단적 가치로 구분을 시도할 수 있다. 이때 본질적 가치로는 공익, 정의, 복지, 자유, 형평, 평등 등을 들 수 있고, 수단적 가치로는 합리성, 효과성, 능률성, 경제성, 민주성, 합법성, 투명성, 중립성, 가외성 등과 같은 행정이념을 들 수 있다.[5]

하지만 앞서 제시한 행정가치의 분류체계는 유형 구분의 근거인 본질과 수단의 의미가 불명확할 뿐만 아니라 나열식의 한계를 좀처럼 탈피하지 못하고 있다. 더불어 개념 간 의미의 중복이나 용어의 오남용으로 인해 사회과학 연구의 핵심인 다양한 비교연구의 가능성도 제약하고 있다. 이에 본 연구는 본질적 행정가치를 공공성으로 단일화시키는 한편 다양한 행정이념의 체계적 유형화를 시도하고자 한다.

일반적으로 공무원들은 '개인적인 것을 초월해 사회일반과 관련되는' 공익을 정책결정에서 준용하는 가장 중요하고 핵심적인 가치로 인식해 왔다(유민봉, 2014: 130). 하지만 자유나 평등과 같은 헌법적 가치와 마찬가지로 과정과 실체를 포괄하는 모호한 개념으로서 공익의 의미는 '공공'에 기인하는 바가 크다는 점에서 구체적 의미이자 활용빈도가 급증한 공공성을 최고의 행정가치로 설정하는 것이 바람직하다.

공공문제를 다루는 행정에 부여된 최고의 사명은 공공성을 구현하는 일이다. 하지만 우리는 공공성이 공익과 마찬가지로 다양한 도전과 오해에 직면해 왔음을 발견할 수 있다. 특히 공공성이라는 본질적 행정가치를 수단적 행정가치 또는 단편적 행정활동으로 몰아가려는 일각의 시도는 공공성 위기이자 행정학 위기의 심화와 직결된 문제이다.

---

5) 행정이념이란 행정의 모든 과정에 기본적인 지침을 제공해주는 가치로서 공무원이 따르고 모든 행정활동에 반영되도록 노력해야 할 규범이자 지도원리이다.

이에 본고는 '국민의 행복과 공동체의 안위를 최고의 목표로 상정'하는 공공성을 본질적 행정가치로 규정하였다.6) 더불어 유사개념인 공익, 공공선, 공동체, 공권력, 공공부문 등도 공공성 개념에 병렬적으로 포함된 것으로 간주하고자 한다. 이러한 주장은 공성성이 공개성, 공익성, 보편성, 권위성 등과 같은 특징을 지닌다는 견해를 통해 재확인이 가능하다(유민봉, 2014: 115-121).

공공성의 범주를 설정하기 위한 기존의 학설은 누가 공공성을 주도하는가에 초점을 부여하는 주체설, 국가의 생존과 직결된 주요 기능인가의 여부를 판단하는 구조기능설, 정부개입이 필요한 분야를 탐색하는 시장실패설, 공공과 민간의 구별보다는 정치적 권위의 존재 여부에 착안한 정치적 권위설 등으로 구분된다(백완기, 2007: 5-6).7)

더불어 이를 종합하는 공공성의 범주를 순차적으로 재구성하면 다음과 같다. 우선 가장 협소한 공적 활동의 주체인 정부에서 출발해 기능적으로 정부를 대리해 공공서비스를 전달하는 준정부조직(공기업과 산하단체)과 문제해결기제로서 다수의 참여와 합의를 중시하는 시민사회를 경유해 공적 권위를 대리할 경우에는 시장까지도 광의의 공공성 개념에 포함시키는 것이 가능하다.

---

6) 공공은 어원적으로 사익을 넘어 타인의 이익을 고려하는 성숙(maturity), 공동(common), 배려(care with) 등이 담겨 있다. 따라서 규제와 서비스라는 행정활동의 전반에서 공공성은 누구나 차별없이 접근가능하고(접근), 다수의 이익인 공익을 추구하며(이익), 보편적 서비스를 제공하고(서비스), 정부주도의 권위를 확보(주체)해야 한다(유민봉, 2014: 115-129).

7) 백완기(2007: 6-8)는 공공성의 발생계기와 구성요소로 무임승차자(free-rider)를 배제하기 어려운 재화나 용역의 생산활동, 국가나 공동체의 존립에 필요한 재화나 용역, 시장의 원리로 문제가 풀어지지 않는 경우, 대규모적인 업무, 국민생활에 필수적인 서비스, 토지와 같이 재생산이나 확장이 불가능한 재화, 빈번한 자연재해의 발생, 자율적 질서가 미약한 사회 등을 제시하였다.

그리고 공익의 학설을 원용해 실체와 과정을 포괄하는 공공성의 접근방법을 정부, 시장, 시민사회에 초점을 부여해 구분할 수 있다. 하지만 특정한 주체의 활동은 긍정과 부정이 혼재되어 있다는 점에서 공공성의 본질을 왜곡할 우려가 있다. 이에 하버마스와 같은 비판이론가들은 결과보다 과정에 주목하는 상호인식적·비판적 접근방법을 제안하였다.

일례로 공공선택이론에서는 이기적 개인들의 합리적 선택이 사회전제적으로 바람직한 결과를 초래하는 것으로 간주하지만 우리는 각자도생(各自圖生)의 위험성을 도처에서 발견할 수 있다.8) 하지만 역으로 대중의 정제되지 않은 집단적 요구에 휘둘리는 포퓰리즘(Populism)의 폐해도 경계해야 한다. 따라서 우리는 이기적 개인과 집단적 대중을 절충하는 정부의 거버넌스(Governance) 역량에 주목할 필요가 있다.

한편 본질적 가치인 공공성의 구현 또는 공익을 추구하는 과정에서는 행정이념으로 지칭되는 수단적 가치들이 갈등하거나 협력하게 된다. 또한 수단적 가치들은 각기 고유한 역사성과 차별성을 지니고 있지만 체계적인 유형화를 배제한 상태에서 그 의미와 역할을 제대로 파악하기 어렵다.9) 이에 다양한 행정이념들을 현대 행정의 핵심 키워드인 성과, 소통, 원칙에 기초해 유형화를 시도하고자 한다.

먼저 성과를 반영하는 행정이념으로는 광의의 효율성(생산성;

---

8) 공유지의 비극은 각자도생의 파국적 결과를 대표하는 사례이다. 이에 근대 시민사회는 공멸을 예방하기 위해 인간이 타인과 타협하고 양보하는 공공성이라는 시스템을 고안하게 된 것이다(정성희, "세월호 1년, 각자도생 바보들의 행진", 동아일보, 2015.4.15자).

9) 행정가치의 분류체계는 메타 가치(공공성), 중범위 가치(행정이념의 유형화), 부분 가치(구체적 행정이념)라는 의미를 부여할 수 있다.

productivity)으로 범주화가 가능한 경제성, 능률성, 효과성, 합리성 등을 들 수 있다.

다음으로 소통을 반영하는 행정이념으로는 광의의 민주성 (democracy)으로 범주화가 가능한 대응성, 대표성, 투명성, 보편성 등을 들 수 있다.

그리고 원칙을 반영하는 행정이념으로는 광의의 합법성 (legitimacy)으로 범주화가 가능한 책임성, 중립성, 지속성, 적정성 등을 들 수 있다.

이러한 분류체계상 부연설명이 필요한 몇몇의 행정이념을 간략하게 소개하면 다음과 같다.

첫째, 합리성이란 Weber의 표현을 빌리자면 자연과학의 방법론을 사회과학 연구에 도입한 과학철학의 핵심적 모토이다. 하지만 연구자의 인지적 한계와 연구대상의 불확실성으로 인해 객관성 확보가 어려운 사회과학 연구에서 이론형성과 직결된 인과관계를 발견하기 위해서는 치밀한 방법과 전략이 요구된다. 이에 Simon은 행태주의 방법론에 기초해 가치를 중립화(배제)시키는 논리실증주의 방법론을 주창하였다. 나아가 초기 행정학 연구에서 합리성(과학성)에 대한 관심은 공공관리론의 실용성(기술성)과 보완과 경쟁관계를 형성하는 방식으로 행정학의 외연과 품격을 제고시켰다.

둘째, 대표성이란 효율성을 중시한 신공공관리 열풍하에서 소외되었던 민주성 측면의 평가기준도 균형있게 반영해야 한다는 의미이다. 일례로 영국에서 대처 총리의 집권을 계기로 효율성을 반영하는 3Es(Economy, Efficiency, Effectiveness)가 중시되었지만 블레어의 신노동당이 출범하면서 형평(Equality), 생태(Ecology), 공감(Empathy) 등을

표 10 행정가치의 체계와 특성

본질적 행정가치	수단적 행정가치인 행정이념의 유형화	개별적 행정이념	의미와 특성
공공성 (공익)	효율성 (성과: 관리적 접근)	경제성	투입(비용)을 최대한 절약
		능률성	투입(비용)과 산출(생산)의 비율
		효과성	정부가 설정한 목표의 달성도
		합리성	목표달성에 필요한 대안의 치밀한 선택
	민주성 (소통: 정치적 접근)	대응성	국민의 요구에 대한 신속한 반응도
		대표성	사회의 이질적 요소를 균형있게 반영
		투명성	행정과정이나 결과의 투명한 공개 중시
		보편성	핵심 공공서비스 제공시 사각지대 제거
	합법성 (원칙: 법적 접근)	책임성	관료에게 부과된 도덕적·법률적 규범
		중립성	경합하는 가치 간의 균형성 확보
		지속성	일관성 확보를 통한 정부신뢰도 제고
		적정성	과도한 행태 지양과 중복적 대비 강화

포괄하는 윤리(Ethics)의 'E'를 추가할 것을 제안하였다. 또한 공무원의 충원과정에서 대표관료제를 구현해야 한다는 의미는 지역, 인종, 젠더(gender) 등의 균형을 확보하기 위해 적극적인 해결방안인 약자우대조치(affirmative action)가 필요하다는 것이다.

셋째, 중립성이란 효율성과 민주성과 같이 상반된 행정이념 간의 조화로운 절충을 추구해야 한다는 의미이다. 정부가 계급적 이해관계를 탈피해야 한다는 국가자율성 개념을 연상시키는 중립성은 최근 갈등관리의 중재자로서 정부의 새로운 역할상과도 밀접한 관련성을 지니고 있다. 따라서 정부는 19세기 중반 프랑스의 보나파르트 체제처럼 자본가와 노동자 간의 임시적 합의라는 소극적 의미를 초월해 20세기 중반 서유럽의 사회협약 체결을 주도한 정부의 적극적 중재 노력에 착안할 필요가 있다. 이때 정부는 소극적으로 기존 질서에 안주하는 것이 아니라 변화관리자로서 적극적으로 미래를 개척한다.

4. 공공개혁이란 무엇인가

변화와 개혁을 위한 속도경쟁이 조직의 성패를 좌우하는 시대를 맞이하여 세계 각국의 기업은 물론 정부도 무한경쟁의 구도로 편입되고 있다. 일반적으로 공공부문을 구성하는 정부(중앙정부와 지방자치단체)나 공공기관(공기업과 준정부조직)은 절차와 공정성을 중시하는 업무처리상의 특성 때문에 민간부문을 구성하는 기업이나 비영리단체와 달리 변화와 개혁에 둔감한 편이었다. 하지만 1990년대 이후 정부의 경쟁력이 일국의 국가경쟁력과 동일시되고, 기업식 정부에 대한 국민적 요구가 확산되면서 공공개혁에 대한 기대가 높아지고 있다.

공공개혁(행정개혁)이란 용어는 일국의 행정체제를 어떤 하나의 상태에서 그보다 나은 다른 하나의 상태로 변화시키는 인위적인 노력을 의미한다. 즉, 공공개혁은 다양한 측면에서 제기되는 대내외 변화압력에 대한 대응차원에서 이루어지는 행정체제의 바람직한 변동을 뜻하는 것이다. 따라서 공공개혁은 행정체제의 내부로부터 끊임없이 혁신하여, 낡은 구성요소들을 창조적으로 파괴함으로써 새로운 행정체제를 만들어 내는 일련의 과정으로 묘사될 수 있다. 이때 행정체제라는 개념 속에는 전통적 의미의 관리기능은 물론 정책기능이 포함된다.

한편 절대국가, 입법국가, 행정국가 등을 거치면서 계속된 공공개혁의 전개 과정에서 주요한 문제해결의 단서를 제공한 기반이론들은 크게 5가지로 구분된다. 이때 각각의 공공개혁 기반이론들이 제시한 이론적 규범성이나 추구하는 가치들은 현대 행정학의 체계를

표 11 공공개혁의 진화단계별 쟁점 비교

국가의 성격과 시기	공공개혁의 추진계기	공공개혁의 기반이론	중시하는 행정가치
절대국가 (16세기-현재)	정실주의와 지대추구	관료행정론	합법성과 합리성
입법국가 (18세기-현재)	엽관주의와 시장실패	공공관리론과 신행정론	능률성과 형평성
행정국가 (20세기-현재)	정부실패와 관료주의	신공공관리와 거버넌스	효율성과 민주성

구성하는 핵심적 요소로 자리하고 있다. 즉, 각각의 이론들은 누적적으로 진화하는 과정에서 행정학 이론의 발전은 물론 현실의 공공개혁에 크게 기여하였다.

(1) 유럽 절대국가의 공공개혁: 관료행정론

유럽의 절대국가에서 태동한 전통적인 관료행정론(public administration)은 정치학을 모태로 한다는 점에서 경영학을 모태로 하는 20세기 미국의 현대 행정학과 구별된다. 절대군주체제하에서 정치권력의 중심축을 형성해 온 관료제의 역할과 가능성에 주목하는 관료행정론은 주로 독일과 프랑스의 행정현실을 토대로 이론화되었다.10) 이들 국가에서 관료제가 절대국가 초기 권력의 시녀에서 19세

---

10) 18세기 초 체계화된 독일의 관방학(官房學; Kammeralwissenschaft)은 국가경영의 학문으로서 관방 관리들에게 국가 통치에 필요한 행정기술과 지식을 제공하기 위한 목적에서 형성된 학문체계로서 일종의 국가학의 성격을 띠고 있다. 따라서 절대군주제를 유지하는 데 필요한 정치적·경제적·사회적 활동에 관한 모든 문제를 다루었다. 또한 프랑스에서는 18세기 이래 발달한 경찰학(Science de la police)에 토대를 두고 법학적인 접근법을 중심으로 행정학이 발달하였다. 이 당시 경찰이란 오늘날의 치안업무를

기 말 탈정치화된 독립세력으로 진화되는 과정은 기나긴 역사의 여정이었다.

　입법국가의 전통이 강했던 영국에서는 상대적으로 관료제의 발전이 지연되었다. Oxford사전에 따르면, 관료제라는 말은 1848년에 Thomas Carlyle이 "관료제라고 불리는 대륙적 성가심"이라고 하여 처음으로 사용한 것으로 밝히고 있다. 19세기 초반에 영국은 최소한의 작은 정부(minimal government)를 지향하였으며 이에 따라 영국의 정부관료제는 몰개인적 기능을 가진 사람들로 충원되고, 공식적인 조직구조를 가진 중앙집권적 사고에 대해서 적대적인 경향이 있었다. 하지만 급격한 산업화가 초래한 복잡한 문제들을 체계적으로 관리하기 위한 수단으로서 관료제의 역할에 주목하게 된다.

　합법성과 합리성이라는 양대 가치를 신봉해 온 관료제의 이상적 모습은 Weber가 개념화한 관료제 이념형을 통해 잘 나타나고 있다. 먼저 합법성과 관련된 관료제의 특징은 특정한 환경에 상관없이 일관되게 규칙을 적용할 수 있다는 점이다. 하지만 지나치게 합법성에 몰입할 경우 효율성 확보가 어렵다는 문제점이 공공관리론의 단서를 제공하게 된다.[11] 다음으로 합리성과 관련된 관료제의 특징은

담당하는 경찰이 아니라 합리적인 정부조직과 국가작용을 의미한다.

11) 일반적으로 관료제(bureaucracy)는 관청으로서의 정부를 의미하며, 관료제의 구성요소인 공무원들은 계층제에 따라서 명확하게 규정된 직위(office)를 점유하도록 요구한다. 관료제에 있어서 권위는 개인에게 인정되는 것이 아니라, 임명된 개인이 차지하고 있는 직위에 부여되는 것이다. 그리고 관료제의 특징은 통제와 의사결정이 계선구조에 의해서 이루어진다는 점이다. 따라서 합법성에 기인하는 관료제적 구조의 단점으로는 입증을 위한 문서의 대규모화와 레드테이프(red-tape) 및 시간 소모, 정책결정에 필요한 각 계층별 능력의 부족으로 의안을 보류 또는 묵살함으로써 의사결정과정을 지체시킬 가능성, 규칙과 규정에 집착하는 데 따르는 경직성, 일상적인 업무에 익숙하여 혁신을 기피하는 보수성향 등을 지적할 수 있다.

목표달성에 필요한 최적의 대안을 선택하는 데 역점을 둔다. 하지만 절차적 합리성에 초점이 부여된 초창기 관료주의적 합리성은 내용적 합리성을 중시하는 방향으로 전환되고 있다.

(2) 영미 입법국가의 공공개혁: 공공관리론과 신행정론

19세기 말 미국에서 태동한 현대 행정학은 엽관주의의 폐해를 극복하기 위해 행정이 정치와 단절하는 대신에 경영과 동일시하는 정치행정이원론(공사행정일원론)을 표방하였다. 따라서 공공관리론(public management)은 당시의 대표적인 경영학 이론인 테일러리즘과 페이욜리즘을 모태로 한다.12) 하지만 공공관리론은 경영이론에 대한 창조적 벤치마킹을 통해 전통적 행정이론의 재정립은 물론 정치과잉의 문제점을 치유하였다는 점에서 그 의미를 축소하기 어렵다.

이 점은 공공관리론의 핵심 가치인 효율성과 전문직업주의(professionalism)를 통해서 설명될 수 있다. 이때 효율성은 Wilson의 주장대로 '행정을 기업처럼 운영해야 한다'는 것을 의미하고, 전문직업주의는 분업과 통합의 메커니즘을 통해 구성원의 행정역량을 제고

---

12) 페이욜리즘(Fayolism)은 과학적 관리법으로 널리 알려진 테일러리즘(Taylorism)보다 오늘날의 조직관리에 더 많은 영향을 끼친 것으로 평가되고 있다. Fayol은 조직이 수행하는 활동을 기술활동, 영업활동, 재무활동, 보안활동, 회계활동, 관리활동의 6가지로 구분하고, 그 중에서도 관리활동이 가장 중요하다고 주장한다. 또한 그는 효율적 관리를 위한 기본원칙으로 "첫째, 조직의 최고층에서 최하층에 이르기까지 계선에 의한 권위관계가 명확해야 하며, 이에 따라 의사소통의 계선도 명확히 확립해야 한다. 둘째, 책임성은 구체적인 직무(job)를 담당하는 개인과 연계시켜야 한다. 셋째, 직무의 담당자는 해당 직무와 관련하여 명확하게 정의된 업무(duty)와 권한 및 책임성을 가져야 한다. 넷째, 계층제의 각 수준은 해당 계층에서 이루어지는 의사결정과 관련된 자체의 능력을 가지고 있어야 한다. 다섯째, 부하는 두 명의 상관으로부터 명령을 받지 않아야 하며, 한 명의 상관이 5~6명 이상의 부하를 감독하지 않도록 해야 한다" 등을 제시하였다. 나아가 그의 관리원칙은 미국학자인 Gulick에 의해 행정원리론으로 재정립되었다.

하는 데 초점을 부여하고 있다. 나아가 정치행정이원론에 집착한 초 창기 공공관리론의 한계를 보완하기 위해 제시된 정치행정일원론(공 사행정이원론)에 대한 포용은 공공관리론의 지평 확대와 직결된 문제 이다.

한편 1960년대에 인종갈등, 빈부격차, 반전데모, 불법도청 등과 같은 사회적 측면의 시장실패를 치유하기 위해 정부의 적극적인 역 할을 요구한 신행정론의 주장은 일견 20세기 초반을 전후해 현대 행 정학의 주류를 형성해 온 공공관리론과 차별화된 모습으로 인식할 수 있다.13) 하지만 Waldo, Frederickson 등과 같은 신행정론자들이 주장한 정부의 적극적인 역할은 사회적 측면의 시장실패를 치유하기 위한 수준, 즉 시장보호(의제시장)적 정부개입이라는 점에서 여타 국 가의 행정국가에서 발견되는 시장파괴(시장초월)적 정부개입과는 구 별된다. 1930년대 중반 대공황이라는 경제적 측면의 시장실패를 치 유하기 위해 정부의 적극적인 역할을 요청한 정치행정일원론(공사행 정이원론)은 경제적 측면의 시장실패를 표방하였다는 점에서 신행정 론과 밀접한 관련성을 지니는 것으로 평가할 수 있다.

하지만 신행정학이 핵심가치로 표방한 사회적 형평성과 책임성 은 미국의 백인 주류사회가 노정한 보수편향성을 완화시키는 주요 계기로 작용하였다는 점에 주목할 필요가 있다. 부연하면 첫째, 행정

---

13) 신행정론의 기원은 1968년 9월 Waldo 교수의 주도하에 50명의 소장학자와 실무가들 이 모여 개최한 Minnowbrook 회의를 통해 본격화되었다. 이 회의에서 행정학의 새로 운 방향으로 적실성(relevance), 참여(participation), 변화(change), 가치(values), 사회 적 형평성(social equity) 등이 제시되었다. 이러한 신행정론의 지적 전통은 현상학은 물론 1980년대를 전후하여 등장한 비판행정학이나 행동이론(action theory)으로 이어지 고 있다.

에서의 사회적 형평성이란 자본주의 사회에서 필연적으로 발생할 수밖에 없는 사회적 약자를 배려하는 정책에 특히 행정의 우선순위를 두어야 한다는 것이다. 둘째, 행정가는 정치가들이 결정한 정책을 무비판적으로 집행하는 것이 아니라 가치지향적 입장에서 행정을 수행해야 한다는 것이다. 국민들에게 얼마나 효율적으로 행정서비스를 제공했느냐가 아니라, 그들이 진정으로 원하는 올바른 서비스를 제공했느냐가 더 중요하다고 강조한다. 따라서 공무원에게는 경제적 합리성에 입각한 행위뿐만 아니라 사회정의를 구현하기 위한 행위가 요구된다.

(3) 현대 행정국가의 공공개혁: 신공공관리와 거버넌스

공공부문의 효율성 제고에 초점이 부여된 신공공관리는 복지국가의 위기로 대표되는 정부실패와 관료주의에 대한 처방책으로 제시되었다. 시장의 경쟁논리를 신봉하는 신공공관리는 신제도경제학과 기업식 관리주의에 기초한 일련의 혁신논리로 정의된다.

신공공관리의 주요한 특징으로는 고객 중시와 고객의 영향력 증대, 공공서비스 구매자와 공급자의 분리, 시장의 경쟁원리 적용, 민영화와 계약제 도입, 성과와 책임성 강조, 유연성 증대, 정보관리의 중요성 등을 지적할 수 있다. 신공공관리론은 경제학의 자유시장 논리와 경영학의 최신 관리기법들을 결부시키고 있다는 점에서 영미국가는 물론 세계 각국으로 급속히 확산되었다.[14] 하지만 신공공관

---

14) 신공공관리의 흐름은 크게 두 가지로 구분할 수 있다. 하나는 민간부문보다 큰 공공부문을 가지고 있는 영국, 뉴질랜드, 캐나다 등과 같은 영연방형 개혁이론으로, 정부규모의 축소와 시장원리의 도입에 주안점을 두고 국가 구조개혁과 공공서비스 품질개선

리론자들의 주장은 시장의 경쟁원리에 대한 지나친 몰입으로 인해 신자유주의의 부작용을 확대재생산할 우려가 클 뿐만 아니라 공사부문 간에 존재하는 본질적 차이나 적용대상 국가의 문화·제도적 특성 차이를 고려하지 못하는 한계를 지니고 있다.

시장의 경쟁원리를 신봉하는 미국이나 영연방 국가들에 비해 상대적으로 계급타협의 전통에 친숙한 북서유럽 국가들의 정부개혁 노력에 착안해 이론화된 정책네트워크는 최근 들어 거버넌스로 지칭되고 있다. 이는 다시 말해 조합주의와 하위정부이론을 모태로 1990년대 이후 본격화된 정책네트워크 이론이 기존에 행정개혁론을 주도해 온 신공공관리를 초월해 거버넌스의 유력한 대안으로 부상하였음을 시사한다.15)

상대적으로 효율성보다는 민주성에 초점이 부여된 거버넌스의 구현사례로는 첫째, 중앙－지방정부 간 관계에서 분권화를 통해 과도하게 비대해진 중앙정부의 업무 부담을 덜어주고 현장밀착형 행정

에 최우선순위를 두고 있다. 다른 하나는 상대적으로 정부부문이 민간부문에 비해 크지 않은 미국형 개혁이론으로서 행정의 효율화를 통해 국민의 요구에 대응성이 높은 기업가적 정부를 추구한다. 이 점에서 미국형 공공개혁 이론은 정부구조와 업무처리과정을 근본적으로 바꾸기 보다는 관료들의 행태변화를 통하여 행정에 대한 국민의 만족도를 높이려고 하는 정부재창조론(reinventing government)의 근간이 된다.

15) 거버넌스의 이론적 모태인 정책네트워크는 정부역할이나 연계관계의 강도에 따라 다양한 유형으로 구분된다. 먼저 정부참여의 수준에 따라 크게 협력형과 위임형 정책네트워크로 구분된다. 이때 협력형은 문제해결을 위해 정부와 이해관계자들이 공동으로 협력(제3섹터나 파트너십)하는 방식이며, 위임형은 정부가 해결해야 할 문제를 사적이익정부(정부의 정책결정기능을 사업자 단체에 위임)나 자발조직(자원봉사조직이나 시민단체)에게 대리케 하거나 관할권을 이전하는 방식이다. 다음으로 연계관계의 지속성 여부에 따라 크게 임시적인 이슈네트워크(issue network)와 지속적인 정책공동체(policy community)로 구분된다. 하지만 정책네트워크의 활성화를 위해서는 정책참여자의 제도적 다원성과 타협문화의 성숙이 요구된다는 점에서 유럽을 제외한 여타 국가들에서 폭넓은 벤치마킹을 기대하기는 어렵다.

서비스를 실시함으로써 질 높은 행정서비스를 가능하게 할 수 있다. 둘째, 정부–기업 간 관계에서 산업별 네트워크의 구축을 통해 시장을 활성화함으로써 국가경쟁력을 향상시킬 수 있다. 끝으로 정부–시민사회 간 관계에서 각종 비영리단체와 시민단체를 유기적으로 묶어줌으로써 효율적 복지정책의 토대를 마련할 수 있다.

참고문헌

김용철. (2010). 삼성을 생각한다. 사회평론.

김정렬·장지호. (2011). 정부기업관계론: 이코노믹 거버넌스를 찾아서. 대영문화사.

김정렬·한인섭. (2009). 행정개혁론: 국제비교와 실증분석. 박영사.

노무현. (2009). 진보의 미래: 다음 세대를 위한 민주주의 교과서. 동녘.

노암 촘스키 외 저, 김시경 역. (2012). 경제민주화를 말하다. 위너스북.

댄 세노르·사울 싱어 저, 윤종록 역. (2010). 창업국가: 21세기 이스라엘 경제성장의 비밀. 다홀미디어.

로그 헤이그·마틴 해롭 저, 김계동 외 역. (2010). 비교정부와 정치. 제8판. 명인문화사.

류석진. (2012). 세계경제 위기와 한국형 자본주의 모델: 발전국가, 자본주의 모델 그리고 경로의존성을 중심으로. 한국과 국제정치, 28(1): 155−183.

류석진·한영빈. (2008). 국가와 시장의 관계. 한국정치학회 편. 정치학 이해의 길잡이: 정치경제. 법문사.

류석춘. (2002). 유교자본주의: 가능성과 한계. 코리아 포커스, 5(4): 80−90.

백완기. (2007). 신판행정학. 박영사.

백종국. (2009). 한국 자본주의의 선택: 국가공동체의 형성과 전망에 관한 정치경제학적 탐색. 한길사.

베네수엘라 혁명 연구모임. (2006). 차베스, 미국과 맞짱뜨다. 시대의 창.

변형윤·윤진호. (2012). 냉철한 머리, 뜨거운 가슴을 앓다. 지식산업사.

선대인. (2012). 한국경제 파탄 낼 '박정희 경제' 유령이 온다?. 한겨레21, 2012.10.01자.

소영진. (2003). 행정학의 위기와 공공성 문제. 정부학연구, 9(1).

썰렌 저, 신원철 역. (2011). 제도는 어떻게 진화하는가: 독일·영국·미국·일본에서의 숙련의 정치경제. 모티브북.

앨버트 허시만 저, 이근영 역. (2010). 보수는 어떻게 지배하는가. 웅진지식하우스.

양재진. (2005). 발전이후 발전주의론: 한국 발전국가의 성장, 위기, 그리고 미래. 한국행정학보, 39(1): 1-18.

옌쉐통 저, 고상희 역. (2014). 2023년 세계사 불변의 법칙. 글항아리.

월러스타인 저, 강문구 역. (1998). 자유주의 이후. 당대.

유민봉. (2014). 한국행정학. 박영사.

이국영. (2011). 자본주의의 역설: 계급균형과 대중시장. 교보문고.

이도형·김정렬. (2013). 비교발전행정론: 세계 각국의 발전경험 비교와 한국의 발전전략. 박영사.

이상이. (2011). 복지국가의 길을 열다. 밈.

이와쿠니 데쓴도 저, 정재길 역. (1992). 지방의 도전. 삶과꿈.

이종수. (2005). 정부혁신의 메커니즘과 전략. 대영문화사.

잉글하트 외 저, 지은주 역. (2011). 민주주의는 어떻게 오는가. 김영사.

장하준·정승일. (2005). 쾌도난마 한국경제. 부키.

재레미 리프킨 저, 이원기 역. (2009). 유러피언 드림. 민음사.

정무권·한상일. (2003). 한국 공공부문의 규모, 특징 그리고 국제비교. 한국행정학회 연례학술대회 발표논문.

정병석. (2016). 조선은 왜 무너졌는가. 시공사.

조희연. (2012). 민주주의 좌파, 철수와 원순을 논하다. 한울아카데미.

최항섭 외. (2005). 미래 시나리오 방법론 연구. 경제·인문사회연구회 협동연구총서.

칼 폴라니 저, 박현수 역. (2009). 거대한 전환: 우리 시대의 정치적·경
제적 기원. 민음사.

프팬시스 후쿠야마 저, 함규진 역. (2012). 정치질서의 기원: 불안정성을
극복할 정치적 힘은 어디서 오는가. 웅진 지식하우스.

하승우. (2014). 공공성. 비타 악티바.

하연섭. (2003). 제도분석: 이론과 쟁점. 다산출판사.

한병철. (2014). 투명사회. 문학과지성사.

OECD정부혁신아시아센터. (2006). 정부혁신 패러다임, 어떻게 변하고 있
는가?(Modernizing Government). 삶과꿈.

Alam, M. S. (1989). *Governments and Markets in Economic
Development Strategies.* N.Y: Green Wood Press.

Amsden. A. H (1989). *Asia's Next Giant: South Korea and Late
Industrialization.* N.Y: Oxford University Press.

Balassa, B. (1981). *The Newly Industrializing Countries in the World
Economy.* New York: Pegamon Press.

Chang, Ha—Joon. (2003). *Globalization, Economic Development and
the Role of the State.* Zed Books Ltd. London and New York &
Third World Network, Penang, Malaysia.

Clegg, S. R., & S. Gordon Redding, eds. (1990). *Capitalism and
Contrasting Cultures.* N.Y: De Gruyter Press.

Cox, Robert Henry. (2001), The Social Construction of an Imperative:
Why Welfare Reform Happened in Denmark and the
Netherlands but Not in Germany, World Politics. 53: 463—498.

Doherty, Tony L. & Horne, Terry. (2002). *Managing Public Services:
Implementing Changes — A Thoughtful Approach to the
Practice of Management.* Routledge. London and New York.

Driver, Stephen & Luke Martell, (1998). *New Labour: Politics after*

Thatcherism. London: The Polity Press.

Evans, Peter. B. (1995). *Embedded Autonomy: States and Industrial Transformation*. Princeton: Princeton University Press.

Friedman, D. (1988). *The Misunderstood Miracle*. N.Y: Cornell University Press.

Fukuyama, F. (1992). *The end of history and the last man*. N.Y: Penguin.

Fukuyama, F. (1995). *Trust: The Social Virtues & The Creation of Prosperity*. N.Y: The Free Press.

Hamilton, G. G & Nicole Woolsey Biggart. (1988). Market, Culture and Authority: A Comparative Analysis of Management and Organization. Far East American Journal of Sociology. 9(Supplement): 52−94.

Janelli, R with Dawnhee Yim (1993). *Making Capitalism Work: The Social and Cultural Construction of a South Korean Conglomerate*. Calif: Standford University Press.

Johnson, C. (1982). *MITI and the Japanese Miracle*. Stanford: Stanford University Press.

Kahn, H. (1979). Confucian Ethics and Economic Growth. in Kahn Herman with Hudson Institut. ed., World Econimic Development: 1979 and Beyond. Boulder: Westview Press.

Neo, Boon Siong & Chen, Geraldine. (2007). *Dynamic Governance: Embedding Culture, Capabilities and Change in Singapore*. World Scientific Pub Co Inc.

O'Toole, James. (1979). What's ahead for the business−government relationship. *Harvard Business Review*(March−April).

Putnam, R. (1993). *Making Democracy Work*. Princeton: Princeton

University Press.

Samuels, R. J. (1987). *The Business of the Japanese state*. N.Y: Cornell University Press.

Tu, W. (1989). *Centrality and Commonality: An Essay on Confucian Religiousness*. N.Y: State University of New York Press.

Wade, R. (1990). *Governing the Market: Economic Theory and the Role of Government in the East Asian Industrialization*. Princeton: Princeton University Press.

Wallerstein, I. (1974). *The Modern World System. Vol, I.* : San Diego: Academic Press.

김정렬(金正烈)은 1996년 고려대학교에서 행정학 박사학위를 취득하고, 현재 대구대학교 도시행정학과 교수로 재직 중이다. 「참발전이야기」, 「비교발전행정론」, 「행정개혁론」, 「정부기업관계론: 이코노믹 거버넌스를 찾아서」 등의 책과 더불어 주요 학술지에 다수의 논문을 발표하였다. 이러한 실적을 토대로 2013년 9월에는 동아일보 선정 행정학 분야 '논문 영향력'에서 상위권을 기록하는 성과를 이룩하였다. 또한 대구대학교에서 '세계화와 국가경쟁력', '국민국가와 제국 그리고 민주주의', '도시와 행정', '행정개혁론', '지방공기업', '비교발전행정론' 등과 같은 과목을 강의하고 있다. 특히 필자의 교양강의는 대형강좌라는 한계에도 불구하고 여행을 통해 확보한 사진과 동영상, 시사적인 칼럼 읽기와 토론을 병행하는 방식으로 학생들의 호응을 유도하였다. 이러한 노력의 결과 2016년 대구대학교가 선정한 베스트 티칭 프로페서를 수상하기도 했다. 주요 경력으로는 고려대 노동문제연구소 책임연구원, 규제개혁위원회 전문위원, 지방공기업평가원 책임전문위원, 행정고시와 7급 및 9급 시험위원 등을 역임하였다. 최근에는 경향신문에 여행기 형식의 칼럼을 기고하고 있다(jykim@daegu.ac.kr).

공공파이만들기

초판발행	2014년 7월 10일
제2판발행	2017년 6월 10일

지은이	김정렬
펴낸이	안종만

편 집	전채린
기획/마케팅	장규식
표지디자인	김연서
제 작	우인도·고철민

펴낸곳	(주) **박영사**
	서울특별시 종로구 새문안로3길 36, 1601
	등록 1959. 3. 11. 제300-1959-1호(倫)
전 화	02)733-6771
f a x	02)736-4818
e-mail	pys@pybook.co.kr
homepage	www.pybook.co.kr
ISBN	979-11-303-0450-2 03350